AF464522

ESSAI

SUR

L'IRRESPONSABILITÉ

DES

ALIÉNÉS dits CRIMINELS

PAR

LÉON RIBOUD

AVOCAT,

DOCTEUR EN DROIT.

— Mens sana in corpore sano. —

— « L'aliéné a plus besoin d'un méde-
« cin que d'un juge. »

D'ESPEISSES.

PARIS

LIBRAIRIE COTILLON

F. PICHON, SUCCESSEUR, IMPRIMEUR-ÉDITEUR,

Libraire du Conseil d'État et de la Société de Législation comparée,

24, RUE SOUFFLOT, 24.

1884

ESSAI

SUR

L'IRRESPONSABILITÉ

DES

ALIÉNÉS dits CRIMINELS

ESSAI

SUR

L'IRRESPONSABILITÉ

DES

ALIÉNÉS dits CRIMINELS

PAR

LÉON RIBOUD

AVOCAT,

DOCTEUR EN DROIT.

— Mens sana in corpore sano. —

— « L'aliéné a plus besoin d'un méde-
« cin que d'un juge. »

D'ESPEISSES.

PARIS

LIBRAIRIE COTILLON

F. PICHON, SUCCESSEUR, IMPRIMEUR-ÉDITEUR,

Libraire du Conseil d'État et de la Société de Législation comparée,

24, RUE SOUFFLOT, 24.

1884

INTRODUCTION.

« Tous les jours, dit Mittermaier, on formule de nouvelles plaintes contre les décisions des jurés et contre les sentences des magistrats, lorsqu'il s'agit de questions concernant en matière criminelle la responsabilité de l'accusé. On a remarqué dans les prisons, et ces remarques ont été faites par les médecins mêmes de ces établissements, qu'il existait chez bon nombre de détenus, dès les premiers jours de leur arrestation, des signes visibles d'un dérangement des facultés. On doit donc supposer avec beaucoup de vraisemblance qu'il y avait déjà chez ces individus un état d'aliénation mentale au moment de la perprétation de leur crime.

On est naturellement conduit à rechercher comment il se fait, qu'en matière criminelle, tant de jugements aient été rendus dont l'iniquité a été démontrée plus tard. On ne peut s'empêcher de le reconnaître, il devient de plus en plus évident qu'en Angleterre les jurés ont, dans bien des circonstances, déclaré coupables des accusés dont l'irresponsabilité a du être reconnue plus tard. On en tire cette conclusion que l'institution du jury est mauvaise. Mais c'est à tort que l'on met sur le compte des jurés les sentences injustes qui peuvent être rendues à cet égard, la faute en revient le plus souvent aux magistrats eux-mêmes, à celui qui est chargé du ministère public, au défenseur et au président. C'est avec regret que l'on doit constater l'absence chez les juristes de notions qui se rapportent au progrès de la psychiatrie; ce défaut de connaissance provient de ce que dans les universités on ne veille pas assez à ce que les magistrats soient initiés aux progrès de la science psychologique morbide, et de ce que les étudiants, par un regrettable esprit d'exclusion, ne croient pas devoir s'occuper de cette science (1). »

Ainsi s'exprimait l'éminent jurisconsulte allemand, il y a quelques années; et certes, ces observations peuvent s'adresser à nos institutions aussi bien aujourd'hui qu'alors. Journellement ces questions d'aliénation mentale sont soumises à l'appréciation des magistrats et des jurés, et il faut reconnaître que les sentences des uns et les décisions des autres, au moins par leurs contradictions, légitiment souvent les plaintes et les critiques. Cela tient assuré-

---

(1) *Des expertises médico-légales en matière d'aliénation mentale,* par Mittermaier, professeur à l'Université de Heidelberg — analysé par le docteur H. Dagonet (*Annales médico-psychologiques,* mars 1865, 4e série, t. V, p. 201).

ment à ce que nos légistes ignorent la science mentale; et cette ignorance provient de ce que, dans nos Facultés, on ne les initie pas aux mystères de la folie qui reste le monopole des médecins. En outre, les hommes de loi admettent volontiers, et c'est la conséquence nécessaire de leur ignorance en ces matières, que tout homme avec son bon sens peut reconnaître un aliéné, que la raison seule suffit pour juger la folie. Certains même ont prétendu que « toutes les fois qu'il y aura délire général ou partiel, il deviendra inutile de le faire constater par un médecin, car tout homme sensé le verra comme lui (1). » Eh bien, l'étude et l'expérience démontrent bien vite que les lumières naturelles du sens moral et du bon sens ne suffisent pas en pareille matière ; car il s'agit, non d'une question de morale, mais d'une question médicale pour la solution de laquelle il est indispensable de posséder les conclusions de la science expérimentale.

Que les hommes de loi interrogent les travaux des aliénistes ; éclairés sur la nature, les causes et les diverses manifestations de la folie, ils seront plus à même d'apprécier les rapports des médecins experts et de résoudre conformément à l'équité le problème délicat de la responsabilité des aliénés dits criminels.

---

(1) *Du degré de compétence des médecins dans les questions judiciaires relatives aux aliénations mentales*, par Elias Regnault, p. 5. — Voyez aussi : Troplong, *Traité des donations et testaments*, t. Ier.

Dans ce modeste travail, je me suis proposé de prêcher d'exemple, de donner au besoin quelques notions élémentaires à ceux qui me feront l'honneur de me consulter, et de formuler quelques modifications à faire subir à notre législation, relativement à cette catégorie d'aliénés.

Je serai heureux si je puis contribuer pour une faible part à fomenter l'alliance des jurisconsultes avec les médecins, et, par suite, à diminuer le nombre des crimes légaux, selon l'expression d'un juriste anglais, que commettent les tribunaux criminels en condamnant des aliénés.

Pour atteindre ce but je devrai forcément recourir aux conclusions de la médecine; je n'hésiterai pas, car il est désormais établi que le jurisconsulte sage et avisé ne doit pas négliger les données de la science expérimentale. Il n'est pas une science d'ailleurs qui puisse se passer du concours de ses voisines; toutes sont connexes. C'est là une vérité acceptée sans conteste, et j'en trouve la consécration dans les lignes suivantes de M. Ch. Beudant, aujourd'hui doyen de la Faculté de droit de Paris : « A mesure que le cercle des connaissances humaines s'élargit, il devient de plus en plus impossible de s'isoler dans une spécialité de travaux et d'études... C'est surtout dans la jurisprudence, en prenant ce mot dans son acception la plus générale, *ars boni et æqui*, qu'est devenue manifeste la nécessité de ne pas négliger ce qu'une science spéciale emprunte aux sciences accessoires... A ce point de vue la physiologie n'est pas moins nécessaire que la psychologie, comme introduction à l'étude des sciences morales et politiques. Le physique et le moral se tiennent chez l'homme par des rapports tellement intimes qu'il y aurait présomption à penser connaître l'un si l'on a négligé d'étudier l'autre... On ne saurait donc trop applaudir aux efforts faits par les hommes spéciaux pour vulgariser ce que l'on pourrait appeler la partie sociale des sciences naturelles pour créer la médecine légale législative (1). »

(1) M. Ch. Beudant : Médecine légale et expertises (*Revue pratique de droit français*, 1863, t. Ier, p. 163).

CHAPITRE PREMIER.

DE LA RESPONSABILITÉ PÉNALE.

Responsabilité signifie en un seul mot : répondre à quelqu'un qui nous demande compte de nos actions. La science morale dit : *responsabilité*, le droit pénal dit de préférence : *imputabilité*, c'est-à-dire possibilité pour celui à qui nous devons rendre compte, de nous *imputer* un fait, de le mettre sur notre compte (1). Par ces deux mots on exprime en somme la même idée, on arrive au même résultat. Comme les faits ne nous sont imputables que lorsque nous avons à en répondre, et que nous n'avons à en répondre que lorsqu'ils doivent nous être imputés, on peut indifféremment employer l'une ou l'autre des deux expressions.

L'homme est responsable de ses bonnes comme de ses mauvaises actions; le compte moral des unes et des autres est à liquider. Mais ici bas on ne règle guère que le compte des mauvaises actions, et le mot responsabilité fait naître dans l'usage l'idée de culpabilité. D'ailleurs il est plus méritoire de faire le bien en secret, sans en réclamer la récompense.

---

(1) *Putare*, couper, tailler, émonder, *putare rationes*, émonder, liquider les comptes — d'où *supputare* supputer, *imputare* imputer.

L'homme a des rapports avec Dieu, avec lui-même et avec ses semblables.

Dans ses rapports avec Dieu, ce n'est qu'à Dieu qu'il peut avoir à rendre compte de ses infractions, car la justice humaine est incapable de les saisir. La responsabilité de l'homme n'est dans ce cas sanctionnée que par la religion, qui livre le coupable aux démons et à l'enfer.

Dans ses rapports avec lui-même, il appartient à sa conscience de le juger et de le vouer aux remords.

Restent ses rapports avec ses semblables qui sont réglés par la sanction sociale ou loi pénale.

L'homme n'est pas qu'une chose animée, c'est une *personnalité*, c'est-à-dire un être différent des autres êtres, en ce qu'il est doué de liberté et de raison. Or, on conçoit que chez un tel être l'existence ait une destinée autre que chez les créatures qui l'entourent. Cette existence, en la recevant, l'homme la revêt de sa personnalité, il s'en empare, il en fait sa propriété. Et l'on pourrait peut-être trouver là la raison de la responsabilité religieuse, car par cette prise de possession l'homme semble réclamer le droit d'user de cette existence à sa guise, quitte à en rendre compte plus tard à celui qui lui en a fait don.

En recevant l'existence, l'homme a reçu forcément de la création le droit à l'existence et tous les droits qui se résument en celui-ci ; ces droits sont ses biens, sa propriété. Il a donc le droit et il a même le devoir de les conserver, puisqu'ils sont la garantie de l'accomplissement de sa destinée. Le principe de conservation étant le même chez tous les hommes, il s'ensuit que chacun a le devoir de respecter les droits d'autrui. Il y a ainsi entre tous égalité de droits et de devoirs.

Mais en ce monde il fallait compter avec l'injustice, avec la force, autrement dit avec les mauvais instincts, avec les passions humaines, car l'homme était créé être raisonnable, il est vrai, mais, en outre, sensible et libre. Or l'égalité de droits n'eut été assurément qu'illusoire si, parmi les forces individuelles, n'eut veillé une force supérieure, mise au service de chaque droit individuel. Cette force supérieure, l'homme la trouva dans l'association, dans la société.

L'homme n'est pas seulement un être libre et intelligent, il est aussi un être *sociable*. La *sociabilité* est un état nécessaire, fatal pour nous, c'est une loi de notre nature. Partout où est l'homme la sociabilité est et sera toujours avec lui. Cette sociabilité, ce vague état de société aurait été peut-être suffisant pour un certain développement intellectuel et physique de l'humanité, mais il ne pouvait donner satisfaction au respect des droits que l'homme avait apportés en naissant. C'est pourquoi il demanda à la société organisée, à la *société civile*, le moyen d'accomplir ses devoirs et la protection de ses droits. Tel est le pouvoir supérieur qui sanctionne les rapports de l'homme avec ses semblables, qui veille au maintien de l'ordre juridique, qui demande compte des infractions à cet ordre, et use s'il y a lieu d'un droit qu'on appelle improprement le droit de punir. C'est envers lui que l'homme est responsable.

Mais la responsabilité suppose certaines conditions essentielles dont elle est la conséquence.

Je ne suis pas de ces gens dont parle Leibnitz, « qui croient qu'il est du bel esprit de déclamer contre la raison, » car j'estime, comme le dit le grand philosophe, que « si ceux qui se moquent de la raison parlaient tout de bon, ce serait une extravagance d'une nouvelle espèce (1). » La raison est l'essence même de la personnalité humaine; c'est elle qui fait de l'homme un être supérieur, souverain.

Les animaux obéissent à l'instinct, c'est-à-dire à l'impulsion. C'est ainsi, par un art inné, que l'araignée tisse sa toile, que l'oiseau fait son nid, que la fourmi réunit avec une prévoyance inouïe de véritables troupeaux de pucerons afin d'avoir à sucer en grande quantité la liqueur sucrée de ces insectes.

Les animaux ont même de l'intelligence, car ils perçoivent et ils veulent. Ils perçoivent le désordre qu'on a pu apporter à leur ouvrage, la nécessité de le réparer, et ils ont la volonté de le remettre en ordre; or, percevoir et vouloir sont deux actes d'intelligence. Si le faucon fond du ciel et retourne sur le poing de son maître, si le serin prend docilement et avec succès des leçons de chant, si le chien savant

---

(1) *Opera philosophica*, p. 26.

joue aux dominos et aux cartes, si le chien de chasse rapporte le gibier sans y mettre la dent, c'est que ces animaux ont des perceptions, se souviennent, comparent, jugent, choisissent, veulent, en un mot qu'ils ont de l'intelligence.

Mais cette intelligence n'est, si l'on peut dire, que l'intelligence de la matière, l'intelligence physique. L'animal ne réfléchit pas, il ne fait pas d'abstractions, c'est-à-dire ne passe pas de la perception à l'idée, du monde physique au monde métaphysique, il n'a pas d'idées générales, il n'a pas l'intelligence métaphysique, il ne raisonne pas. « Les animaux sont susceptibles et capables de tout, excepté de raison... » dit Buffon (1). « Un seul animal est capable de réfléchir et de délibérer, c'est l'homme, » dit Aristote (2) ; lui seul a la puissance de former des idées générales, lui seul, en un mot, possède l'intelligence supérieure, la raison.

« On ne peut, sans absurdité, donner aux bêtes le raisonnement » dit Leibnitz. Il ne faut leur reconnaître, en effet, que le premier degré de l'intelligence, la perception. « Ils associent les perceptions, ils ont une mémoire qui les conserve, un jugement qui les compare, une volonté qui se détermine par elles ; mais tout cela simple et non doublé de réflexion, de raison, qui fait l'intelligence supérieure,

---

(1) *Discours sur la nature des animaux*, t. II, p. 354.

(2) *Histoire des animaux*, livre 1er, p. 13.

l'esprit, l'âme de l'homme... Pour dire tout d'un seul mot, conclut P. Flourens, les animaux ont tout ce que nous avons, sauf la réflexion, sauf la raison (1)... »

Grâce à la raison, l'homme a acquis l'art du langage. Ce langage est tout abstrait, c'est l'esprit qui parle à l'esprit, et non un son qui répond à un son, un langage purement matériel comme celui du perroquet, du sansonnet ou du chien polyglotte dont parle Leibnitz.

Grâce à la raison, l'homme progresse parce qu'il invente. Aucun animal n'invente.

Grâce à la raison, l'homme a le sentiment du bien et du mal, du juste et de l'injuste. L'animal ne juge ni ne pèse ses instincts, pour corriger les mauvais et développer les bons.

Enfin, c'est grâce à la raison que l'homme est un être libre. « La liberté consiste dans le juste usage de la raison, » dit Leibnitz. « L'homme libre, dit Flourens, n'est pas celui qui n'a pas de maître, mais celui qui n'en a qu'un : la raison (2). »

C'est donc bien la raison qui fait la personnalité de l'homme.

Or, la personnalité de l'homme a pour conséquence sa responsabilité, puisqu'il distingue le bien du mal ; ou autrement dit, si l'homme est respon-

---

(1) *De la Raison*, p. 151. —Paris, 1861.

(2) *Idem*, p. 164.

sable, c'est qu'il est un être raisonnable. La raison est donc le criterium de la responsabilité humaine. L'animal qui n'obéit qu'à l'instinct ne peut être responsable, mais l'animal qui obéit à la raison, l'homme, doit être responsable. « Instinct et raison, marques de deux natures, » a dit Pascal.

La raison, avons-nous dit, enseigne à l'homme le juste et l'injuste, le bien et le mal. Et sa conduite le prouve clairement. Il ne fait pas une action qu'il ne la raisonne ; avant d'agir, il délibère, il choisit et se décide, et après avoir agi, il juge qu'il a bien ou mal fait. C'est que toutes choses ne lui sont pas égales. Il en est qu'il aime, il en est qui lui répugnent. C'est que, en un mot, le bien et le mal existent pour l'esprit humain. Le scepticisme doute, il est vrai, de la véracité même de la raison humaine ; il prétend qu'elle ne voit pas les choses telles qu'elles sont. C'est possible; mais tant que le scepticisme n'aura pas démontré le contraire, on ne pourra admettre la négation de ce que l'humanité croit. Or, l'homme croit au bien et au mal ; il y croit parce que sa raison lui dit d'y croire, parce que sa raison lui dit que, s'il n'y avait pour lui ni bien ni mal, il n'aurait pas de motif pour agir d'une manière plutôt que d'une autre.

Mais que servirait de comprendre le bien si on ne pouvait le faire? Qu'importe qu'il soit préférable pour l'homme de faire ou d'éviter telle chose, s'il n'a pas la liberté de faire? Donc, un être raisonnable doit être forcément libre. Supposer la raison sans la liberté, c'est une contradiction ; en tous cas, la raison sans la liberté, serait une faculté inutile. « Et jusqu'ici, dit Th. Jouffroy, l'expérience n'a pas démenti cette présomption : tous les êtres raisonnables connus ont été trouvés libres en même temps (1). »

Dès lors, il faut reconnaître que la liberté est le complément de la personnalité humaine. Sans la liberté, l'homme agirait purement et simplement par sa constitution, il ne serait personnellement pour rien dans ce qu'il ferait. Tandis que si, concevant le bien, grâce à sa raison, il se sent maître de son activité, il va de lui-même, ses actes lui appartiennent, il en a le mérite, il en assume la responsabilité. « La loi de sa destinée, dit M. Faustin Hélie, est qu'il soit libre dans ses actions et que, éclairé sur ses devoirs, il puisse les suivre ou les enfreindre ; c'est là aussi la raison de sa responsabilité (2). »

---

(1) *Mélanges philosophiques*, Paris, 1866, 4me édition, p. 294.— Au contraire d'après une nouvelle doctrine, le *Déterminisme*, l'homme n'est pas libre, il n'est pas plus libre que le corps inorganique dans ses divers mouvements. — Il n'est pas toujours facile de préciser la cause de tel ou tel mouvement d'un corps, surtout si plusieurs forces agissent en même temps sur le corps. De même les actes de l'homme ont des causes complexes qu'il n'est pas toujours facile de découvrir; mais ces causes, ces forces manifestes ou latentes n'en existent pas moins, avec leur caractère de nécessité inéluctable. En un mot, d'après cette doctrine, la liberté humaine est une pure illusion (Voyez : Herbert Spencer, *Principes de Psychologie*, 4me part., ch. 9). — Dès lors pas de responsabilité pénale, point de criminels, plus de lois pénales.

(2) *Introduction au Traité de droit pénal de Rossi*, 4e édition, t. Ier, p. 87.

Raison et liberté, tels sont les deux éléments de la personnalité et, par suite, de la responsabilité de l'homme.

Mais si la raison n'est rien sans la liberté, réciproquement la liberté n'est pas davantage sans la raison. En effet, l'homme a en lui plusieurs forces, plusieurs volontés, et cette pluralité de forces est d'ailleurs une nécessité, car s'il n'y avait qu'une seule force dans l'homme, elle serait fatale, obligatoire, tandis que s'il y a plusieurs forces, il y a lieu à la lutte, à la détermination, à la liberté. Mais la liberté ainsi entendue n'est que la résistance à une force, ce n'est pas encore la liberté humaine, c'est-à-dire la liberté éclairée par la raison, qui délibère et sait choisir entre le bien et le mal, et qui pour cela est appelée liberté morale.

Ainsi la raison et la liberté sont inséparables. Je dirai même qu'elles ne forment qu'un seul et même élément et qu'on peut les comprendre sous cette seule expression : *liberté morale*. Je m'explique.

La liberté est la puissance d'exécuter sa volonté. La volonté, si l'on veut ne pas tenir compte de l'opinion de Cousin et essayer de la définir, c'est la puissance d'agir que nous trouvons en nous-mêmes; c'est, dit Leibnitz « la puissance de commencer, de continuer ou de terminer plusieurs actions de notre âme et plusieurs mouvements de notre corps. » L'usage actuel de cette puissance, l'effort, on le nomme *volition*. Mais la volonté n'est pas, quoi qu'on en ait dit, un agent qui agit distinctement en nous. C'est l'âme entière, c'est l'âme intelligente, c'est la raison qui veut. La sensation, qui est le premier principe moteur, engendre la perception, et ce n'est que lorsque l'intelligence a perçu la sensation, lorsqu'elle en a formé une idée, que la volonté joue son rôle. Donc vouloir c'est connaître, c'est préférer, comme c'est tout d'abord sentir, et il y a une telle solidarité entre la volonté et l'intelligence qu'elles ne forment selon l'opinion de Spinosa, qu'une seule et même chose, à savoir la raison. Or la liberté, étant le pouvoir d'exécuter sa volonté, suppose forcément la volonté, et comme la volonté unie à l'intelligence est la raison, il s'ensuit que la liberté suppose forcément la raison. Et c'est pourquoi, s'il est vrai de dire que la raison et la liberté sont les deux conditions de la responsabilité, on peut dire plus simplement et aussi exactement que la condition de la responsabilité est unique et que cette condition est la liberté morale.

Quand quelqu'un blesse l'ordre moral, c'est donc à la liberté qu'il faut l'imputer. Ce n'est que l'esprit libre qui peut comprendre le devoir et avoir l'intention de le violer. Donc de la liberté résulte pour l'homme la moralité de ses actions, leur imputabilité.

L'homme est responsable, soit devant la justice absolue si ses actions sont imputables moralement ; soit devant la loi pénale si ses actions sont imputables légalement; soit à la fois devant la justice absolue et la loi pénale, si ses actions sont imputables et moralement et légalement.

Il se peut en effet que la loi humaine n'ait pas défendu une action immorale; dans ce cas l'imputabilité n'est que morale, la sanction n'est que religieuse.

Il se peut que la loi humaine ait défendu une action licite ; dans ce cas l'imputabilité n'est que légale (1), et la loi positive est en contradiction avec la loi morale.

Il se peut, et c'est ce dont se préoccupe surtout le législateur, que la loi humaine ait défendu une action injuste; dans ce cas l'imputabilité est à la fois morale et légale, et le but de la loi est précisément de faire ressortir l'immoralité de l'acte.

Mais si l'autorité sociale a le droit d'incriminer un fait lorsque les conditions de l'imputabilité existent, elle n'a pas le pouvoir de l'imputer plus ou moins à son gré. Les conditions ordinaires et normales peuvent se trouver modifiées; il y a dans la criminalité individuelle des degrés dont la loi pénale doit tenir compte.

L'élément moral d'un délit considéré individuellement peut se trouver amoindri; dès lors le délit est imparfait, dégradé, diminué. Le pouvoir social dans ce cas diminue la peine. Mais s'il y a des degrés dans l'échelle des peines, ce n'est pas à dire que l'imputabilité de l'agent soit susceptible de degrés. Non, l'homme est imputable ou ne l'est pas; il n'y a

(1) Rossi dit : imputabilité politique ou légale ; M. Carrara dit : imputabilité sociale ; d'autres, imputabilité juridique.

pas d'imputabilité pour moitié. Mais à côté de l'imputabilité abstraite de l'homme, laquelle existe ou n'existe pas, il y a l'imputabilité du fait. Le pouvoir social ne peut pas ne pas peser les circonstances du fait, et forcément ces circonstances doivent influencer le jugement qu'il porte sur l'imputation de ce fait. L'imputation du fait est modifiée alors même que l'imputabilité de l'agent reste totale. Voilà un homme attaqué qui tue son agresseur ; voilà un autre homme qui, avec préméditation, attaque et tue un passant. L'un et l'autre ont commis un homicide, l'un et l'autre sont responsables, il y a imputabilité abstraite. Et cependant on ne punit pas le premier aussi sévèrement que le second, parce que l'imputabilité du fait n'est pas la même dans les deux cas. Cette circonstance que l'attaqué était en état de défense, qu'il a été poussé malgré lui à l'homicide, atténue le jugement sur l'imputation du crime. Et c'est pourquoi en pareil cas la peine est diminuée. La peine est diminuée parce que l'imputation doit être diminuée, et celle-ci doit l'être parce que l'élément moral du fait est amoindri, parce que la liberté n'était pas entière.

Quand la criminalité est seulement atténuée, on dit que le fait est excusable, le délit imparfait, dégradé; les circonstances du délit sont des causes *d'excuse*. Mais cette dégradation peut être poussée jusqu'au point de faire cesser toute imputabilité sociale. Ce n'est plus alors simplement une cause

2

d'excuse, mais une cause de *justification*. En réalité il n'y a pas seulement dégradation, car le degré suppose le fait, il y a négation du délit. L'agent est innocent, le délit n'existe pas. Mais on peut poser en principe, qu'au point de vue pénal, toute personne est responsable, sauf les cas d'exception établis par la loi. On admet en effet communément que tout homme, dans son état normal, est doué d'intelligence et de liberté, en un mot de liberté morale.

Parmi les exceptions à cette règle, parmi les causes qui peuvent affecter l'agent dans la plénitude ou dans l'exercice de ses facultés morales, qui peuvent exclure sa responsabilité, il faut citer l'*aliénation mentale* (1).

Pourquoi le fou n'est-il pas responsable? Parce qu'il n'est plus en état de reconnaître la nature et les conséquences de ses actions, parce que son libre arbitre est paralysé par la maladie. Je ne dis pas sup-

---

(1) On dit indistinctement *folie* ou *aliénation mentale, fou* ou *aliéné*. Toutefois les mots aliénation et aliéné sont aujourd'hui plus à la mode. Il est admis que l'emploi de ces mots dénote un esprit éclairé et délicat; ces expressions ont une apparence plus médicale et plus légale. Pour le vulgaire, un fou est un fou ; pour l'homme du monde, le juriste et le médecin, un fou est un aliéné. Au mot fou est resté attaché, en réalité, un sentiment de répulsion. On ne dit plus : hospice de fous, on dit : asile d'aliénés. Quoi qu'il en soit, fou et folie sont les dénominations usuelles. — Au surplus l'expression *aliénation mentale* n'est pas de création moderne, elle a une origine antique. Nous lisons en effet dans un rescrit de Marc-Aurèle et de Commode : «..... ut continuâ *mentis alienatione* omni intellectu careat. » (Macer. D. liv. 1, t. XVIII, *De off. præs.*, loi 14).

primé : le libre arbitre, en tant que faculté, réside chez l'aliéné comme en tout le monde. Il peut être entravé, mais à tout instant il peut se réveiller, et il est impossible en aucun cas de dire s'il est complètement aboli. Seulement son action est généralement paralysée sous l'influence de certaines conditions morbides, en sorte que l'aliénation mentale doit toujours être prise en considération, même si elle n'enlève l'usage de la raison que pour un fait spécial. On cherchera en vain à déterminer quand il y a modification assez profonde du libre arbitre pour décharger le sujet de toute responsabilité. La controverse sur le *liberum arbitrium* remonte aux disputes du moyen-âge (1). D'après la plupart des philosophes et des criminalistes, c'est du libre arbitre que dépend la criminalité. Les criminels, disent-ils, jouissent de leur libre arbitre, les aliénés l'ont perdu. C'est là une erreur. Les fous, dans la grande majorité des hypothèses, sauf dans le cas de délire aigu, d'imbécillité et de démence, jouissent du libre arbitre, en ce sens que leurs actes sont le résultat de la délibération et de la volonté. Ils ne sont pas, quoi qu'en ait dit Maine de Biran, de simples automates. Leur esprit est doué d'activité ; ils ont les mêmes

---

(1) Voyez un ouvrage intitulé : *Ciel et Enfer* (Berlin, 1865) qui met en regard les diverses opinions des Pères de l'Église, leur influence au moyen-âge, et les conséquences des opinions produites par Luther, Melanchton, Zwingle, Calvin et l'art. 18 de la Confession d'Augsbourg (1530).

passions, les mêmes désirs que ceux qui sont sains d'esprit, ils savent comme eux discerner le bien du mal, ils raisonnent parfois rigoureusement et l'habileté qu'ils mettent à exécuter leurs actions, puis à les dissimuler, démontre leur intelligence. Le fou est donc un homme comme un autre. Or, de même que le libre arbitre est variable chez les différents hommes et même chez chaque individu selon le moment, de même il faut reconnaître en théorie qu'il présente des degrés divers chez les aliénés, car de l'excentrique à l'idiot, en passant par le monomane, il est aisé de concevoir toute une échelle de responsabilité. Mais alors faudra-t-il chaque fois que la folie sera invoquée en justice, que le juge aussi bien que le médecin détermine le degré du libre arbitre duquel dépendra le degré de la responsabilité? Non, assurément; une telle mensuration échappe aux connaissances humaines, pas plus le juge que le médecin ne lit dans les consciences. A mon avis, et je me range entièrement à l'opinion du docteur Jules Falret (1), en présence de la difficulté, du danger qu'il y aurait à vouloir fonder en pratique des distinctions sur des nuances souvent inappréciables, il n'y a qu'un criterium légal infaillible, le criterium de la maladie. Du moment que la folie est constatée, le sujet doit être considéré comme irres-

(1) *De la responsabilité morale et de la responsabilité légale des aliénés.* — Paris, 1865.

ponsable. Tel est le principe que je développerai en étudiant les diverses formes de l'aliénation mentale.

Mais en dehors des malheureux que nous n'hésitons pas à considérer comme fous, il est toute une classe d'individus sur la responsabilité desquels il est permis d'hésiter. La liberté humaine présente une longue chaîne d'états variés, depuis l'homme le plus élevé en intelligence et en moralité jusqu'à l'être absolument dénué de raison et de sens moral. Dès lors il est évident qu'à un des anneaux de la chaîne doit correspondre toute une catégorie d'individus caractérisés par des pensées, des sentiments et des actes assez analogues à ceux des insensés, « sorte de terrain neutre, de zone mitoyenne, dit M. Maudsley, entre la sanité et l'insanité. » Or s'il est un problème délicat, soulevant des doutes et des discussions, c'est bien celui qui consiste à déterminer, le cas échéant, le degré de responsabilité de ces incomplets. Il n'en serait pas ainsi « s'il était possible de tracer une ligne nette et sûre, puis de déclarer que tous ceux qui se trouvent en deçà sont raisonnables, que tous ceux qui se trouvent au-delà sont fous. Mais la moindre réflexion fait comprendre la vanité de tenter une semblable division (1). » Ces dégénérés deviendront peut-être des fous, pour l'instant ils ne sont affectés, en apparence du moins, que

(1) M. Maudsley : *Le crime et la folie*, 4e édit., p. 38. — Paris, 1880.

d'une sorte de névrose qui marque la première étape de la maladie mentale, laquelle, comme toutes les maladies, suit une marche lente et progressive. Ce tempérament nerveux, destiné à la folie, est généralement dû à l'hérédité; le père était fou ou simplement affligé d'une maladie nerveuse, l'enfant à son tour a la même ou telle autre disposition à la névrose. C'est la dégénération successive de la race, qui est peut-être déjà la maladie.

Eh bien! que penser de ces individus au tempérament fou lorsqu'ils commettent des actes criminels? Sont-ils responsables? Assurément, il faut tenir compte de leur état dans le calcul de leur responsabilité. Mais je vais plus loin. L'esprit d'un de ces dégénérés présente quelque chose d'anormal, quelque signe apparent d'un mal plus ou moins profond; est-ce une maladie destructive du libre arbitre, est-ce déjà la folie? Je ne saurais l'affirmer. Mais pourquoi ne serait-ce pas la folie à l'état latent? Ce qu'il y a de certain, c'est que l'expérience remarque chez ces malheureux un des signes les plus caractéristiques de l'aliénation mentale, *l'absence de sens moral*. Cette absence de sens moral, ce vice congénital de l'organisation mentale, cette conséquence de la névrose ou de la folie des parents, pourquoi ne pas l'appeler carrément *l'insanité morale?* Oui, il y insanité, il y a folie chez ces individus qui naissent privés de sens moral. Et s'ils commettent un crime, et ils y sont prédestinés puisque les facultés morales leur font défaut, comment parler de leur responsabilité ? Ne seraient-ce pas des malades plutôt que des criminels ? En tous cas, si vous voulez que je les condamne, prouvez-moi qu'ils sont encore en deçà de la ligne imperceptible qui sépare la santé de la maladie, sinon je conclus de leur débilité mentale à leur impunité.

« Le crime est souvent héréditaire », dit M. Maudsley (1). Les criminels sont pour la plupart les descendants d'une race névropathique. Parmi ces descendants, les uns sont entraînés par la névrose vésanique droit à la folie, les autres, sans témoigner extérieurement d'un état morbide aussi violent, marchent au crime ; et c'est tellement vrai que dans les annales médico-judiciaires sont relatés de nombrenx exemples de familles dont l'un des membres est fou tandis qu'un autre est criminel. Interrogez Morel (2) et vous serez convaincus. Il est donc permis de voir dans les uns et les autres les victimes d'une même dégénérescence, d'un vice du système nerveux. Mais, dira-t-on, jusqu'à une certaine limite le malade, puisque malade il y a, peut lutter contre les impulsions néfastes de son état morbide. Je le veux bien, mais il s'agit de fixer cette limite ; or, qui donc peut

---

(1) *Op. cit.*, p. 27.

(2) *Traité des maladies mentales.* — Voyez aussi un cas cité par M. Maudsley, *op. cit.*, p. 58. — Voyez encore dans le journal *le Temps*, du 22 mai 1884, un article de M. Paul Bert sur Blin, l'assassin du Palais-Royal.

affirmer que chez tel individu la force de résistance était suffisante? Vous jugez l'état psychique d'un homme par ses actes, vous infligez une peine proportionnelle à la nature du délit et non à la force morale de l'agent, ce procédé n'a que la valeur d'une présomption qui d'ailleurs est contraire aux faits; et j'ajoute que la nécessité où vous êtes d'employer un pareil mode d'appréciation, démontre justement que vous êtes incapables de mesurer directement le degré de sens moral de chacun. Je sais bien que vous allez m'objecter les notions métaphysiques, abstraites qui font de l'homme un être doué, pour le bien et contre le mal, d'une certaine capacité morale invariable. Mais se dire en mesure d'apprécier absolument la moralité de l'homme, c'est usurper un droit divin ; aussi je prétends qu'affirmer cette capacité invariable n'est qu'une pure affirmation, ou tout au moins la conclusion théorique de spéculations aussi vaines que transcendentales. Il en est des facultés morales comme des facultés intellectuelles, elles existent à dose variable chez chaque individu. Chacun a une certaine capacité morale, non une capacité invariable. Mais en même temps chacun dépend de son organisation physique, et dans la lutte de tous les instants entre le moral et le physique, l'expérience révèle la victoire fréquente de l'organisme et son influence sur le cours de notre vie.

Si aujourd'hui cette manière de voir est encore combattue par une société timorée et esclave de la routine, il n'en est pas moins vrai qu'elle a trouvé à tous les âges, des défenseurs autorisés. Platon déclare que le méchant doit sa méchanceté à son organisation et à l'éducation (1). D'après les Stoïciens toute passion violente est un commencement de folie. Cicéron en fait une maladie (2). « Ira furor brevis est » dit Horace ; et Pinel répète que « la colère est une fureur ou manie passagère » (3). Enfin je lis quelque part ces très justes observations d'un spécialiste : « Comment ne pas entrevoir un état psychique dans la disposition qu'ont les criminels à céder avec la plus grande facilité à des désirs qui inspireraient une vive répugnance, ou qui feraient frémir d'horreur tout homme véritablement moral ; et cette anomalie ne saute-t-elle pas aux yeux lorsque contrairement à ce qu'avaient imaginé les poètes et les moralistes, on voit les malheureux qui ont commis le crime ne point éprouver de remords, si bien qu'ils sont disposés à le commettre de nouveau ; et, en fait de regrets n'en éprouver que d'égoïstes, lorsque leurs intérêts sont fortement compromis à la suite du crime, lorsqu'ils ne peuvent éviter le châtiment (4) ? »

Une telle doctrine, dit-on, met la société en péril.

---

(1) Voyez M. Maudsley, *op. cit.*, p. 24.

(2) Tusculanes, liv. III et IV.

(3) *Nosographie*, p. 99.

(4) Etude sur l'état psychique des criminels, par le Dr Despine (*Annales médico-psychologiques*, 1872, 5me série, t. VIII, p. 321).

Est-ce exact? La société pour accomplir sa destinée de puissance supérieure chargée de protéger l'exercice des droits individuels, n'a qu'un devoir à remplir : Veiller à sa propre conservation. Autrement dit, elle doit prendre toutes les mesures qui sont les conditions essentielles de l'ordre. Pour qu'elle arrive à ce résultat est-il nécessaire de lui reconnaître le droit de punir? Je ne le crois pas. Et d'ailleurs le peut-on ?

La punition, c'est l'expiation, c'est la rétribution du mal par le mal, c'est le talion c'est-à-dire l'égalité parfaite entre le châtiment et la faute (1). Or la réalisation d'un tel principe n'appartient qu'à la justice divine, car Dieu seul peut déterminer la criminalité et absolue et relative d'un acte, lui seul peut mesurer la valeur morale du délit et infliger une quotité de souffrance qui compense le mal moral lui seul peut apprécier les modifications de l'intention, le remords, le repentir de l'agent. La justice sociale ne peut être une émanation de la justice di-

(1) Kant, en 1767, opposa ce principe de la justice absolue aux idées de Bentham, Hobbes et Rousseau. Puis sa doctrine fut adoptée et développée, tout en la modifiant plus ou moins, par Cousin, Guizot, de Rémusat, Pastoret, Royer-Collard, de Broglie et Rossi, les représentants les plus célèbres de l'école éclectique — Voyez : Kant, *Eléments métaphysiques de la doctrine du droit*, 1797 ; trad. de Barni, 1853; — Cousin (traduction du Gorgias); — Guizot, *La peine de mort en matière politique*, ch. 6, p. 93 ; Paris, 1822; — et : *Histoire des origines du gouvernement représentatif ;* — De Broglie (*Revue française*, t. III, 28 janvier 1828); — Rossi (*Traité de droit pénal*, 3 vol. Genève et Paris, 1829.

vine. Comment pourrait-elle juger comme elle le degré de violation de la loi morale dans un acte et le degré de l'intention dans l'agent? elle ne connaît pas la loi morale et ne peut lire nulle part l'intention. L'intention se produit là où Dieu seul peut lire, dans les replis de la conscience ; cet élément invisible de la criminalité l'homme le déduit, il ne l'atteint jamais. Quant à la violation de la loi morale, autre élément de la criminalité, nous ne pouvons non plus la déterminer, car, si la droite raison nous révèle cette loi, ce n'est que frappée de contingence, limitée aux prescriptions négatives de ne pas faire, de ne pas nuire; et c'est tellement vrai, que la justice sociale, bien loin de supposer chez le coupable la connaissance absolue de la loi morale, n'exige réellement pour punir que la connaissance de ses propres prohibitions et sanctions. Si donc la justice humaine ne peut déterminer la criminalité *relative* de l'acte d'après la connaissance complète de l'intentionnalité, si elle ne peut déterminer la criminalité *absolue* de l'acte d'après la connaissance complète de la loi morale, comment lui attribuer le droit de punir? Ce droit ne peut exister qu'entre les mains de Dieu, entre les mains de l'homme il est une usurpation. Le droit de justice sociale, celui qui est le fait de l'homme n'est qu'un droit de *répression* (1), c'est-à-dire de *conservation*. La loi pénale peut réprimer,

(1) M. Ad. Franck, *Philosophie du droit pénal*, 2e édit. p. 84.

elle ne peut punir; elle n'est pas une justice d'expiation, elle est une justice de conservation; elle ne flétrit pas l'omission du bien, elle réprime le trouble à l'ordre positif.

Au surplus, soutenir que la justice sociale a le droit de punir, par une sorte de délégation de la justice absolue, c'est supposer qu'elle a été imposée à l'homme, à la société, qu'elle est fatale, nécessaire. Or j'estime que l'homme a le droit de revendiquer l'honneur de règler lui-même ses rapports avec ses semblables d'après sa volonté et les lumières de sa raison. Que sa raison l'ait initié en partie aux lois d'une justice supérieure, de la justice morale, c'est admissible. Mais ce que je ne saurais admettre c'est qu'il en soit du monde moral comme du monde physique, que la loi morale s'impose à l'homme comme les lois physiques aux simples corps.

Ce que l'on ne peut nier c'est que la société a droit à l'existence, comme l'homme même, et par suite qu'elle a le droit et le devoir de se conserver pour accomplir sa destinée. Dès lors, qu'un des associés, entraîné par ses passions, attente à l'existence du corps social, empiète sur le droit d'autrui, l'ordre est en danger, l'existence de la société est menacée; en sorte qu'il faut reconnaître « une puissance d'intervention » (1) pour la défense du droit, puissance du

(1) Ch. Lucas, *Du système pénal et du système répressif*, Paris, 1827, p. 47.

reste qui a pour limite, à laquelle elle doit s'arrêter, la garantie même du droit. Cette puissance d'intervention, c'est en d'autres termes le droit de *répression*, de *prévention* des crimes. Tel est le droit pénal. « La justice pénale existe, dit M. Faustin Hélie, parce que la société existe, parce qu'elle est un des attributs, une des conditions de sa vie ; elle est la conséquence immédiate et directe du devoir qui lui est imposé de pourvoir à sa propre conservation. Elle n'a pas besoin d'autre titre : sa légitimité est tout entière dans la loi sociale (1). »

Mais comment prévenir, comment réprimer les crimes? Par les moyens de prévoyance (2). Il est temps d'abandonner les procédés de vengeance, de traiter les criminels par la pitié et non par la colère. Que la société profite de la somme de liberté morale qui réside en chacun de nous, qu'elle l'éclaire par l'éducation et l'instruction, qu'elle fasse de la réforme des criminels le caractère fondamental de la répression, elle préviendra les crimes, elle assurera le règne de l'ordre bien plus sûrement qu'en se contentant d'atteindre chaque acte par une punition. Le remède sera en tous cas souverain contre la récidive, tandis qu'il est reconnu par tout le monde que les prisons, au lieu d'être des établissements de

---

(1) V. *Introduction au Traité de droit pénal de Rossi*, 4me édit. t. Ier, p. 92.

(2) Sur la justice de prévoyance, voyez Ch. Lucas, *op. cit.*, p. 161 et suiv.

réforme, sont des écoles de vices et de corruption, des pépinières de récidivistes. Mais comme il faut compter malgré tout avec les mauvais instincts, ces motifs qui, dans les délibérations de notre faible liberté morale, provoquent non impunément au désordre, dès qu'un crime sera commis, la société aura à son service un moyen supplémentaire de répression, la séquestration, lequel moyen ne pourra se justifier que par l'inefficacité du précédent. Ce moyen répressif, édicté par la loi, aura pour effet, d'une part d'atteindre même les crimes à venir par l'intimidation, par la menace, et d'autre part de rétablir la confiance et la sécurité publique en mettant le coupable dans l'impossibilité de nuire de nouveau. Mais je voudrais que tout lieu de réclusion fût en réalité un hospice, un établissement industriel ou agricole, ou même dans certains cas quelque chose d'analogue à la colonie de Gheel (Belgique), d'où le condamné ne pût sortir que guéri moralement et physiquement (1). Dès lors, plus de limite à la durée de la détention, le pouvoir judiciaire qui la prononcerait serait souverain pour autoriser la sortie. Il en serait des criminels comme des aliénés. Ils nuisent à la sûreté générale, ils sont dangereux, on les enferme, dans le but de les guérir et de préserver la société. Ceux qui reviendront à la vertu, à la santé, rentreront dans le sein de la so-

(1) Cette idée a déjà été émise, je crois, par Pinheiro-Ferreira.

ciété, les incurables seront maintenus en traitement.

Utilité sociale et charité envers le coupable, dans la mesure où elle ne nuit pas à la chose publique, voilà les bases de notre doctrine. Et je ne sache pas qu'avec un tel système préventif, dont l'application est affaire de pratique dans laquelle je n'ai pas à m'immiscer ici, la société ait lieu de crier au péril. Que demande-t-elle ? Sa conservation, la sécurité de son existence ; nous la lui assurons mieux encore que le système répressif aujourd'hui en vigueur, en la mettant à l'abri des atteintes de tout individu dit criminel, tant qu'il est jugé dangereux.

Je ne me fais du reste aucune illusion ; je n'ignore pas qu'une telle transformation dans les idées reçues en matière pénale ne s'opèrera pas de longtemps. Mais j'estime que le traitement moral des criminels sera une des conquêtes de l'avenir. Il naîtra un nouveau Pinel et, grâce à lui, comprenant mieux ce que c'est que le crime, éclairés sur ce qui fait défaut dans l'organisation des criminels, nous voudrons les traiter avec charité, dans leur intérêt propre aussi bien que dans l'intérêt général. Si je n'hésite pas, aux risques de paraître outrecuidant, à parler le langage prophétique, c'est que je pense, comme M. Maudsley, « qu'il y a avantage à reconnaître la vérité d'un principe même quand le temps n'est pas venu encore pour son application, même lorsqu'il semble utopique et n'excite que la raillerie des gens pratiques. Même alors, en effet, il modifie lentement les sentiments et les idées, il opère sur les préjugés comme un dissolvant, et, malgré des difficultés en apparence insurmontables, il tend par des degrés à peine perceptibles à s'incorporer dans les faits..... L'idée utopique d'un siècle devient souvent l'idée vulgaire du siècle suivant (1). »

En attendant, tant qu'on distinguera la passion de l'aliénation mentale, pour sanctionner l'une de la prison et l'autre de l'hospice, que les hommes de loi prennent garde, car il est épineux le plus souvent de déterminer exactement les limites qui semblent les séparer. Pour arriver à une appréciation à peu près exacte, et c'est un conseil de Mittermaïer, il importe de se livrer à un examen sérieux de l'état mental et des différentes situations de l'âme, et j'ajouterai, surtout du passé de l'accusé. Si non, on envoie des malheureux fous, comme Jobard (2), au supplice ou aux travaux forcés.

---

(1) *Op. cit.*, p. 33.

(2) A la sortie du théâtre de Dijon, Jobard suivit une dame qui rentrait chez elle avec son mari, et l'assassina en s'écriant : « je suis satisfait maintenant ». Il fut condamné aux travaux forcés à perpétuité. — Le Dr Arthaud (de Lyon) déclara que l'accusé était atteint d'aliénation, d'un trouble général des facultés, avec prédisposition héréditaire. — L'aliéniste anglais Winslow estime qu'il y avait chez Jobard un trouble des facultés morales et intellectuelles, sorte d'égarement moral. Mittermaïer pense que son intelligence et sa force morale se sont affaiblies peu à peu. Le Dr Dagonet croit à des impulsions homicides irrésistibles.

CHAPITRE II.

NOTIONS HISTORIQUES SUR LA FOLIE.

Je n'ai pas l'intention de donner de très longs développements au côté historique de l'aliénation mentale, car j'estime que l'étude de la folie nécessite peu les recherches rétrospectives. Mais il est au moins intéressant de connaître de quelle façon ce mal a été apprécié et traité aux diverses époques de l'histoire (1).

On croit généralement que la médecine n'est en possession d'idées justes et efficaces sur la folie que depuis le commencement du siècle. C'est là une erreur au moins partielle. Il est incontestable que les nombreux travaux des médecins depuis cent ans ont fait faire des progrès considérables à cette branche de la science physiologique, mais cette maladie était déjà connue de l'antiquité.

Il est prouvé que, chez les Égyptiens, le traitement des fous était singulièrement éclairé et humain (2). Quant aux Grecs ils étaient aussi avancés

(1) Dans ce chapitre je recourrai maintes fois au savant ouvrage du Dr U. Trélat (*Recherches historiques sur la folie*, — Paris 1839); — on peut consulter aussi : *Etudes historiques sur l'aliénation mentale dans l'antiquité*, par le Dr Semelaigne.

(2) Voyez M. Maudsley : *op. cit.*, p. 6.

dans la connaissance de l'aliénation mentale que nous l'étions il y a quelques années encore, après dix-huit cents ans d'études.

Toutefois, pour la multitude la folie était un mal sacré, le fou était un être poursuivi par les Euménides ou cher à la Divinité; son mal était l'œuvre du Destin, de la Fatalité. De là ces fables, ces peintures poétiques et terribles inventées par des esprits superstitieux : Ajax, tombé dans un délire violent, pendant lequel il égorge un troupeau de moutons, en croyant immoler les Grecs à sa vengeance, devient un héros poursuivi par le courroux des dieux. De là les oracles, pour ne pas dire les folies, que les dieux débitaient par la bouche des Pythonisses, des Sibylles et des Nymphes, malheureuses hystériques ou hallucinées qu'on venait adorer et interroger à Delphes, à Dodone, à Délos, à Epidaure, à Cumes et dans le bois d'Aricie. Mais à côté de ces conceptions fabuleuses qui hantaient l'esprit du vulgaire, des idées raisonnables étaient enseignées et mises en pratique par des hommes sérieux et éclairés.

Aucun nom de praticien illustre, antérieur à Hippocrate (460 ans avant J.-C.) ne nous a été transmis par la renommée. D'après les ouvrages des philosophes anciens il est à présumer que Pythagore (530 ans avant J.-C.) connaissait l'épilepsie; mais de lui nous n'avons aucun écrit. C'est donc à Hippocrate que doit revenir l'honneur d'avoir le premier observé la nature et les caractères de la folie, et d'en avoir établi une classification qui, à travers les siècles, est venue triomphalement jusqu'à nous pour nous servir encore de modèle. C'est lui qui ouvre à la médecine une voie positive ; il combat le charlatanisme de ses confrères, il soutient que cette maladie ne vient pas plus de la Divinité que les autres, que toute maladie a une cause naturelle. C'est le père du positivisme. Pour lui c'est le cerveau qui est le siège des maladies mentales. Il parle du délire, de l'insanie, de la frénésie, de la mélancolie; il en énumère les causes et les symptômes; il signale l'insensibilité physique des aliénés. Quant aux moyens thérapeutiques ils étaient assurément insuffisants, mais, sa doctrine n'étant pas superstitieuse, le traitement n'était pas barbare; il consistait en purgations par l'ellébore, et nous savons par Horace que dans la mer Egée, l'île d'Antycire, qui produisait cette plante proverbiale, était devenue célèbre.

En l'an 80 avant J.-C., Asclépiade attribue l'aliénation à l'altération des voies sensoriales. Comme traitement il conseille l'amour, le vin, la musique, le travail et tout sujet de distraction de l'esprit, en somme un traitement moral ; il défend la contrainte corporelle.

L'an 80 après J.-C., nous rencontrons le grand Arétée de Cappadoce, auteur d'un traité de physiologie qu'on croirait écrit d'hier. Il décrit d'une façon frappante l'épilepsie (*morbus comitialis*) et son action sur l'intelligence, la mélancolie et ses subits accès de violence, la manie ou fureur et le délire sénile. D'après lui la manie a sa cause dans les excès de table, l'ivresse, l'abus des plaisirs vénériens, la cessation de toute hémorragie périodique, par exemple, celle des règles chez les femmes, ou la difficulté qu'elles peuvent avoir à s'établir chez les jeunes filles. Puis dans une peinture des conceptions insensées des maniaques et des hallucinations qu'ils subissent on croirait lire la description d'une section de Charenton en 1884. Mais sa théorie n'est pas à la hauteur de ses observations; pour lui tous les désordres sont dus à la bile, et c'est là une théorie erronée qu'il est intéressant de signaler, car, respectée à travers les siècles, elle a servi de base à bien des travaux physiologiques et à la fin du moyen-âge nous la rencontrons encore sous le nom de théorie de l'*humorisme*.

Plus tard, en l'an 95, Soranus, médecin injustement ignoré de la postérité, continue et complète les recherches d'Arétée. Le siège de la folie est d'après lui dans le cerveau. Manie, paralysie, phrénésie n'ont pas de secret pour lui. Son esprit positif, ne reconnaissant aux maux que des causes naturelles, méprise les théories empiriques, c'est-à-dire charlatanesques, et nie le don de prophétie. Il discute les moyens thérapeutiques de quelques-uns de ses devanciers qui « semblent, dit-il, plutôt délirer eux-mêmes qu'être disposés à guérir leurs malades, lorsqu'ils les comparent à des bêtes féroces qu'on adoucit par la privation des aliments et par les tourments de la soif (1). » Il se déclare l'ennemi de l'ellébore aussi bien que des fers et du fouet, et conseille avant tout des procédés pleins de douceur et d'humanité, les bains de mer, les eaux minérales naturelles, les douches, le grand air. Ne dirait-on pas que ce traitement est de Pinel lui-même, et l'esprit reste confondu quand on songe que des conseils si sages sont allés se perdre dans la barbarie du moyen-âge.

Nous arrivons à celui qui fit pâlir la renommée du vieillard de Cos, à Galien, le maître de la science dans l'antiquité. Sous Marc-Aurèle, l'an 131 de J.-C., il apparut comme un révélateur. Non seulement son œuvre s'imposa à ses contemporains, mais pendant quatorze siècles elle fut considérée comme le dernier mot de la science. Elle est avant tout un résumé des travaux de ses prédécesseurs; aussi trouverait-on peut-être difficilement quelque chose d'original dans les cinq cents livres qu'il écrivit. Une telle compilation devait nécessairement contenir les erreurs des devanciers, et l'on ne doit pas s'étonner de voir rééditer par Galien la théorie de l'humorisme pour démontrer les phénomènes de la folie. Ceci explique comment cette théorie, relatée par un savant dont les préceptes furent dans la suite acceptés sans contrôle, est parvenue presque jusqu'à nous.

---

(1) Voyez le Dr Trélat, *op. cit.*, p. 35.

Après Galien, la science physiologique ne fit plus aucun progrès, bien au contraire elle se perdit. Les conquêtes du premier siècle furent bientôt oubliées, la médecine mentale subit le sort de toute la richesse intellectuelle de la Grèce. Peut-être vint-elle se heurter contre les préjugés du paganisme pour s'engloutir avec lui dans les ténèbres de la superstition, quoi qu'il en soit, il n'y a bientôt plus trace de son passage. C'est au moyen-âge maintenant que nous devons demander compte de ses procédés à l'égard des fous.

Dans la *Revue des Deux-Mondes*, M. Ch. Richet, a publié une étude très intéressante sur la fureur superstitieuse dont les fous furent les victimes, du XIIe au XVIIe siècle (1). A ne s'en tenir qu'à ce travail, on serait porté à croire qu'il n'y eut à cette époque que sorcellerie et inquisition. Or il est certain qu'à côté de la foule des magiciens se trouvèrent des esprits assez raisonnables et éclairés pour rire de l'aberration générale et lutter contre la magie. C'est Jacob Sylvius, en 1480, qui malheureusement ne croit qu'à la théorie de l'humorisme et trouve moyen de l'exagérer encore au point de ne parler que de fermentation, de distillation, d'effervescence des humeurs. C'est Sylvius Deleboë, en 1620, qui expose tout un système basé sur l'humeur pituiteuse.

---

(1) *Revue des Deux-Mondes,* 1er et 15 février 1880 : *les Démoniaques d'autrefois.*

C'est Plater, en 1641, esprit plus observateur que juste; Bonet, en 1660, qui n'attribue les maladies qu'à la nature; Stahl qui prépare la chute de l'humorisme avec son système fondé sur l'influence de l'âme et connu sous le nom de *Stahlianisme;* Cullen qui demande à l'anatomie la vérité sur la folie; et tant d'autres de notoriété moindre (1). Mais assurément, au point de vue qui nous occupe, ce qui caractérise particulièrement cette époque, c'est la croyance presque générale à la sorcellerie et l'emploi de procédés vraiment infernaux à l'égard des malheureux fous.

« S'il est une époque dit M. Bourdon, où les maladies mentales aient été l'objet d'erreurs grossières et de traitements barbares, c'est assurément le moyen-âge, et plus encore peut-être cette période de fanatisme et d'intolérance religieuse qui s'étend du XVIe siècle vers le milieu du XVIIIe (2). » Où trouver la raison d'une telle civilisation ? D'où vient que la conscience humaine eut recours à des fictions diaboliques pour expliquer des faits qui n'étaient que du domaine de la folie ? M. Maudsley attribue cette dégradation intellectuelle à deux causes : d'une part à un mysticisme métaphysique détournant la science de l'observation des phénomènes de la nature et de la recherche de ses lois ; et d'autre part

(1) Pour plus de détails, voyez l'ouvrage déjà cité du Dr U. Trélat.

(2) M. Louis Bourdon : *Des incapacités civiles résultant de l'aliénation mentale.* Paris, 1881.

au dur ascétisme religieux, à l'enseignement monastique qui fait de la folie l'œuvre de Satan. « Le corps n'était plus regardé qu'avec mépris, comme un objet vil et dégradé : c'était le temple de Satan, la demeure des plaisirs charnels qui font la guerre à l'âme; aussi fallait-il veiller et le tenir dans une sujétion constante, le crucifier chaque jour avec ses affections et ses jouissances..... Où une théorie rationnelle de la folie aurait-elle pu trouver place dans un tel milieu de pensées et de sentiments? N'y voir qu'une maladie était chose impossible..... Si les divagations de l'insensé prenaient un tour religieux,..... on le canonisait, il devenait un saint. Le plus souvent son état était attribué à la possession du diable ou d'un autre malin esprit (1). » A cette époque le diable a réellement détrôné Dieu. Lucifer, démon, Beelzébut, lutin, Putifar, Léviathan, Asmodée, loup, chat, légion,..... c'est toujours Satan qui gouverne les âmes humaines et inspire magiciens et sorciers. Les fous se croient sorciers, loups-garous, lamies, pythonisses, et finissent par persuader les hommes sensés. Luther lui-même croyait à la puissance du diable plus que quiconque (2). Erasme et Ignace de Loyola le reconnaissaient tout puissant. Dès lors les démoniaques pullulent; on se donne au diable ; on voit éclore de véritables épidémies

(1) M. Maudsley, *op. cit.*, p. 9.

(2) Voyez la *Revue des Deux-Mondes* (15 août 1842) : *Histoire du Diable,* par M. Ch. Louandre.

de sorcellerie. « Sorciers et sorcières se multiplient si bien, qu'en 1600 il y en a près de 300,000 en France (1). » A Toulouse en 1577, quatre cents sont condamnés à périr au milieu des flammes. En 1574, en Savoie, les bûchers en dévorent un grand nombre; rien qu'à Valery, dit Daneau, on en brûla en un an plus de quatre-vingts. En Lorraine, de 1580 à 1595, on en immola environ 900, au dire de Nicolas Rémi. En 1600, Boguet tient ses assises de justice dans le Jura, et de Lancre, en 1609, fait brûler en quatre mois près de quatre-vingts sorcières. A partir de 1610 on ne rencontre plus que des exécutions isolées ; celle du prêtre Gaufridi à Aix (1611), victime du délire de Madeleine de la Palud ; celle de Urbain Grandier, curé de Loudun (1634) accusé par des Ursulines hystériques (2) ; celles à Rouen, en 1647, de Picard et de Boullé, sacrifiés aux fureurs délirantes de quinze nonnes de Louviers.

La magie est vraiment à la mode (3). On prend au sérieux les divagations de ces hallucinés, de ces hystéro-épileptiques. On croit au sabbat. On vous raconte que ce sont des scènes fantasmagoriques qui

(1) V. les articles de M. Richet.

(2) Voir : *Urbain Grandier et les possédées de Loudun,* par le Dr Legué. Paris, 1880.

(3) Catherine de Médicis, dit Voltaire, avait mis la magie si fort à la mode en France, qu'un prêtre nommé Séchelles, qui fut brûlé en Grève, sous Henri III, pour sorcellerie, accusa douze cents personnes de ce prétendu crime (Heur ; notes).

se passent au milieu d'une assemblée mystérieuse, dans une forêt ou sur une colline, où le diable apparaît en bouc, puant et barbu, ou en homme gehenné et flamboyant comme un feu, assis dans une chaire noire, avec une couronne de cornes noires. On y voit de grandes chaudières pleines de crapauds et de vipères, de cœurs d'enfants non baptisés ; on y mange de la chair humaine, par exemple un enfant rôti. On y débite des eaux puantes, des pots de graisse et de poison. C'est comme une foire de cent mille sujets effroyables, composée spécialement de prêtres et de religieuses. On y court, on y vole, le plus souvent par la cheminée, transporté par Satan à travers les airs. Il n'y a pas de sièges pour s'asseoir ; du reste on danse en rond. Les femmes y sont nues, généralement ointes de belladone ou de mandragore. Elles arrivent ou partent à cheval sur un balai ou sur un bouc avec un ou deux malheureux enfants en croupe (1).

Toutes ces impiétés, tous ces faits de magie, de sortilège, de sacrilège, méritent d'être châtiés sans pitié ; ils sont sûrement l'œuvre du diable, parce que le diable peut tout. Il faut frapper de terreur Satan et ses complices, il faut combattre cette union du

---

(1) Consultez : *La Sorcière,* de Michelet. — *Albert et Isabelle,* fragments de leur règne, par M. Ch. Poitvin, Paris, 1861 ; — *La folie considérée sous le point de vue pathologique, historique et judiciaire,* Paris, 1845 ; — *Les Sorcières,* par M. Regnard (*Revue scientifique,* 1er avril 1882).

démon et des sorciers, il faut renverser cette puissance infinie des mauvais anges. Alors ces malheureux insensés, ces soi-disant possédés, se voient traqués, condamnés sans merci, exécutés avec raffinement par tous les agents de l'Inquisition. C'est d'abord la juridiction ecclésiastique qui connaît des faits de sorcellerie. Elle a ses exorcistes et ses inquisiteurs. Pour exorciser avec succès il faut être érudit et d'un esprit subtil, car il s'agit de discuter avec le malin esprit et de le jouer (1). Pour le chasser du corps du possédé il y a toute une marche savante à suivre, et des moyens spécialement efficaces dont il faut connaître l'emploi. Aussi les traités sur l'exorcisme abondent-ils. On y traite de la manière de chasser le démon, des marques des sorciers, de la possession réelle prise par le diable, des charmes, des sortilèges, des enchantements, des apparitions, des stryges (2) et des maléfices, des déceptions, des sciences magiques, des conjurations, des remèdes contre les esprits malins, de la magie, de l'inconstance des démons. Le manuel type de l'exorciste et de l'inquisiteur est le *Marteau des sorcières* (*Malleus maleficarum*) de Jacques Sprenger et Henri Institor

---

(1) Lire dans : *Le crime et la folie*, de M. Maudsley, p. 33, un récit d'après le jésuite José Acosta, qui fut provincial de son ordre au Pérou, au XVIe siècle. — Voyez aussi : *Procès-verbal fait pour délivrer une fille possédée par le malin esprit, à Louviers* (1591), par M. Armand Bénet, Paris, 1883.

(2) Littré écrit *strige*, du latin *striga* oiseau de nuit qui passait pour déchirer les enfants, sorcière.

(1580), livre orthodoxe et devenu classique grâce à une bulle du pape Innocent VIII. Si, cependant, les brûlements de cierges, les processions, les formules d'exorcisme restent vains, alors on recourt à la ressource suprême, à la torture, procédure terrible dont l'atrocité est habilement ménagée depuis l'interrogatoire jusqu'au bûcher.

Vers la fin du XVIe siècle, la sorcellerie passa dans les attributions de la justice laïque. Hélas! les malheureux fous n'y gagnèrent ni plus de pitié, ni plus d'équité. Le fanatisme superstitieux inspirait non moins cruellement les magistrats que les tribunaux d'inquisition. Nicolas Remi, conseiller du duc de Lorraine, blâme toute indulgence à l'égard des sorciers. « Tant d'impiétés, dit-il, de maléfices, de monstrueuses passions, ne peuvent être justement punies que si l'on emploie tous les tourments d'abord et le bûcher ensuite (1). » Boguet, juge au comté de Bourgogne, fait relier en veau les fruits de son expérience judiciaire; entre autres conseils, il donne le suivant, art. 63 : « Non seulement il faut faire mourir l'enfant sorcier qui est en âge de puberté, mais encore celui qui est au bas (au-dessous de 12 ans) si on reconnaît qu'il y ait de la malice en lui. » Il blâme les épreuves si peu sûres auxquelles

(1) *Démonolatrie d'après les jugements, suivis de mort, d'environ 900 personnes qui, pendant l'espace de quinze ans en Lorraine, payèrent de leur vie leur crime de sortilège,* par Nicolas Rémi. — Cologne, chez M. Falckenburg, 1596 (Biblioth. nat., R. 2569).

on soumet encore les sorcières : « La torture, dit-il, est superflue, elles n'y cèdent jamais (1). » « Il se vante, dit Voltaire, dans son livre sur les sorciers, imprimé à Lyon en 1607, d'avoir fait brûler sept cents sorciers (2). » « Il n'y eut jamais un juge plus consciencieusement exterminateur », dit Michelet (3). Jean Bodin, procureur du roi à Laon, soutient que les sorciers sont si nombreux qu'ils pourraient, en Europe, refaire une armée de Xerxès de dix-huit cent mille hommes; puis, suivant l'exemple de Caligula, il exprime le vœu que tous ces infâmes ne forment qu'un seul corps pour qu'il puisse les juger et les brûler d'un seul coup (4). De Lancre, conseiller à Bordeaux, est passé maître dans l'art de découvrir le stigmate du diable, à savoir l'anesthésie. Il dépouille les jeunes filles, il cherche sur tout leur corps, avec une impudente curiosité, la marque de sorcellerie, au moyen d'une aiguille, d'une épingle ou d'une alène, et si cet indice n'existe pas, son imagination raffinée en découvre bien vite un autre. « Une jeune fille de dix-sept ans, rapporte M. Richet, avait été examinée en vain. De Lancre fut très habile : il trouva que l'œil gauche était plus hagard

---

(1) *Discours exécrables des sorciers, ensemble leurs procès faits depuis deux ans en divers endroits de France, avec une instruction pour un juge en fait de sorcellerie*, par H. Boguet. Rouen, 1603.

(2) Voltaire : *Pol. et lég. — Requête.*

(3) *La sorcière*, p. 210.

(4) Voyez M. L. Bourdon, *op. cit.*

que l'autre, et qu'il y avait dans la pupille de l'œil un petit nuage qui semblait une patte de crapaud. » Il se complait d'ailleurs dans l'exercice de sa noble tâche, et son livre sur *l'Inconstance des démons* trahit l'enthousiasme avec lequel il envoya des centaines de malheureux au bûcher (1). Enfin, un autre magistrat du XVIe siècle s'exprime ainsi : « Le crime de sorcellerie est un crime exceptionnel, tant pour l'énormité d'iceluy que pour ce qu'il se commet le plus souvent de nuit et toujours en secret ; tellement qu'à cette occasion le jugement en doit être traité extraordinairement, sans qu'il soit besoin d'observer en cela l'ordre de droit ni les procédures ordinaires... Je dis qu'il faut condamner tous les sorciers, lors même qu'ils témoignent de bons sentiments ; j'ajouteray une autre raison bien poignante, savoir : que depuis que l'on a esté une fois empêtré dans les rêts de Satan, on ne s'en peut retirer (2). » Et cette croyance aux sorciers n'était pas particulière à notre pays ; en Angleterre, à la fin du XVIIe siècle, lord Hale s'adressait ainsi aux jurés dans un procès de sorcellerie : « Qu'il existe des sorciers, cela ne fait pas pour moi le moindre doute ; car, premièrement l'Ecriture nous l'affirme en maint endroit ; ensuite la sagesse de toutes les nations a édicté des lois contre

---

(1) *Tableau de l'inconstance des mauvais anges et démons...* par Pierre de Lancre. Paris, 1613.

(2) Voyez le *Dictionnaire universel du XIXe siècle*, de Larousse, au mot : *sorcellerie*.

les sorciers, preuves que toutes sont assurées qu'il en existe. » En conséquence, le jury prononça la peine de mort et l'arrêt fut exécuté (1).

Les cahiers des Etats-généraux eux-mêmes sont encore une preuve de la cruelle ignorance de cette époque. En 1576, ils réclament la punition « des présagisseurs, magiciens, sorciers, nécromanciens, noueurs d'aiguillettes, tourneurs de sac. » (a. 68). Ceux de 1588 demandent la mort de tous ces mal-

---

(1) Voyez M. Maudsley : *op. cit.*, p. 101. — Il faut noter pourtant que quelques-uns de ces malheureux échappèrent aux supplices grâce à l'intervention de médecins éclairés. C'est ainsi que « le disciple de Paré, Pigray, médecin de Charles IX, put enlever au bûcher, avec l'aide de trois de ses confrères, dans des circonstances qu'il a racontées lui-même, quatorze malheureux qui étaient sur le point d'expier dans les flammes le crime imaginaire de sorcellerie. (Pigray : *Epitome des préceptes de médecine et de chirurgie*, p. 417 : « Notre avis fut de leur bailler plutôt de l'hellebore pour les purger, qu'autres remèdes pour les punir. La Cour les renvoya suivant notre rapport. ») — Voyez le discours de rentrée de M. l'avocat-général A. Labroquère, sur : *La justice criminelle et les sciences médicales*. (Montpellier, 4 novembre 1879). M. Labroquère nous apprend que l'expertise médico-légale apparut chez nous en l'an 800 dans les capitulaires de Charlemagne ; qu'on la rencontre ensuite dans les coutumes d'Anjou (a. 130), du Maine (a. 463), de Normandie ; dans des ordonnances de Saint-Louis (1230), de Philippe-le-Hardi (1278), de Philippe-le-Bel (1311), et de Jean II (1352) ; que le premier traité de médecine judiciaire, œuvre d'Ambroise Paré, parut en 1575 ; que la législation criminelle n'attachait aucune importance à la médecine légale (on ne peut citer qu'un édit d'Henri IV, en 1606, qui charge Jean de la Rivière, de désigner dans toutes les bonnes villes du royaume deux personnes de l'art, pour faire les rapports des blessés et autres), tandis que la médecine judiciaire était cultivée avec succès en Allemagne, et surtout par Zacchias, en Italie.

heureux. Les derniers Etats-généraux, ceux de 1614, demandaient encore la punition corporelle de tous ces pauvres malades.

Toutes les classes de la Société, théologiens, magistrats, législateurs, certains médecins même se trouvaient unies en la croyance au démon. C'est en vain que des esprits sensés cherchent à arrêter le fléau. Agrippa écrit sur la *Vanité des sciences*. Jean Wier, son disciple, s'élève avec indignation contre la cruauté des juges et soutient que les sorcières ne sont pas des criminelles. Rabelais rit de Satan, et Montaigne doute de sa puissance. Malebranche « est persuadé que les véritables sorciers sont très rares, que le sabbat n'est qu'un songe et que les parlements qui renvoient les accusations des sorcelleries sont les plus équitables... Qu'on cesse, ajoute-t-il, de les punir, qu'on les traite comme des fous, et l'on verra qu'avec le temps ils ne seront plus sorciers (1). » Gassendi, La Bruyère, Fénelon font entendre la voix de l'humanité et de la raison. Les autodafés s'acharnent malgré tout contre les malheureux fous, même alors qu'une déclaration du grand Roi, en 1672, eut défendu aux tribunaux d'admettre les simples accusations de sorcellerie (2). En 1731, le fameux jésuite Girard faillit être brûlé vif, pour fait de sortilège envers la belle Cordière,

(1) *De la recherche de la vérité.*

(2) Voyez : Voltaire, *Louis XIV*, 31.

qu'il avait tout simplement séduite. En 1750, la justice sacerdotale de l'évêque de Wurtzbourg condamna comme sorcière une religieuse, fille de qualité, au supplice du feu (1). Et l'on serait tenté de croire que la superstition diabolique est indéracinable de l'esprit humain, quand on lit que le 15 octobre 1829, un malheureux aliéné a été condamné à mort et exécuté comme sorcier (2), qu'il y eut des cérémonies d'exorcisme en 1846 à Bordeaux et en 1860 à Besançon ; qu'en Italie, près d'Udine, il se produisit dans l'année 1878-1879 une épidémie d'hystérie démonopathique, qu'on traita par les exorcismes (3).

Et cependant, tous ces sorciers, tous ces nécromanciens, toutes ces lamies, toutes ces possédées, sauf bien entendu quelques scélérats exploiteurs de la crédulité publique, étaient des fous. Quelques-uns étaient atteints du délire des persécutions, ils avaient pour ennemis les Succubes, les Stryges, les Coquemars. Mais la plupart étaient des hystériques, toutes

---

(1) *Idem. Dict. phil., arrêts, not.*

(2) Voyez : Vingtrinier, *Les aliénés dans les prisons.*

(3) *Une épidémie de possédées en Italie en 1878,* par M. Léon Colin (*Annales d'hygiène publique et de médecine légale,* juill. 1880). — Consultez du reste pour de plus amples détails sur le Démonisme, les articles de M. Richet que j'ai cités et auxquels j'ai eu recours maintes fois. — Ces cérémonies d'exorcisme sont de nos jours d'un usage très-répandu dans certains pays peu civilisés. (Voyez notamment dans la *Revue des Deux-Mondes,* du 15 février 1884, un article de M. E. Planchut, intitulé : *Le royaume solitaire*).

les narrations de l'époque le prouvent. La marque du diable était l'anesthésie, c'est-à-dire la preuve de l'hystérie. Nonnes ou villageoises étaient furieuses, cyniques, sans pudeur, se livraient aux gestes les plus obscènes et inventaient les contes les plus saugrenus. Le sabbat de Satan n'était en réalité que le sabbat actuel de la Salpétrière.

Enfin Pinel vint, apportant à ces malheureux, sinon la raison, du moins les bienfaits de la science et de la charité. « Les deux titres immortels de Pinel à la reconnaissance de la postérité, dit le docteur Trélat, sont : l'importance accordée par lui au traitement moral des aliénés et la part qu'il a prise à l'abolition des violences dont ils étaient l'objet (1). »

(1) *Op. cit.*, p. 123.

CHAPITRE III.

NATURE DE LA FOLIE.

En vue de la réforme prochaine du régime des aliénés, on a dressé, dans les limites du possible, une triste statistique, celle de la folie. Elle nous apprend que nous possédons 61 asiles publics et 42 asiles privés, dans lesquels le nombre total des aliénés traités dans l'année a été de 58,760, dont 26,636 hommes et 32,124 femmes. Or il ne s'agit ici que des malades soignés dans les établissements, mais si l'on tient compte de tous ceux qui reçoivent secrètement des soins dans leur famille, on peut avancer qu'il y a au moins 70,000 aliénés en France. Car, outre les 40,000 épileptiques annoncés par l'éminent aliéniste le docteur Legrand du Saulle (1), il y a les monomaniaques, les hystériques, les alcoolisants, les imbéciles et tant d'autres dont le mal n'étant pas encore à l'état aigu ne nécessite pas le régime des hospices. C'est donc toute une légion de malheureux que la maladie arrache à la vie sociale et qui demandent à la médecine le rétablissement de leur esprit égaré, ou un adoucissement à leurs souffrances pour terminer leur vie misérable (2).

---

(1) A son cours de la Salpêtrière (avril-juin 1883).

(2) Le nombre des aliénés s'accroît en proportion de la civilisation si l'on en croit Brierre de Boismont (*De l'influence de la civilisation sur le développement de la folie*).

Parmi ces déshérités de la nature un grand nombre, victimes de leur égarement, viennent s'asseoir sur les bancs de la police correctionnelle ou des assises. La solution de ces procès criminels, compliqués d'une question de folie, n'est affaire ni de sentiment ni de simple bon sens. Les notions vagues d'une psychologie usuelle ne peuvent suffire en pareille matière ; c'est à la science que la justice doit avoir recours, et c'est pourquoi la physiologie mentale ne saurait trop être vulgarisée dans l'intérêt de la conscience des juges comme de la vie des accusés.

Le problème primordial qui se pose et qu'il est indispensable de résoudre pour avoir une opinion juste de la responsabilité des aliénés, est celui de la nature de la folie.

Examiner la nature de la folie, c'est se demander en somme si la folie est une maladie de l'esprit ou une maladie du corps. Voilà un homme qui pense et agit autrement que les autres. Cet homme n'est pas dans un état normal ; pour tous il n'est pas sain, il est malade. Mais cette maladie a-t-elle son siège et sa cause prochaine dans l'esprit ou dans les organes ?

Vous entrez dans un asile d'aliénés en visiteur accidentel et curieux, vous vous attendez à y trouver un choix d'êtres bizarres, effrayants par l'expression du visage, repoussants par les gestes et les propos, navrants par l'incohérence du langage. Et cependant vous êtes bientôt désappointés, car, à mesure que vous avancez à travers les salles, vous rencontrez des êtres presque semblables à ceux que vous coudoyez dans la rue; leur aspect est naturel et calme, ils causent clairement, ingénieusement même, tout au plus ont-ils le regard triste et l'attitude indifférente. Je me souviens qu'étant allé visiter les sections de femmes de l'asile de Charenton, je fus frappé de la tranquillité d'un certain nombre de salles et de l'air raisonnable des malades. C'était l'heure du repas du soir et je vous certifie que toutes ces folles étaient à table d'une tenue plus irréprochable et moins agitée que des voyageurs dans un buffet de chemin de fer. Dans ce même hospice j'ai assisté à une des soirées de jeudi auxquelles se rendent les malades inoffensifs. Les uns jouaient au billard, d'autres lisaient des journaux ou des revues, la plupart dansaient. Bien entendu c'est à la salle de danse que je les ai plus particulièrement observés. Quadrilles, valses, polkas trouvaient de nombreux amateurs. Certains saluts, certains pas, certains jeux de physionomie étaient assurément un peu exagérés, mais à vrai dire, tout ce monde en fête n'était pas plus ridicule que celui de Paul de Kock. Tout autour était la galerie obligatoire qui, comme dans le monde, ne se privait pas de critiquer tout bas tel ou telle qui faisait le joli cœur au milieu du salon. J'ai causé avec plusieurs de ces malheureux, chacun d'eux plaçait son mot, parfois avec esprit, toujours à propos, et dans mon étonnement de les entendre raisonner avec justesse et facilité, il me venait à l'esprit que j'étais peut-être le seul fou de cette réunion. Mais il arrive toujours un moment où l'on n'est que trop convaincu de leur égarement. Qu'on touche à telle idée spéciale, qu'on leur pose telle question, et aussitôt le délire éclate. Le malheureux est subjugué par son idée favorite et avec une logique inflexible et une conviction absolue, il vous démontre la vérité de telle invention saugrenue ou de telle théorie insensée. En vain combattez-vous ses illusions, lui seul a raison, tout le monde se trompe. Georget avait raison de dire qu'il ne faut jamais raisonner avec un aliéné sur l'objet de son délire, car il ne renonce jamais à son idée. En voilà une preuve bien connue : Trélat mène un jour au grand Arago un malheureux fou qui croyait avoir trouvé le mouvement perpétuel ; il espérait que la saine logique du grand astronome frapperait salutairement cet esprit égaré. L'expérience eut lieu en présence d'Alexandre de Humboldt. Ayant entendu de la bouche d'Arago la démonstration éclatante de l'impossibilité du mouvement perpétuel, le pauvre insensé pleura abondamment et reconnut son erreur. Mais à peine sorti de l'Observatoire, « c'est égal, dit-il, Arago se trompe et moi seul ai raison. »

Souvent le délire des aliénés a pour cause une ambition inassouvie, un revers de fortune, un amour contrarié, toute cause purement morale. Le corps paraît absolument sain, même vigoureux ; l'autopsie même ne dévoile parfois aucune lésion appréciable, le cerveau paraît être en ordre. Et vous songez que, puisque nous tous, sans être malades, nous sommes continuellement victimes d'erreurs même grossières, puisque notre esprit se trompe alors que notre cerveau est intact, de même chez le fou les erreurs sont spirituelles et nullement organiques. Et vous concluez : un fou c'est un homme qui se trompe, la folie est une maladie de l'esprit.

Mais que vous vous trouviez en présence d'une hystérique, d'un idiot hydrocéphale, d'un dément paralytique; celui-ci est en proie à une crise violente avec gestes et cris obscènes, celui-là cloué sur un fauteuil balbutie à peine quelques mots inintelligibles. Et vous pensez : assurément chez ces êtres l'organisme est défectueux, et cette défectuosité se traduit par le désordre des actions et des pensées; la folie n'est pas qu'une erreur intellectuelle, c'est une maladie corporelle.

Voilà deux opinions contraires qui ont enfanté naturellement deux doctrines opposées. L'une et l'autre ont eu et ont encore des défenseurs illustres. D'une part, c'est le Spiritualisme vers lequel a penché Leuret; de l'autre, le Matérialisme pur et simple de Georget. C'est ce dernier qui tend à l'emporter. La généralité des médecins et un certain nombre de philosophes même ne voient la vérité que dans la méthode physiologique; la doctrine idéaliste est distancée et l'on peut dire qu'elle n'est presque plus que du domaine des questions historiques. Il est incontestable que la métaphysique alliée à la théologie, devança de beaucoup la science inductive dans l'étude de l'esprit. Et comme la théorie subsiste généralement à la pratique, il ne faut pas s'étonner que la vieille tendance spiritualiste ait trouvé des défenseurs, même de nos jours en plein règne de la science positive. Mais ce qui condamne, à mon sens, la psychologie en matière de maladies mentales, c'est qu'elle se perd dans des rêveries sur les substances immatérielles et dans de vagues espaces qu'on ne saurait atteindre, « elle a le désavantage d'être en dehors des conceptions accessibles à l'humaine raison (1). » Ne croyant pas à la souveraineté expérimentale, elle se jette dans la pure abstraction. D'après elle l'esprit est indépendant de la matière, il existe un fonctionnement psychologique pur en dehors de tout fonctionnement physiologique. C'est la conception spéculative de l'*homo duplex* : l'homme est à la fois corps et âme; or, la folie est un état propre de l'âme et non un effet de l'altération des organes. Si encore, ajoutent ses partisans, on rencontrait cette altération organique chez tous les fous et jamais que chez des fous, on pourrait avec quelque apparence de raison soutenir qu'elle est la cause immédiate et déterminante de la folie; mais elle ne se montre pas chez tous les aliénés, et on la constate

(1) M. Maudsley, *op. cit.*, p. 15.

chez des hommes sensés. Assurément il se peut qu'à l'égarement de l'esprit vienne se joindre une lésion organique, une lésion cérébrale, mais en principe l'esprit seul est atteint; et les altérations que dénonce l'autopsie sont l'effet et non la cause de la folie. La vraie cause du mal est une passion déréglée ou une idée fausse qui s'est implantée dans l'esprit. Et la preuve que la folie n'est qu'un désordre moral, c'est que le traitement moral est le seul efficace. « Le traitement physique, dit Leuret, celui qui consiste dans l'emploi des saignées, des bains, des préparations pharmaceutiques, est aussi inutile qu'il pourrait l'être à celui qui, dans une discussion de philosophie et de morale, s'aviserait de les employer pour combattre ses adversaires (1). » C'est Leuret, en effet, qui a fourni les arguments les plus sérieux à la doctrine psychologique, arguments qui ont été très habilement repris, il y a peu d'années encore, à l'Académie de Médecine par le docteur Bousquet (2).

Vous dites que la folie est une maladie de l'âme. Mais vous ne pouvez supposer l'âme malade, car si elle est, comme vous l'entendez, une et immortelle, elle est nécessairement inaccessible aux altérations physiques. Il faudrait donc auparavant trancher la question de la nature de l'âme. Si vous me dites que

---

(1) Leuret : *Du traitement moral.*

(2) Voyez : *Bulletin de l'Académie de médecine*, 1854-1855, tome XX. Discussion sur le délire, à propos d'un travail du Dr Moreau (de Tours).

l'âme est autre chose que le corps, qu'elle est une, insensible, immatérielle, que vous la sentez en vous, que vous la voyez en moi, que vous l'admettez comme une entité indépendante, encore que vous ne puissiez la définir, je vous répondrai volontiers par le mot de Montaigne : Qui sait? Mais, si Dieu l'eut voulu, comme disait Locke « pourquoi la matière ne penserait-elle pas ? » Pourquoi l'âme ne serait-elle pas qu'un mot désignant l'ensemble des fonctions du cerveau? Pourquoi voir une opposition entre la matière et l'âme? Platon disait bien que « l'âme c'est l'homme », et Tertullien faisait « l'âme corporelle ». L'estomac digère, le foie fait de la bile, chaque organe a sa destination, son rôle ; celui du cerveau ne pourrait-il être de sentir, penser et vouloir, selon la théorie de Cabanis (1)? Pourquoi ne pas ramener, comme M. Taine, tous les faits mentaux aux sensations (2)? Pourquoi ne pas « substituer à la vieille doctrine des facultés de l'âme la distinction plus scientifique des phénomènes d'irritabilité et de contractibilité ; en d'autres termes, de sensibilité et de motricité (3).» Pourquoi ne pas soumettre, comme Bichat, à la vie organique, tout ce qui est relatif aux facultés? Pourquoi ne pas reconnaître, avec Tyndall, que la vie et la pensée sont l'épanouissement de la ma-

(1) Cabanis : *Rapports du physique et du moral de l'homme.*

(2) M. Taine : *L'intelligence.*

(3) A. Fouillée : *La vie consciente et la vie inconsciente* (*Revue des Deux-Mondes*, 15 octobre et 1er novembre 1883).

tière et de la force? Pourquoi ne pas rejeter le dualisme de Descartes pour admettre le monisme moléculaire de Leibnitz (1)?

Mais cette question philosophique de la nature de l'âme est en dehors de notre préoccupation présente. Il ne s'agit point pour l'instant de savoir si c'est le cerveau qui pense; nous ne nous demandons pas *quel est le siège de la pensée*, mais bien *quel est le siège de la folie*. Or c'est là une question à laquelle nous pouvons répondre avec l'aide de la physiologie, sans avoir pour cela à prendre parti sur la nature du principe pensant. La pensée se manifeste par le cerveau, dès lors si elle ne naît pas chez le fou ou si elle se manifeste imparfaitement, cela doit provenir d'un défaut dans les organes cérébraux, quelle que soit l'origine, organique ou spiritualiste, qu'on lui assigne.

« La physiologie, a dit Claude Bernard, doit éclairer la psychologie. » C'est, en effet, par l'étude de l'organisme et l'examen de ses phénomènes, que, pour ne parler que de la science mentale, l'homme est arrivé à se débarrasser des erreurs grossières et superstitieuses de l'ancien temps. Il n'est plus question d'influence des Furies, ou de la possession démoniaque. Aujourd'hui, de l'avis de tous les physiologistes, l'intimité entre la pensée et les organes est

---

(1) Voyez M. le Dr H. Bonnet : *Philosophie et physiologie de l'aliénation mentale*, Paris 1882.

chose indiscutable, et c'est aux organes que l'on demande l'explication des désordres de la pensée. « Nous pensons, dit Ferrus, que s'il existe dans la nature humaine deux principes, le créateur les a formés réunis (1). » Et cette vérité ne date pas d'hier. Aristote « n'osait affirmer que l'un survécut à l'autre. » Galien disait « que l'intelligence est asservie par les organes. » Montaigne affirmait qu'il n'est pas possible de désunir les éléments qui font la vie et qu'il « n'en faut pas faire à deux. » Descartes, malgré son dualisme, disait : « l'esprit de l'homme dépend si fort du tempérament et de la disposition des organes du corps, que s'il est possible de trouver quelque moyen qui rende communément les hommes plus sages et plus habiles, je crois que c'est dans la médecine qu'on doit le chercher (2) ». De Quélen, un théologien celui-là, a reconnu que « la folie ne pouvait être traitée que par la médecine et la raison. » Avec Maine de Biran la philosophie adopta à son tour la doctrine expérimentale. Et de nos jours les psychologues eux-mêmes semblent abandonner les vieux procédés scolastiques pour entrer dans la voie des faits et de l'expérimentation ; en tous cas ils conviennent que la philosophie livrée à elle-même est impuissante à expliquer la folie. C'est ainsi que M. Paul Janet cherche à démontrer que la théorie qui envisage les affections

(1) Voyez : *Bulletin de l'Académie de médecine*, t. XX ; Du délire.

(2) *Discours sur la méthode*, p. 193.

mentales d'un point de vue mystique est aussi étroite que la théorie contraire qui veut expliquer chacune des affections morales par une souffrance maladive du cerveau (1). Ainsi en nous appuyant sur l'autorité des médecins et même de quelques philosophes illustres, nous pouvons poser comme axiome incontestable l'intimité étroite qui existe entre l'entendement et l'organisme. Profitons-en pour déterminer au moyen de ce principe les désordres de la pensée, sans avoir à recourir aux théories plus ou moins spécieuses que peut suggérer une imagination féconde. Ce n'est pas, dit M. Legrand du Saulle « en philosophe qu'on doit étudier l'aliénation mentale, mais en médecin (2). »

Toute la question se résume dans l'étude dynamique du cerveau. Si l'équilibre entre les forces du cerveau est rompu, c'est-à-dire s'il y a maladie, il y a écarts de la raison. Toutes les manifestations mentales s'accomplissent au moyen de deux agents : un système nerveux qui transmet les sensations ou perceptions, et un centre commun où ces sensations deviennent des idées. Comme condition de la perception, il faut d'abord une certaine intensité d'excitation; cet ébranlement des nerfs doit être assez violent pour qu'il ait son contre-coup dans le cerveau. Si l'impression est trop faible, ou si l'être est

---

(1) *Le cerveau et la pensée*, Paris, 1864, p. 67. — Voyez aussi : *L'aliéné devant la philosophie, la morale et la société*, par M. A. Lemoine.

(2) *Traité de médecine légale*. Paris, 1874.

insensible, il n'y a pas sensation. Mais réciproquement, si l'impression est trop forte, si l'être est trop sensible, il se produit un état de surexcitation maladive qui amène bientôt l'usure du système nerveux. Or l'excès d'impressionnabilité peut exister ou dans les centres inférieurs ou dans les centres supérieurs. Dans le premier cas, au moindre attouchement il se produit, par exemple dans les jambes, de véritables convulsions. Si au contraire c'est le centre cérébral qui absorbe tout le courant nerveux, on assiste alors aux convulsions de l'entendement. Le cerveau est dès lors incapable de réagir contre les sensations excessives par son pouvoir intellectuel et moteur, c'est le désordre de l'esprit. La santé de l'esprit, en effet, c'est l'harmonie entre la sensation, l'intelligence et la volonté; car sentir les impressions, les juger et agir, voilà toute notre vie.

L'intelligence ne joue son rôle que lorsque la sensibilité a joué le sien, puis vient la volonté qui est l'auxiliaire de l'intelligence. C'est donc la sensibilité physique qui est la base fondamentale de notre existence mentale, et par suite c'est à elle qu'il faut demander compte des désordres mentaux. « Tel est, dit Luys (cité par le docteur Bonnet), le degré de sensibilité physique, tel est le degré de sensibilité morale. » Qu'on suppose un homme dont le système nerveux est malade, par suite d'un état héréditaire, par exemple, le dynamisme cérébral perdra son équilibre sous l'effet de la moindre secousse et le désordre mental apparaîtra. Voilà un homme dont l'organisme est lésé en un point, le système nerveux transporte jusqu'au cerveau les sensations de douleur qui, en s'accentuant, peuvent amener un accident mental. Il y a connexité étroite entre les organes et le cerveau. Tout l'organisme sent et toute excitation sensorielle réagit sur le centre nerveux cérébral. Le docteur H. Bonnet rapporte, entre autres cas, trois observations de folie survenue simplement à la suite d'une cataracte double, d'un panaris et d'une névralgie dentaire, et il ajoute : « tout se tient dans l'être et la folie vient de partout (1). »

Mais de ce qu'il y a folie, peut-on conclure que le cerveau est lésé ? Cela, à mon avis, ne fait pas de doute. Le cerveau est forcément dans tous les cas le siège, sinon la cause de la folie, parce que lui seul est le siège de l'intelligence, le révélateur de la pensée ; comme on ne pense qu'avec le cerveau, il ne saurait exister de folie sans lésion cérébrale. Il se peut que la lésion primitive soit dans un organe autre que le cerveau ; c'est ainsi que Descartes a parlé de la glande pinéale, Pinel de l'estomac, Esquirol de l'appareil digestif et du foie, Lacaze du diaphragme, Dufour des plexus du bas-ventre, Bichat du cœur ; mais quel que soit l'organe lésé, le cerveau est affecté sympathiquement. Il se peut aussi que la lésion primitive soit dans l'encéphale, et dans

---

(1) *Op. cit.*

ce cas, le cerveau est à la fois la cause et le siège de l'aliénation mentale. Mais, qu'il soit affecté primitivement ou sympathiquement, le cerveau doit nécessairement être malade dans tous les cas de folie. C'est, du reste, une opinion qui date d'Hippocrate et de Galien, et qui, je crois, n'est plus mise en doute aujourd'hui (1).

Nous devons donc admettre comme un axiome incontestable que la folie est une maladie corporelle, qu'il n'y a pas d'aliénation mentale sans modification physique. Que l'on admette ou non la distinction de l'âme et de la matière, il faut reconnaître que les manifestations de l'esprit se font par un organe et, par suite, que la folie est due à des causes physiques. Les faits, du reste, confirment cette conclusion. Un homme, d'un esprit absolument sain, fait une chute sur la tête ; à partir de ce moment il délire : *post hoc, ergo propter hoc*. D'où est née la folie, sinon de la lésion visible de l'encéphale ? C'est là un fait positif, indéniable, qui prouve que, dans un cas au moins, la folie a pour cause une altération organique. Mais observez un malade atteint d'une fièvre cérébrale ; il délire. Assurément le fébricitant n'est pas un fou, le délire disparaît avec la fièvre. Mais

(1) Voyez : Georget (*De la folie*... etc. 1820); Londe, Piorry et Moreau de Tours (*Bull. de l'Acad. de méd.*, t. XX) ; P. Flourens : (*De la raison, du génie et de la folie*. Paris, 1861, p. 218); M. Maudsley (*op. cit.*, p. 14); M. Legrand du Saulle (*Trait. de méd. lég.*, p. 555); MM. Briand et Chaudé (*Manuel de méd. lég.*, 9e édit. p. 569).

c'est néanmoins un malade qui délire, et nul n'osera prétendre qu'il y a là une coïncidence singulière de deux maux étrangers l'un à l'autre. Le délire est bien l'effet dont la fièvre cérébrale est la cause. Bien plus, cet état d'aliénation mentale peut être produit à jour fixe, à volonté, par des procédés purement physiques. Qu'un homme abuse de boissons enivrantes, qu'il s'adonne à l'usage déréglé de l'alcool, de l'opium, du haschisch, et bientôt il sera en proie aux troubles de l'intelligence, aux hallucinations des sens ; et le plus souvent sa raison sombrera non pas dans un délire purement passager, mais bien dans le délire continu de la folie, dans l'alcoolisme. Je le demande, cet homme qui délire au milieu de l'enivrement, au milieu de la fièvre, est-il un homme qui se trompe, est-ce spontanément que son esprit s'est égaré, sans cause physique, et Leuret lui opposerait-il avec succès « des objections » ? Certes, voilà une brèche importante faite à la doctrine idéaliste ; il n'est pas exact que l'aliénation mentale se produise toujours spontanément par le simple égarement des idées et des sentiments, que la folie soit toujours une maladie de l'âme, que le fou soit toujours un homme qui se trompe.

Mais faudrait-il au moins admettre les deux théories ? Y aurait-il des cas où l'esprit s'égare sans cause physique? Non, dit la méthode positive, car l'observation pathologique dévoile toujours la source originelle de la folie. Voilà un homme bien portant, d'humeur égale, de vie facile; tout à coup, sous l'effet d'une maladie organique, il devient triste et acariâtre; l'état physique empire, l'esprit s'égare; la maladie disparaît, la raison revient. Cet autre souffre d'une affection hémorroïdale mais a l'esprit libre et lucide; son mal organique l'abandonne, la folie s'empare de sa raison. Une jeune fille perd la raison à l'âge critique. Une jeune femme est à peine mère qu'elle tombe dans un délire de plusieurs mois, et le même phénomène se reproduit à chaque enfantement. Chez une autre, les troubles du cerveau correspondent avec les troubles de la menstruation. Celui-ci est atteint d'une gastrite chronique et marche peu à peu à la lypémanie la plus consommée. Celui-là est frappé d'une paralysie et bientôt sa raison succombe, la paralysie s'accroît, le délire s'aggrave; peut-être la paralysie n'est-elle pas la cause du délire, mais la corrélation qui existe entre les deux maux indique suffisamment qu'ils ont une même cause. Cet autre est un aliéné atteint d'un énorme esthiomène syphilitique de la face; sous l'effet d'un traitement spécial l'esthiomène guérit et la folie disparaît en même temps. Bayle a signalé une constante coïncidence entre les folies d'ambition et la lésion des méninges.

Mais, dit-on, il y a des aliénés chez lesquels, pendant la vie, on ne remarque aucune lésion organique. Oui, mais à l'autopsie il n'en est pas de même, l'inspection du cadavre dévoile des altérations organiques plus ou moins graves et étendues; le mal travaillait sourdement dans l'ombre. Sur cent aliénés qui meurent, dit le docteur Calmeil, près de cinquante offrent des ulcérations ou d'autres traces d'inflammation des intestins. Le docteur H. Bonnet signale des cancers de l'utérus, une péritonite suppurée et d'autres lésions excessives d'organes qui n'avaient pas été tangibles pendant la vie de l'aliéné, qui ne furent révélées que par l'autopsie (1). Le plus souvent le scalpel met à jour les congestions ou anémies de la substance cérébrale, et, dit Londe « un peu de rougeur, un peu d'épaississement ou de ramollissement de la matière cérébrale expliquent les fausses sensations et les raisonnements sans suite, comme l'épaississement et le ramollissement de la membrane muqueuse de l'estomac expliquent les troubles de la digestion (2). »

Mais, objecte un partisan de la doctrine de Leuret, « quels rapports peut-on saisir entre un peu de rougeur, un peu d'épaississement ou de ramollissement de la matière cérébrale et ces fausses sensations, ces raisonnements sans suite qui constituent la folie (3) ? » A cette objection, très juste d'ailleurs, je réponds avec M. Albert Lemoine : « Nous ignorons profondément, il est vrai, quel rapport il peut y avoir entre ces deux choses, mais nous ne savons pas davantage... quelle

(1) *Op. cit.*

(2) *Bull. de l'Acad. de méd.*, t. XX.

(3) Docteur Bousquet, *Idem.*

relation particulière existe entre le froid aux pieds et le coryza, entre l'épaississement de la membrane muqueuse qui tapisse l'estomac et les troubles de la digestion. Cependant nous savons, à n'en pas douter, qu'un rapport existe quel qu'il puisse être, bien plus que c'est une relation de la cause à l'effet. Le fait est hors de doute; comment cette cause produit cet effet, voilà ce que nous ignorons, en physique, en chimie, en médecine, partout enfin. S'il nous fallait savoir comment une cause produit l'effet que nous lui voyons produire, pour croire légitimement à la réalité du fait ou à l'existence de la relation qui unit l'effet à sa cause, il n'y aurait pas plus de science physique que de science médicale (1). » Le docteur Piorry dit de son côté : « Les lésions du cerveau n'expliquent pas comment il se fait qu'on délire ! Non sans doute, car pour expliquer comment on délire, il faudrait savoir d'abord : comment et par quel procédé on pense et on raisonne; par quelles lois, par quels rapports l'âme communique avec le monde extérieur au moyen de la médiation des organes encéphaliques. Quand on nous aura dit quel est le mécanisme physiologique de la manifestation de la pensée, nous vous dirons celui des troubles de l'intelligence. Ce que nous savons, sans l'expliquer, c'est que d'une part l'encéphale est organisé d'une façon merveilleuse destinée à établir les rapports entre les objets

(1) *Op. cit.*, 2e édit., 1863, p. 125.

extérieurs et le principe qui nous anime, et que de l'autre dans le cas où cette organisation est altérée d'une certaine façon le délire et la folie remplacent la raison (1). »

Mais, reprend la doctrine idéaliste, comment se fait-il donc, s'il est vrai que la folie est la conséquence d'une lésion cérébrale, primitive ou sympathique, comment se fait-il que l'autopsie découvre quelque lésion organique dans le cerveau de l'homme qui a toujours joui de son bon sens ? Voilà une difficulté qui n'en est pas une. Les mystères du cerveau ne sont pas connus de nous. Quelles sont les parties de l'encéphale qui concourent aux manifestations de l'esprit, nous l'ignorons. Quelle gravité doit avoir la lésion organique pour que le délire l'accompagne, nous ne le savons pas davantage. Ce que nous savons, c'est que dans tel cas de folie on peut découvrir une altération organique par laquelle s'explique l'altération mentale. Mais lorsque nous sommes en présence d'une lésion cérébrale non accompagnée de folie, nous sommes en droit de dire que sans doute la lésion n'a pas été assez grave pour entraîner un désordre mental ou qu'elle n'a pas affecté les parties du cerveau qui servent au jeu de la pensée.

Il est enfin une dernière objection qui est d'ailleurs plus sérieuse. Elle peut se formuler ainsi : le scalpel

---

(1) *Bull. de l'Acad. de méd.*, t. XX; Sur le délire.

est quelquefois muet à l'autopsie, c'est donc à tort que nous soutenons que *toujours* une cause physique explique la folie ; et si dans un seul cas la science expérimentale reste impuissante, tout notre système s'effondre. Qu'à l'autopsie l'anatomie ne trouve parfois aucune lésion visible, c'est là un fait ; mais faut-il, comme le prétendent les psychologues, en tirer une conséquence aussi désespérante ? Et d'abord est-ce à dire qu'il n'y a pas de lésion parce qu'on n'en voit aucune ? Pour n'être pas sensible aux yeux, dit le docteur Falret, la lésion n'en existe pas moins. Et le docteur Piorry me semble réfuter l'objection lorsqu'il dit : « Quand il s'agit d'un organe si délicat et si complexe que le cerveau, croyez-vous que les cas où vous n'auriez rien trouvé aient assez de valeur pour ébranler les conséquences des très nombreux faits dans lesquels on a rencontré des lésions suffisantes pour rendre compte des troubles survenus dans la manifestation de la pensée ? » Toutes les lésions ajoute-t-il, ne sont pas appréciables au scalpel. Dans la trame du système nerveux il se passe évidemment certains phénomènes moléculaires physiques, chimiques qui agissent pour produire le dérangement de l'esprit. L'opium, le haschisch, l'alcool agissent sur le cerveau et cependant on ne trouve pas d'indice anatomique des lésions qu'ils causent dans l'encéphale. La foudre tue sans laisser parfois de traces (1). Du reste à ce

(1) *Bull. de l'Acad. de méd.*, t. XX, Sur le délire.

reproche de rareté des lésions anatomiques, le docteur Ferrus répondait qu'il n'avait jamais ouvert à la Salpêtrière et dans le cours de ses longs services à Bicêtre, le crâne d'aliénés idiots ou maniaques, sans y trouver, bien qu'à des degrés divers, une partie des altérations décrites par Bayle et Calmeil comme inhérentes à la démence (1). Au surplus il est permis de penser que si l'anatomie pathologique est encore dans certains cas impuissante, cela tient à ce que ses moyens d'investigations sont encore imparfaits. « Au moyen du spectroscope, dit M. Maudsley, on a découvert des faits qui, avant son invention, nous étaient entièrement inaccessibles ; au moyen du télescope on a découvert des étoiles qui sans lui nous seraient à jamais demeurées inconnues ; ma ferme croyance est qu'un jour viendra de même où par l'invention d'instruments perfectionnés les mouvements insensibles des molécules seront aussi perceptibles que les déplacements des masses planétaires ; alors nos successeurs découvriront sans peine les causes physiques de désordres que nous sommes aujourd'hui contraints d'appeler fonctionnels (2). »

En résumé il faut admettre comme un principe certain que la folie est une maladie corporelle, un état pathologique. « Il faut une fois pour toutes se bien convaincre que cette conception pathologique

---

(1) *Idem.*

(2) *Op. cit.*, p. 43.

de la nature de l'aliénation est conforme à la réalité des choses, on échappera ainsi à une multitude de spéculations vaines. Cela est surtout indispensable quand on s'applique à se former une juste et exacte opinion de la responsabilité des fous (1). »

---

(1) *Idem*, p. 42.

CHAPITRE IV.

DES CAUSES DE LA FOLIE.

La connaissance des causes de la folie, ou, pour parler comme les physiologistes, l'*étiologie* de la folie, peut être pour le juge une source importante de lumière dans tel cas particulier. Avant tout il doit porter son attention sur les antécédents du malade. Voilà un accusé qui oppose l'excuse de la folie; son défenseur explique qu'il est devenu fou à la suite de chagrins, de besoins ou de maladie; s'il s'en tenait là il pourrait ne pas convaincre le juge, car beaucoup d'hommes éprouvent les mêmes malheurs sans devenir fous, mais s'il fait ressortir les conditions individuelles de son client depuis bien des années, un état morbide congénital peut-être, le juge comprend alors que ces causes, sans effet sur la plupart des hommes, ont pu chez celui-ci déterminer un désastre mental.

Désordres de la sensibilité suivis de désordres mentaux, telle est, nous le savons, la folie. Quant à son siège, j'ai dit que c'était le cerveau. Dès lors si on se demande quelle est la cause de la folie, on est tenté de répondre : c'est l'état pathologique du cerveau. Mais à vrai dire ce n'est pas là la cause de la folie, c'est sa condition essentielle et invariable. Ce qu'on doit entendre par cause de la folie, c'est la cause de cet état pathologique.

On distingue généralement les causes de la folie en causes *morales* et causes *physiques*. Cette distinction facilite assurément leur description, et c'est pourquoi j'y aurai recours; mais je ne la considère pas comme très exacte. J'estime qu'il n'y a pas en réalité de cause morale de la folie, c'est-à-dire qu'une cause morale à elle seule ne produit pas la folie. Je sais bien que lorsque l'aliéné nè présente aucune altération palpable du cerveau, on est tenté de conclure à la nature morale de la folie; on dit que ce malheureux se trompe par suite d'une ambition excessive, d'une tristesse profonde, d'une crainte exagérée, d'un amour désordonné, d'une passion violente, mais on oublie de se demander comment ces forces morales sont devenues des causes de folie. Or il est permis de soutenir qu'elles acquièrent leur influence néfaste de quelque infirmité du système nerveux, que si le système nerveux est parfaitement sain, ces penchants n'atteignent pas cet état aigu et funeste. Je considère que ce trouble moral appelé cause morale de la folie est le résultat de l'état pathologique, que ce trouble moral qui peut conduire à la folie, n'est que l'occasion qui permet à l'état pathologique de produire son effet. Autrement dit, la maladie est la vraie cause de la folie, et la prétendue cause morale n'est que l'occasion, le moyen même par lequel la maladie agit en dernier ressort pour produire la folie. — Du reste, à supposer qu'une cause morale existe réellement seule comme cause de la folie, il faut reconnaître qu'elle doit agir forcément d'une manière aussi physique qu'une cause physique, qu'elle produit comme elle le dérangement mental au moyen d'une commotion cérébrale. Donc, que la cause soit morale ou physique, le résultat est toujours le même, il est physique ; autrement dit, la folie est toujours un état pathologique, quelle que soit la nature de sa cause.

Je répète que je vais recourir néanmoins à la distinction reçue, dans l'intérêt de la description et afin d'indiquer dans quels cas, en agissant sur les centres nerveux, les causes morales contribuent elles aussi, aux désordres physiques.

§ 1er. — *Causes morales.*

Sentiments, pensées, volontés, tous états de l'âme, peuvent avoir de l'empire sur l'organisme. Si l'un d'eux devient très violent, il peut amener une modification morbide. « Si l'on recherche, dit M. Maudsley, quelle est la part des causes morales dans la production de la folie, on voit que leur effet est proportionnée à la soudaineté et à l'intensité avec lesquelles elles frappent aussi bien qu'à leur puissance véritable (1). » Ce sont les passions qui ont le privi-

(1) *La Pathologie de l'esprit*, trad. Germont. Paris, 1883, p. 236.

lège d'agir avec le plus de puissance sur le cerveau et d'être considérées comme les causes morales de la folie les plus communes. Elles entretiennent une excitation émotive qui épuise rapidement l'énergie de l'esprit. Casper, le professeur de médecine légale de Berlin, cite « l'amour démesuré, la nostalgie que rien ne console, l'avarice que tout inquiète, la passion du jeu que rien n'apaise, la vanité et la fatuité que rien ne satisfait (1) ». Esquirol parle de l'amour, de la crainte, de la colère, de l'avarice, de l'amour des distinctions, de la terreur et du fanatisme religieux ou politique. « Tel individu, dit-il, que les frayeurs révolutionnaires rendirent aliéné, le fut devenu, il y a deux siècles, par la crainte des sorciers et du diable (2). » Flourens fait observer que les passions les plus nobles, les plus pures par leur principe, d'amers chagrins, de longs soucis, (la tristesse que Buffon appelle si éloquemment la douleur de l'âme), inspirés par les motifs les plus naturels et les plus respectables, peuvent conduire à la folie (3). Mais, d'après M. Maudsley, ce sont les passions déprimantes qui sont les causes les plus efficaces de maladie : « les chagrins, l'angoisse religieuse, les pertes de fortune, les désappointements d'affection

---

(1) *Traité de médecine légale*, trad. Germer-Baillière. Paris, 1862, t. Ier, p. 315.

(2) *Des maladies mentales*. 1838, t. Ier, p. 55.

(3) *De la raison*, p. 190.

ou d'ambition, les blessures d'un amour-propre exagéré, et surtout le sentiment douloureux d'être au-dessous des responsabilités (1). »

Aux passions il faut joindre l'exercice trop continu des facultés intellectuelles. Cette surexcitation est surtout funeste lorsque l'esprit est accaparé par des problèmes mystiques, surnaturels ou insolubles. « Combien de gens sont devenus fous, dit Casper, en cherchant la quadrature du cercle ou le mouvement perpétuel. Combien ont été victimes de la manie de faire tourner les tables (2). » L'esprit le plus fort, s'il est surmené, finit par se briser.

La religion a quelquefois une influence néfaste sur les facultés mentales. On a cité des épidémies de manie religieuse (3). C'est que la religion en entretenant une excitation émotive, excessive et habituelle, peut déterminer l'instabilité de l'esprit (4).

Il faut encore ranger au nombre des causes morales la surdi-mutité. Cette infirmité est assurément tout d'abord physique. Mais le sourd-muet étant dans l'impossibilité de se mettre en rapport avec le monde extérieur, il est menacé de tomber dans une véritable infériorité morale. Selon M. Itard, médecin de l'hospice des Sourds-Muets, il y a peu de différence

---

(1) *Op. cit.*, p. 238.

(2) *Op. cit.*, p. 315.

(3) Voir Casper, *op. cit.*, p. 316.

(4) Voyez à ce sujet les réflexions judicieuses de M. Maudsley, *op. cit.*, p. 145.

entre le sourd-muet non instruit et l'idiot; et d'ailleurs on a constaté que plus d'un quarantième des sourds-muets est atteint d'idiotisme (1).

J'ajouterai l'imitation, qui n'est que le résultat de la publicité malsaine que la presse donne à tous les scandales et à tous les crimes.

§ 2. — *Causes physiques.*

Blessures à la tête. — Elles déterminent parfois des modifications cérébrales. Mais généralement le mal ne se développe que lentement et le trouble intellectuel ne se montre qu'après plusieurs années (2).

Insolation. — Elle produit des inflammations cerébrales et une excitation très-vive qui a pour conséquence l'épuisement des éléments nerveux.

Lésions de fonctions. — Particulièrement les maladies abdominales, et chez les femmes la suppression des règles. Les modifications cérébrales sont dans ces cas le résultat d'actions réflexes.

Altérations encéphaliques. — Elles sont produites le plus souvent par l'érysipèle et le rhumatisme.

Névroses cérébrales : épilepsie, danse de Saint-Guy (chorée), somnambulisme. — C'est l'épilepsie qui mérite le plus d'attention. M. Briand rapporte que sur 332 épileptiques qui se trouvaient à la Salpêtrière en 1822, il y avait 2 monomaniaques, 64 ma-

(1) *Dictionnaire des sciences médicales* : V° *Sourd-muet.*

(2) Voir des cas rapportés par M. Maudsley, *op. cit.*, p. 242.

niaques, 145 en démence, 8 idiotes, 50 alternativement raisonnables et délirantes, 60 sensées mais bizarres (1). La chorée, qu'on a appelée « folie des muscles », peut être une cause d'aliénation mentale chez l'adulte, mais non chez l'enfant.

Excès vénériens. — Les jouissances trop précoces peuvent amener la démence ou l'imbécillité. En sens inverse la continence forcée peut conduire à la manie furieuse.

Hystérie. — Les symptômes hystériques ordinaires peuvent se changer graduellement en folie chronique. L'hystérie est en somme une maladie nerveuse spéciale. On croit généralement que la continence est la mère de l'hystérie ; c'est là un préjugé qui n'est nullement fondé, et la preuve c'est que la plupart des filles publiques sont hystériques. Des conversations, des lectures, des images obscènes peuvent faire naître des désirs violents chez une jeune femme, mais généralement « ce sont, dit M. Legrand du Saulle, les passions et les affections morales tristes, telles que l'ennui de la servitude ou d'un travail inaccoutumé, les préoccupations d'une existence précaire, les tracasseries provenant de liaisons illicites, les inquiétudes, les contrariétés, les revers de fortune, les attachements déçus, la nostalgie et surtout la jalousie, qui font d'ordinaire tous les frais de la provocation hystérique (2). »

---

(1) MM. Briand et Chaudé, *op. cit.*, t. Ier, p. 569.

(2) *La folie devant les tribunaux*, p. 329.

L'accouchement. — Combien de cas d'infanticide révèlent la folie chez la mère qui vient d'accoucher en secret! Or on a remarqué des dérangements cérébraux très divers, aussi bien le simple trouble intellectuel que la fureur, et l'on peut dire que souvent l'accouchée obéit à une impulsion instinctive irrésistible, lorsqu'elle tue son enfant. Les nourrices sont spécialement sujettes à ces troubles cérébraux. Casper prétend que l'excès de joie dans un accouchement légitime peut aussi déterminer la folie. Sur 750 aliénés de la Salpêtrière, rapportent MM. Briand et Chaudé, 72 l'étaient devenues à la suite de couches.

Grossesse. — Les phénomènes intellectuels bizarres ne sont pas rares pendant la grossesse. Une femme habituellement douce devient irascible et même violente, et cet état d'esprit peut aller jusqu'à la folie. Ces malades sont surtout en proie à des impulsions irrésistibles, à des *envies*. M. Maudsley raconte qu'une femme enceinte avait un si vif désir de manger de la chair de son mari, qu'elle le tua, sala sa chair et put s'en servir pour plusieurs repas (1). Tous les aliénistes ont enregistré de nombreux cas de folie survenue pendant la grossesse.

Hérédité. — Dans l'étiologie de la folie, c'est à l'hérédité qu'il faut demander compte du plus grand

(1) *Op. cit.*, p. 223. — Consultez M. Marcé, *De la folie des femmes enceintes, et des nouvelles accouchées.*

nombre de désordres mentaux ; c'est elle qui en est le plus puissant facteur. Comment elle agit, nous ne le savons au juste, mais c'est un fait certain que tel individu est sujet à telle maladie nerveuse dont souffrait un de ses ancêtres. Si l'on place dans un même milieu et dans les mêmes conditions le fils d'un fou et le fils d'un homme sensé, toutes les chances sont contre le premier parce qu'il a une prédisposition héréditaire à la folie. Bien entendu, cette prédisposition n'est pas toujours apparente, mais elle sommeille et se réveillera un jour ou l'autre pour entraîner la race, à travers les générations, à l'idiotie, et par suite à son extinction.

Les travaux de Moreau (de Tours) et de Morel ont démontré que la folie transmise est absolument distincte de la folie acquise, et c'est pourquoi Morel créa le groupe nouveau de la *folie héréditaire*. « Le mot hérédité est synonyme de transmissibilité », dit M. Legrand du Saulle ; et le savant aliéniste ajoute : « la création de ce groupe est tout aussi légitime que celle des folies alcoolique et épileptique (1). »

Chaque homme en ce monde a une individualité propre, chaque homme a sa destinée qui est l'œuvre de l'hérédité. On retrouve en lui les particularités psychologiques et physiologiques de ses ancêtres ; son organisation n'est en somme que « l'extrait de ses ancêtres », selon l'expression ingénieuse de

(1) *La folie héréditaire*. Paris, 1873.

M. Maudsley. Et cet auteur ajoute : « Le travail d'une génération, avec ses conséquences bonnes ou mauvaises, se continue dans l'organisation de la génération suivante, vit en elle, et la vie d'une personne est la continuation ininterrompue de la vie de ses ancêtres (1). » En sorte que, si un germe de folie vient à naître chez un individu, l'hérédité l'entretient dans la descendance ; la folie acquise devient la folie transmise, et il se peut que, demeurant à l'état latent chez l'ascendant, elle ne se trahisse par quelque symptôme que chez le descendant. Et cette dégénérescence tend toujours à s'aggraver à moins qu'une réaction salutaire vienne l'arrêter dans son cours.

Mais l'hérédité ne fait pas que transmettre, elle invente ; un individu diffère toujours de ses aïeux à un point de vue quelconque. Il n'y a pas reproduction identique, il y a combinaison des qualités de famille, comme il y a combinaison des éléments organiques.

Si un enfant hérite l'affection dont un de ses parents était atteint, c'est le cas le plus simple, sa folie a généralement les mêmes caractères que ceux constatés chez son ascendant. Bien plus, il arrive souvent qu'il devient aliéné à la même époque. M. Legrand du Saulle dans sa « *Folie héréditaire* » rapporte deux exemples de ce genre. Dans ces cas

(1) *Op. cit.*, p. 97.

on dit qu'il y a folie *similaire*. C'est le résultat de la transmission qui existe chez l'homme comme chez les animaux; le proverbe « bon chien chasse de race » est vrai aussi appliqué à l'espèce humaine. La folie la plus similaire est la folie-suicide. Quand elle a fait son apparition dans une famille elle l'anéantit parfois complètement. Dans les autres espèces d'aliénation, la transmission similaire est plus rare, et il faut prendre garde de voir un cas de folie similaire là où il n'y a quelquefois qu'un cas de contagion dont on a bien vite raison par l'éloignement des malades (1).

Le plus souvent la folie se transforme en se transmettant. Des descendants épileptiques ont des enfants idiots ou aliénés; un aliéné engendre un épileptique, un idiot... etc. Toutes les altérations cérébrales depuis l'état névropathique simple jusqu'à l'imbécillité et l'idiotie peuvent, sous l'influence de l'hérédité, se transformer, se combiner, se remplacer successivement et irrégulièrement. Ces transformations s'opèrent dans la descendance comme elles peuvent se produire chez un individu.

On voit même une aliénation définitive succéder à une aliénation temporaire. Voilà un homme qui était épileptique au moment où il a eu un enfant et

(1) Sur la folie contagieuse, consultez M. Rambosson (*Phénomènes nerveux, intellectuels et moraux*. Paris, 1883, p. 224 et suiv.). — Voyez aussi : *Folie à deux ou folie contagieuse*, par le Dr James Kiernam (*Journal of nervous and mental disease*, octobre 1880).

bientôt son épilepsie a disparu. Son enfant sera peut-être frappé d'une épilepsie définitive. La maladie accidentelle chez le père, devient constitutive chez le fils. De même un enfant conçu dans un accès aigu d'ivresse sera épileptique, aliéné ou idiot ; l'ivresse devient ainsi le point de départ d'une dégénérescence qui pourra s'aggraver par l'hérédité.

Mais ce n'est pas à dire que la maladie se traduise toujours par des symptômes de plus en plus graves. Il peut en être autrement, si par exemple un seul des ascendants est aliéné, l'élément sain pourra modifier heureusement l'élément morbide. Il se peut aussi que d'une génération à une autre la maladie perde de son intensité, que le descendant n'hérite qu'une prédisposition morbide qui demande une occasion pour se changer en affection caractérisée.

Enfin il existe un phénomène incontestable, quoi qu'en dise M. Pailleron (1), qu'on nomme l'*atavisme* (de *atavus* aïeul). La maladie disparaît ou plutôt sommeille pendant une ou plusieurs générations et lorsqu'elle fait sa rentrée dans le monde, il faut remonter quelquefois très haut dans l'histoire de la famille pour retrouver des traces de son passage.

Quant à l'hérédité *indirecte* ou *collatérale*, c'est-à-dire à la transmission de l'état morbide d'un col-

(1) « L'atavisme, un moyen commode du reste et dont on abuse peut-être un peu aujourd'hui pour prédire, après la mort de quelqu'un, les fatalités de sa vie, » a dit M. E. Pailleron, dans son *Discours de réception à l'Académie française*, 17 janvier 1884.

latéral, on hésite à la reconnaître comme une des causes de l'aliénation mentale. Cependant M. Legrand du Saulle déclare « qu'on ne doit pas trop facilement nier son influence (1). »

Loin de moi l'idée de faire de l'influence héréditaire, comme certains physiologistes, la cause universelle de la folie. Cependant il est incontestable que dans l'étiologie de cette maladie c'est l'hérédité qui joue le rôle principal : « Il faut considérer la folie, dit le docteur Ball, comme le dernier chapitre d'une longue histoire, comme la dernière étape d'un long voyage. Et si l'on me demandait de condenser en un seul mot tout ce que nous savons sur les origines de la folie, je répondrais volontiers : il n'y a qu'une seule cause de l'aliénation mentale, c'est l'hérédité (2). » La proportion des aliénés héréditaires, autant que les recherches les plus exactes peuvent nous l'apprendre, est de 40 à 50 p. 0/0, d'après M. Legrand du Saulle. M. Maudsley, qui, sur ce point, ajoute peu de foi aux statistiques, parce qu'il considère que pour différentes raisons elles ne peuvent qu'amoindrir l'influence de l'hérédité, dit « que la proportion n'est pas inférieure au quart, qu'elle est

---

(1) Sur la question de l'hérédité consultez : *La folie héréditaire*, de M. Legrand du Saulle; *La pathologie de l'esprit*, de M. Maudsley, p. 92 et suiv. ; *L'aliéné devant la philosophie*, par M. A. Lemoine, p. 343 et suiv.

(2) *Des causes de l'aliénation mentale : de l'hérédité* (Leçon du docteur Ball. *La France médicale*, 1880, nos 94-95).

probablement aussi forte que la moitié, et qu'il est possible qu'elle soit des trois quarts (1). »

L'importance de l'hérédité comme cause de la folie doit donc appeler toute l'attention de la justice, et c'est pourquoi je m'y suis arrêté quelques instants. Au criminel le juge a souvent à remonter le cours de la maladie à travers la généalogie de l'accusé. Loin de céder à un sentiment d'incrédulité touchant l'influence héréditaire, comme pourrait le faire un esprit non éclairé pour lequel les causes et les symptômes de la maladie n'auraient pas de signification, il doit dans l'intérêt de la vérité suivre avec soin la folie dans ses sauts et ses transformations, rechercher quelque précédent révélateur et concluant et, s'il en existe, voir dans l'accusé non un criminel mais une des victimes de l'hérédité. Toutefois, je conviens que ces recherches et cette conclusion demandent la plus grande circonspection, afin d'éviter l'exagération et les abus (2).

---

(1) *Pathologie de l'esprit*, p. 113. — *Le crime et la folie*, p. 267 à la note.

(2) Sur l'étiologie de la folie, consultez M. Maudsley : *La pathologie de l'esprit*, trad. Germont. Paris, 1883, p. 88.

CHAPITRE V.

DES PRINCIPAUX TYPES DE LA FOLIE.

« Définir, c'est savoir » a dit Socrate. On ne doit donc pas s'étonner que le commun des hommes emploie, pour définir la folie, des expressions inexactes, souvent même contradictoires. C'est ainsi qu'en parcourant les recueils qui reflètent le langage usuel on lit, d'une part que « la folie est un dérangement de l'*esprit* » (Dictionnaire de Littré), et d'autre part que « la folie annonce qu'on a le *cerveau* malade » (Dictionnaire de synonymes de Lafaye). Et cela doit d'autant moins nous surprendre que les savants eux-mêmes sont encore à la recherche d'une définition satisfaisante de cette maladie. Chacun a donné la sienne, mais il n'en est pas une qui ait rallié tous les suffrages. La science avoue même que les désordres de l'intelligence ne peuvent se résumer en une formule brève, lucide et classique, et elle passe à côté de la difficulté (1). Et l'on pourrait ajouter qu'il en sera ainsi tant qu'on n'aura pas nettement tracé la ligne de démarcation qui sépare la sanité de l'insanité. En attendant que la science ait dit son dernier mot, il faut se contenter d'expressions vagues

(1) M. Legrand du Saulle : *La folie devant les tribunaux*, p. 37.

et banales, afin d'éviter les inexactitudes ; et M. A. Lemoine a raison de conseiller de s'en tenir à cette parole de bon sens dite par Voltaire : « La folie est une maladie qui empêche un homme de penser et d'agir comme les autres. »

On peut en dire autant de l'œuvre de classification. Je conçois l'utilité des classes et catégories dans les études scientifiques. Dans l'étude de la science mentale, c'est l'ordre dans les désordres de l'esprit, c'est la simplicité dans la confusion. Mais il faut reconnaître que parmi les innombrables systèmes proposés, pas un n'est satisfaisant ; leur nombre suffit à le prouver. Et la science du reste ne fait pas de difficulté à le reconnaître. « Nous sommes encore aujourd'hui, dit M. Foville fils, en ce qui concerne la nomenclature des maladies mentales, dans une sorte de chaos, en dépit des tentatives les plus estimables faites pour y mettre ordre (1) ; » et M. Legrand du Saulle déclare que « les classifications des maladies mentales actuellement en usage sont artificielles et conséquemment mauvaises (2). » On peut dire que la folie est un mal à ce point « ondoyant et divers » qu'il est presque impossible d'en dresser une classification complète, et qu'il y a nécessité de s'en tenir à un certain nombre de types principaux qui puissent servir de base dans l'examen de chaque

(1) Nomenclature et classification des maladies mentales (*Ann. méd. psych.* 1872, 5e série, t. VIII, p. 5).

(2) *La folie héréditaire*, p. 12.

cas spécial de la maladie. Au surplus je ne vois pas quelle utilité il y aurait pour le juge à posséder une classification de la folie, avec divisions et subdivisions. Il serait même à craindre qu'à travers ce labyrinthe il perdît la seule voie qu'il doit suivre : le jugement *du cas individuel et particulier* qui s'offre à lui. Au lieu donc de diviser et de spécialiser, je me contenterai de décrire un à un, et dans leur ordre le plus généralement reçu, les principaux types de l'aliénation mentale qui peuvent intéresser la justice criminelle.

J'emprunterai en partie à M. Legrand du Saulle, la division qu'il a suivie dans son *Traité de Médecine légale*, division qui n'a nullement la prétention d'être une classification. C'est l'examen pur et simple des questions principales : 1° névroses spéciales ; 2° phénomènes généraux propres aux maladies mentales ; 3° maladies mentales proprement dites ; 4° différents états particuliers.

I.

Névroses spéciales.

§ 1er. — *De l'hystérie.*

L'hystérie est pricipalement invoquée devant les tribunaux dans les questions de séparation de corps et d'adultère, mais elle sert aussi d'origine à des faits plus graves, tels que les infanticides. Nous avons dit quelles sont les causes de l'hystérie et ce qu'il faut penser de l'appétit génésique; nous pouvons ajouter que les avocats ne font que trop souvent preuve d'une ignorance complète de cette maladie en invoquant cette prétendue cause de l'hystérie. Les femmes hystériques ont généralement l'imagination vive et des sentiments exaltés. Susceptibles à l'excès, elles soupçonnent tous ceux qui les entourent; devenues irascibles et violentes, elles commettent les actes les plus bizarres et même les plus criminels pour satisfaire leur jalousie ou leur haine, ou pour attirer sur elles l'attention. Mais il est difficile de dire nettement ce que l'on entend par un tempérament hystérique. Ce qui le caractérise avant tout c'est la perversité morale, la mobilité des sentiments et la sensibilité extrême qui parfois prend une tournure érotique et surtout facilite les expériences d'hypnotisme et de magnétisme dont vivent tant de successeurs de Cagliostro. « L'hystérie! voilà un terme dont on se sert souvent, dit le docteur Lasègue, et cependant qu'on n'a pas jugé utile de bien déterminer. Il en est de ce terme comme de celui de folie; ce sont des expressions non spécifiées, ce sont des mots *flous*. Quoi qu'il en soit, par l'hystérie on entend une maladie à manifestations nerveuses très confuses et très vagues, mais présentant des caractères particuliers saisissants (1). »

(1) Les hystériques, leur perversité, leurs mensonges (*Ann. méd. psych.* 1881, t. VI, séance du 28 mars, p. 111). — Je rappelle que l'hystérie se rencontre aussi, quoique plus rarement, chez l'homme.

Au point de vue criminel, ce qui est surtout à remarquer c'est avec quelle audace et quelle habileté elles savent user de simulation, semer la calomnie et par les accusations les plus terribles ou les comédies les mieux jouées faire tomber la justice dans les plus regrettables erreurs. Elles vont jusqu'à se mutiler, se déchirer pour déposer avec preuves contre le prétendu auteur de ces blessures. Elles mentent effrontément, avec un sang-froid révoltant, et s'en prennent au plus honnête homme, généralement aux prêtres et aux médecins. Dans son *Traité de médecine légale*, M. Legrand du Saulle rapporte deux cas intéressants : l'un relatif à une Espagnole qui fit condamner son mari, ses deux beaux-frères et trois médecins éminents à dix-huit et vingt années de prison ; l'autre est le roman célèbre de la Glaser, hystérique bien connue en Prusse, qui, pendant plus de dix ans, sut tromper les magistrats les plus retorts et les médecins les plus sagaces (1). Cet auteur cite encore dans son livre, *la Folie devant les tribunaux* (p. 343), un cas remarquable d'erreur judiciaire qui eut pour point de départ de fausses dénonciations d'une hystérique.

L'état hystérique peut aboutir à la folie. C'est alors une excitation excessive, se traduisant spécialement par un verbiage, des rires et des gestes in-

(1) Voyez en détail le cas de la femme Glaser, dans l'ouvrage déjà cité de Casper, t. Ier, p. 295. — Consultez aussi M. Legrand du Saulle (*Les hystériques*).

cohérents. La maladie tient dans ce cas de la manie aiguë, et l'hystérique folle devient dangereuse. Elle est sous le coup d'impulsions irrésistibles qui la poussent surtout au vol. On cite de nombreux exemples de femmes entraînées ainsi à des vols qu'aucun mobile ne pouvait expliquer (1). L'hystérie dégénère souvent aussi en démence.

Responsabilité des hystériques. — La question n'offre aucune difficulté en ce qui concerne les hystériques folles, celles qui présentent un délire plus ou moins prolongé et sont dominées par des hallucinations et des impulsions irrésistibles. L'art. 64 du Code pénal ainsi conçu : « Il n'y a ni crime, ni délit, lorsque le prévenu était en état de démence au temps de l'action ou lorsqu'il a été contraint par une force à laquelle il ne pouvait résister, » s'applique évidemment à cette catégorie. Elles sont inconscientes et irresponsables.

Mais que penser de la responsabilité d'une hystérique simple? Certains médecins légistes, qu'il s'agisse d'hystérie ou de tout autre état morbide susceptible de mener à la folie bien caractérisée, appliquent la théorie de la responsabilité graduée. Ils distinguent les hystériques responsables, partiellement

(1) Le docteur Motet en rapporte un cas (*Ann. méd. psych.*, 5e série, t. VI, p. 368). — Consultez la leçon du Dr A. Voisin : *De la folie hystérique*, recueillie par le Dr Dauchez (*La France médicale*, 1880, n° 16), et *Les hystériques*, par M. Legrand du Saulle, 2e édit. 1883, p. 435.

responsables et irresponsables, suivant que l'hystérie est légère, grave ou avec aliénation. Un pareil classement est peut-être très avantageux pour la description clinique des symptômes de la maladie, mais je n'hésite pas à le déclarer inadmissible dans la pratique judiciaire, dût ma manière de voir être assimilée aux « excentricités sentimentales de la défense ».

Il est incontestable que, suivant les cas, la maladie doit être plus ou moins grave; que par suite la diminution de la liberté morale d'un individu est en proportion de la gravité de son mal. Or, la responsabilité étant la conséquence de la liberté morale, si celle-ci n'est plus entière, celle-là n'est plus complète. En sorte que toute la question consiste à mesurer dans chaque cas particulier le degré de liberté morale de l'accusé. Mais l'esprit humain est-il capable d'une pareille mensuration? Pas que je sache. Dès lors comment parler de degrés de la responsabilité? Nous ne pouvons juger de la moralité de l'agent que par ses actes et les circonstances qui les accompagnent; ce n'est pas là un criterium certain, je suppose. Voilà une voleuse hystérique chez laquelle on ne remarque aucun délire, mais qui présente par suite de son état de nervosisme un trouble des sensations et des facultés affectives, un ébranlement certain du système cérébral. Direz-vous que sa liberté morale n'est nullement enchaînée? Qu'en savez-vous? Vous ne pouvez que le supposer; et encore comment?

En affirmant purement et simplement que les facultés sont indépendantes, que la liberté morale peut exister malgré une lésion de la volonté, que d'ailleurs sa manière d'être, sa conversation, que son extérieur en un mot prouve qu'elle a conscience de ses actes. Eh bien! moi, je crois à la solidarité des facultés (c'est un point que je développerai en traitant de la folie partielle en général), je crois que lorsque le trouble de la sensibilité se répercute sur la volonté, il lèse forcément l'entendement; en outre, je prétends, et cela ne fait pas l'ombre d'un doute, qu'une conduite à peine bizarre et une conversation même raisonnable ne sont nullement la preuve certaine de la sanité parfaite de l'esprit. Il m'est donc permis, en l'espèce, de conclure à une modification de la liberté morale de notre voleuse. Au surplus, en admettant même l'indépendance des facultés, comment pouvez-vous assigner tel effet moral limité à telle cause morbide? Ce que vous savez, c'est que cette hystérique est une malade, mais de ce que la manifestation extérieure du mal n'a pas les apparences d'un état aigu, vous n'en pouvez conclure que son influence sur le moral est nulle. Il vous est impossible, aussi bien à vous, médecin, qu'à vous, juge, d'assurer que le vol, en l'espèce, n'est pas le produit indirect et détourné de l'état maladif.

Et à ce propos, je ferai observer, en passant, que les magistrats ont tort, à mon avis, en l'état de la législation, de réclamer des experts une appréciation de la responsabilite de l'accusé. Dans l'affaire Chalenton, M. l'avocat-général s'adressait en ces termes au médecin-rapporteur : « Mais à quoi concluez-vous ? à la responsabilité, ou à la non-responsabilité ? » et M. le docteur Motet répondit avec sagesse : « Nous avons évité avec soin de mettre le mot de responsabilité dans notre rapport. Ce n'est pas à nous à en juger. Nous avons déclaré qu'il avait agi sous l'impression d'une agitation passionnelle, c'est à d'autres à décider. » L'homme de l'art, en effet, est simplement chargé de constater l'état morbide et de rapporter le résultat de ses investigations ; au juge à conclure à la responsabilité ou à la non-responsabilité.

C'est donc au juge que je dis : lorsque le médecin déclare que l'accusé était malade, hystérique par exemple, au moment de l'action, concluez à son irresponsabilité; car vous n'avez aucun moyen de mesurer sa liberté morale, de fixer le *quantum* de sa part de responsabilité. Du reste, qu'est-ce donc que cette responsabilité variable, mixte ? En droit, on est responsable ou on ne l'est pas, il n'y a pas de milieu ; et quand on diminue la pénalité, ce n'est pas que l'imputabilité de l'agent soit amoindrie, c'est que l'imputabilité du fait est modifiée par les circonstances qui l'accompagnent.

Mais, me dit-on, vous déclarez la liberté morte quand elle n'était que *malade*. Je ne dis pas qu'elle était morte, en l'espèce, je ne puis le savoir ; je dis seulement qu'elle est *malade*. Et comme il faudrait calculer exactement la maladie de cette liberté pour appliquer une peine proportionnelle et juste (juste pénalement sinon moralement) et que cela est impossible, je conclus à l'acquittement. D'ailleurs, je peux vous retourner l'objection : Vous déclarez la liberté malade quand elle était peut-être morte.

Mais supposons qu'elle n'était que malade ; il faut recourir alors aux circonstances atténuantes. Jusqu'à quelle limite allez-vous réduire la peine? Vous prononcerez au hasard. C'est qu'il n'y a qu'un criterium certain de la responsabilité, celui de la maladie ; tout autre me paraît aléatoire et arbitraire.

Quant à la sécurité de la société, je ne vois pas pourquoi elle serait menacée par l'application de notre doctrine. Que faut-il à la société pour la rassurer? La protéger contre ceux de ses membres qui sont dangereux. Eh bien! quand une hystérique sera jugée dangereuse ou aura commis un acte dit criminel, qu'on la mette dans un hospice; elle ne sera pas plus à craindre, je suppose, que si on l'avait jetée en prison. Je serais même d'avis qu'une loi édictât des prescriptions nombreuses et sévères. Lorsqu'une personne serait atteinte d'hystérie aussi bien que de tout autre affection cérébrale, ses parents ou alliés, ceux enfin qui vivent avec elle, devraient être tenus de prévenir l'autorité, laquelle ordonnerait un examen médical afin de savoir si le malade est inoffensif et peut être laissé en liberté.

En cas d'acte criminel, l'autorité judiciaire serait compétente pour ordonner le placement dans un asile. Je ne demande pas un asile spécial, à l'instar de l'Angleterre, car j'estime qu'un tel internement aurait un caractère infamant pour l'individu et déshonorant pour sa famille; ce n'est qu'un malade, sa place est dans une section d'un hospice ordinaire. Je ne demande pas non plus, comme M. Legrand du Saulle, qu'on fixe le temps de la séquestration en prenant pour base la durée de la peine encourue, car, du moment que le sujet est d'après moi irresponsable, il n'est plus question de peine. J'estime, dans l'intérêt social, que la durée de la séquestration ne devrait pas être limitée; tout dépendrait de la guérison du malade que la justice serait à même d'apprécier par des enquêtes médicales.

Je sais bien que certains médecins légistes reculent devant l'emploi d'une doctrine aussi absolue que celle de l'irresponsabilité. Ils craignent de perdre toute influence devant la justice et par suite de nuire aux accusés en choquant les idées reçues. J'avoue que je n'apprécie nullement cette attitude à la fois généreuse et intéressée. C'est à eux qu'il appartient d'éclairer l'esprit des juges, de corriger les idées fausses quelque enracinées qu'elles soient; c'est même leur devoir. Qu'ils parlent avec autorité, ils seront toujours considérés et écoutés, car la science s'impose; l'histoire de la folie est là pour le prouver. Il est inutile d'ajouter que les malades dits criminels n'auront pas à s'en plaindre.

Quoique défenseur, et défenseur éloquent de la responsabilité partielle, M. Legrand du Saulle s'exprime ainsi : « Si j'admets, je l'ai dit ailleurs, que certains malades soient susceptibles de répondre, dans une mesure évidemment restreinte, de la moralité de leurs actes, ce n'est point à la condition qu'après avoir encouru une peine plus ou moins légère, ils s'en aillent traîner en prison une vie misérable. Je ne suis pas partisan en matière de responsabilité partielle du bénéfice des circonstances atténuantes (1). » Le savant aliéniste ne me semble pas logique avec lui-même. Car enfin si ces malades sont susceptibles de répondre de la moralité de leurs actes, ils sont condamnables, et pour réduire la peine au degré de leur responsabilité il faut bien recourir au bénéfice des circonstances atténuantes. Et du reste il dit lui-même ailleurs : « Chez la plupart des hystériques, la liberté n'est pas morte, mais elle est malade ; il n'y a pas irresponsabilité absolue, mais la responsabilité est assez atténuée *pour entraîner le bénéfice des circonstances atténuantes* (2). »

Je sais bien que M. Legrand du Saulle ne veut pas entendre parler pour ces malades de condamnation et de « flétrissure judiciaire », cependant il in-

(1) *Les hystériques*, 2e édit., 1883, p. 491. — et, *Traité de méd. lég.*, p. 643 et 651.

(2) *Les hystériques*, p. 488.

dique lui-même un mode spécial de *pénalité;* c'est donc qu'il suppose un jugement rendu par l'autorité civile. Au surplus, puisque ces malheureux sont responsables, il faut bien qu'ils soient responsables devant quelqu'un. Si vous voulez leur impunité, dites qu'ils sont responsables peut-être devant la justice absolue et proclamez-les irresponsables devant la loi.

Bien plus, si vous désirez qu'il ne reste de leur crime aucune trace infamante, ne leur destinez pas un mode spécial de pénalité, car la spécialité de la peine ne fait pas qu'elle ne soit toujours une peine, et toute peine entraîne avec elle le déshonneur. Quoi de plus déshonorant d'ailleurs que cet internement dans un établissement spécialement réservé à une catégorie de criminels; qu'est-ce que cet *asile de criminels*, sinon une prison?

En résumé j'estime qu'il n'y a ni peine à appliquer, ni criminel à punir; il y a un malade à enfermer et à le guérir. Dès lors il ne s'agit pas de calculer quel est le degré exact de responsabilité de l'accusé, cette mensuration est d'ailleurs impossible; il s'agit de constater la maladie. Cette constatation faite par le médecin, le juge ne peut que conclure à l'irresponsabilité légale. Il n'y a, je le répète, qu'un criterium de responsabilité vraiment pratique et juste, c'est le criterium de la maladie opposé à celui de la santé.

§ 2. — *De l'Épilepsie.*

Sans paraître aliéné un épileptique peut avoir un état mental particulier. Il sera violent, cherchera des querelles, proférera des menaces et des injures. Puis tout à coup deviendra doux, serviable, docile, obséquieux, tendre à l'excès, mais seulement pour un temps; aussi Esquirol a-t-il pu dire avec raison : « Un ami épileptique n'est pas un don du ciel. ».

« La statistique officielle, dit le docteur Legrand du Saulle, parle de 40.000 épileptiques en France. Ce chiffre est assurément un minimum, car il faut tenir compte du grand nombre de ces malheureux dont l'infortune est tenue secrète par leurs familles (1). » Les épileptiques en général vivent dans le

(1) M. le Dr Lunier, d'après des relevés qu'il a faits, de 1873 à 1877, en comparant, dans les listes des commissions de recrutement, les exemptés pour épilepsie avec le chiffre des inscrits sur les listes du tirage au sort, est arrivé à calculer que, pour les deux sexes, la proportion d'épileptiques aliénés et non aliénés est en France de 33.225, dont 28.000 dans leur famille et 5.200 dans les hospices. Et le savant médecin ajoute que depuis 1872, les épileptiques femmes non aliénées forment à la Salpêtrière un quartier distinct confié à M. le professeur Charcot, et que les épileptiques hommes non aliénés sont encore confondus à Bicêtre dans la 3e section avec les épileptiques aliénés et les idiots. A Lyon, d'après un travail du Dr Lacour (*De l'état actuel de l'assistance des épileptiques et de la nécessité de les hospitaliser*, Lyon, 1878), les épileptiques non aliénés, grâce à la donation d'une dame Courajod (1859), grâce aussi à l'administration des hôpitaux, étaient traités à la fin de 1880, à l'Antiquaille au nombre de 57 : 28 hommes et 29 femmes; les aliénés sont à Bron. (*Des épileptiques*, par le Dr Lunier, *Ann. méd. psych.*, 1881, t. V, p. 217).

monde et se livrent à leurs occupations. Certains sont des hommes distingués. Chez d'autres, la névrose qui affecte peu à peu leur intelligence, produit des moments d'absence mentale. D'autres enfin sont de vrais aliénés.

Trousseau a vulgarisé l'étude de cette maladie, mais il n'en a exposé qu'une des manifestations : le vertige. Or elle présente trois somations : le *vertige*, — l'*accès incomplet*, — l'*attaque convulsive*.

Le *vertigineux*, qui reste tel, qui n'a ni attaque convulsive, ni accès incomplet, perd insensiblement la mémoire, c'est là ce qui le caractérise particulièrement, et il arrive tôt ou tard à une sorte de démence calme, d'indifférence excessive. Un épileptique caractérisé au contraire peut conserver la mémoire et même une intelligence vive : Mahomet et Napoléon étaient des épileptiques.

Le docteur Lasègue a fait une étude de médecine mentale qu'il a appelée : « *Les Exhibitionnistes* (1) ». Il entend par là tous ceux qui en public mettent à nu leurs organes génitaux. Et cette dénomination, il l'applique aussi bien à des épileptiques, à des déments, à des malades de diverses classes. Or, tel exhibitionniste n'est peut-être qu'un vertigineux.

Voilà une femme qui vole une paire de souliers à l'étalage en présence du marchand lui-même qui est là sur le pas de sa porte. On l'arrête et elle est

---

(1) *Gazette des hôpitaux*, 3 mai 1877.

condamnée. Et pourtant c'était une vertigineuse ; la preuve, c'est que quelque temps après, faisant bouillir du lait, elle est prise de vertige et plonge ses mains dans le lait bouillant. Plus tard, on l'arrête aux Halles pour avoir mis ses jupes sur sa tête, pendant un vertige ; poursuivie pour outrage aux mœurs elle est acquittée sur la déposition de M. Legrand du Saulle. Mais il n'en est pas moins vrai qu'une première fois c'est une malade qui avait été condamnée pour vol (1).

L'accès incomplet produit de petites convulsions ; son signe caractéristique est la *déglutition automatique*. Les accès sont plus longs qu'en cas de vertige, mais il n'y a pas de chute. Il y a en somme une attaque avortée, une fausse crise. Et d'ailleurs, le malade n'aura peut-être jamais d'attaque convulsive. Après l'accès la mémoire est troublée, et souvent il persiste une impression affreuse, horrible, terrifiante. Quelquefois le malade prononce après chaque accès un mot, régulièrement le même.

Si un épileptique a deux accès dans une journée, le plus souvent après le second il ne se souvient plus de ce qu'il a fait dans l'intervalle de lucidité apparente. Un tailleur a un accès à dix heures du matin ; à midi il part pour Neuilly. Il revient à deux heures avec les vêtements qu'il a essayés à son client. A

(1) Sur le vol aux étalages, consultez : le Dr Lasègue (*Archives générales de médecine*, février 1880), et le Dr Lunier (*Ann. méd. psych.*, 1880, 6e série, t. IV, p. 210).

quatre heures, nouvel accès incomplet, puis, reprenant connaissance, il aperçoit le paquet de vêtements et repart pour Neuilly. Là, il apprend qu'il est déjà venu et les corrections qu'il a indiquées à la craie le rappellent à l'évidence. L'amnésie, cet oubli des actes, est un phénomène bien caractéristique de l'accès incomplet.

Tous les épileptiques ont aussi des *impulsions*. L'impulsion, que l'on a très bien nommée l'*ictus* sans précédent et sans suite, est un phénomène psychique en vertu duquel on est impérieusement poussé à tel acte. Ceci peut entraîner des conséquences graves pour le malade. Qu'on suppose, en effet, un soldat se livrant, sous l'effet d'une impulsion, à des voies de fait envers un supérieur ; c'est la peine de mort qui attend le malheureux. Et le fait s'est présenté ; mais sur le rapport du docteur Legrand du Saulle, la peine de mort fut commuée en 5 ans, puis 2 ans d'emprisonnement, et, finalement, ce militaire épileptique fut gracié. — Un jour, à la Salpêtrière, une épileptique, qui se trouvait au rez-de-chaussée à l'infirmerie, se jette tout à coup, un couteau à la main, sur une infirmière en lui criant « gare ». Celle-ci, effrayée, saute par la fenêtre ; la malade n'hésite pas, elle saute à son tour et la poursuit, mais heureusement elle est bientôt appréhendée. C'était une épileptique qui agissait sous l'effet d'une impulsion impérieuse. — En 1875, à Montargis, Michaud se jette un jour sur sa femme et la tue ; puis, prenant une grande serpe, il sort, va inconsciemment droit devant lui et, rencontrant successivement six personnes, fait six victimes : total, sept cadavres. C'était un épileptique. — Le 22 octobre 1883, à Avignon, un nommé Pagès, dans un accès d'épilepsie, se précipite avec un couteau sur des personnes inoffensives et fait six victimes.

C'est surtout dans les cas d'épilepsie que l'on constate la folie impulsive. Cependant en dehors même de l'épilepsie on peut rencontrer tel cas de manie homicide qui ne soit que la manifestation d'une idée folle servie par des impulsions folles. Dans tous les cas cette folie homicide est toujours un phénomène subit qui, même à un esprit raisonnable peut paraître impossible à concevoir. Et pourtant les faits sont là. Qui ne connaît ou même n'a ressenti ces sortes d'impulsions banales et même ridicules qui s'emparent parfois de notre individu, et qu'on est tenté de qualifier de caprices. C'est ainsi que, si on franchit une porte, on est poussé à remarquer le numéro ou le nom inscrit sur la porte et si on détourne résolument les yeux, on est obligé de revenir bientôt sur ses pas et de regarder décidément ce numéro ou ce nom, afin de retrouver la tranquillité d'esprit. Si en se promenant sur une route on remarque par hasard une pierre qui est sur le bord d'un mur et menace de tomber, il peut surgir tout à coup l'idée de la renverser, et comme on sent qu'on n'aura le repos d'esprit qu'après avoir mis à exécution cette idée, on revient faire tomber la pierre. Tel esprit est torturé continuellement par certains mots, certains nombres; il remarque que ces mots, apparaissent avec une fréquence mystérieuse dans toutes sortes d'occasions, et il leur donne une importance particulière. Tel autre est obligé de répéter deux fois la même chose. Un autre, chez lui ou même dans la rue ne passe pas à côté de tel objet sans le toucher malgré lui. Cet autre enfin, dans ses promenades à travers la ville se soumet à la grande incommodité d'éviter les interstices des pavés. Tous pourtant comprennent l'absurdité de ces divers esclavages, mais ils n'ont pas le pouvoir de s'en délivrer. De tels phénomènes peu importants dans ces proportions, permettent bien de comprendre la puissance que peuvent atteindre d'autres variétés d'impulsions, qui conduisent au suicide ou à l'homicide malgré la raison et la volonté. « Il doit être bien difficile, dit M. Maudsley, peut-être même impossible sans l'expérience, à tous ceux qui n'ont point vécu au contact des fous et ne sont point familiarisés avec leurs allures et leurs sentiments, de se mettre dans l'esprit qu'un homme peut être fou sans délirer et sans montrer un désordre manifeste de l'intelligence. Le fait est néanmoins que, dans un certain état de maladie mentale, une impulsion morbide peut s'emparer despotiquement du sujet, et l'entraîner en dépit de sa raison et malgré sa volonté à un acte désespéré de suicide ou d'homicide. Comme le démoniaque du temps jadis, en qui l'esprit impur était entré, il est possédé par une puissance qui le contraint à une action dont il a la plus grande crainte et la dernière horreur (1). » Je reviendrai plus en détails sur cet état morbide impulsif en traitant de la folie partielle.

En cas d'assassinat on peut à la simple inspection de la victime dire si le meurtrier est aliéné ou épileptique. L'épileptique épuise sa rage sur sa victime; si celle-ci est déchiquetée, il y a probabilité que l'assassin est un épileptique. L'aliéné au contraire, ou le criminel sain d'esprit, porte un seul coup violent, profond et sûr.

Il est un autre phénomène bien caractéristique de l'épilepsie, c'est la *fugue inconsciente*. Un individu est pris tout-à-coup d'un besoin de marcher à n'importe quelle heure. Cet épileptique en fuite, est un cadavre qui marche sans conscience de ce qu'il fait. Voilà un exemple de fugue inconsciente qui pourrait être pris pour un conte, s'il n'était rapporté par M. Legrand du Saulle : Un individu habitant Paris sort un jour de chez lui; il arrive au Hâvre, aperçoit le paquebot des Indes, s'embarque et descend à Bombay, sans conscience de son voyage; bientôt il reprend connaissance et est tout étonné de se trouver là. C'était un épileptique. Revenu en France, il finit

(1) *Le crime et la folie*, p. 127.

d'une façon tragique en se suicidant à la porte de sa femme.

Il faut encore noter parmi les symptômes de l'épilepsie, la *périodicité.* Voilà un jeune homme qui chaque mois mettait le feu. Soumis au traitement du bromure il ne commit plus jamais un de ces actes criminels; c'était un épileptique.

Enfin, au point de vue du diagnostic de l'épilepsie il faut citer, comme un des symptômes ayant le plus de valeur, l'*incontinence nocturne d'urine.* A lui seul ce signe a souvent permis de diagnostiquer cette maladie. Le juge doit donc, quand il le rencontre dans un procès inexplicable, y attacher une très grande importance.

Chez quelques épileptiques on a remarqué aussi une sorte de *délire des persécutions*; ils se croient entourés d'ennemis et commettent des actes criminels sous l'influence de ces craintes délirantes.

Les manifestations caractéristiques de l'épilepsie purement mentale, purement somatique, *larvée*, sont donc : l'amnésie, l'impulsion uniforme, la fugue inconsciente, la périodicité, l'incontinence nocturne d'urine. M. Legrand du Saulle ajoute: « absence de motif, manque de préméditation, soudaineté et énergie de la détermination, férocité dans l'exécution, déploiement d'une violence insolite et multiplicité des coups, nulle dissimulation dans l'accomplissement de l'attentat et nul soin de se cacher après, indifférence absolue, absence de tout regret et de tout remords, oubli total ou réminiscences confuses et partielles de l'acte perpétré (1). »

Ajoutons que, dans l'intérêt des individus, des familles et de la race, il serait désirable de détourner du mariage le plus possible les épileptiques, car leurs enfants sont sûrement prédestinés plus que d'autres à l'épilepsie ou à des névroses parentes de celle-ci. A ce propos, le docteur Echeverria (cité par M. Maudsley) rapporte ce curieux passage, tiré des *Croniklis of Scotland* (par Hector Boethius, traduit par John Bellenden, Edimbourg, 1533) : « Celui qui avait le mal caduc, celui qui était imbécile ou idiot, celui qui avait des infirmités susceptibles de se transmettre du père au fils, était châtré, pour que son sang infecté ne se propageât pas. Les femmes, qui avaient un vice quelconque de cette nature, étaient bannies de la société des hommes; si elles enfantaient, elles et leurs enfants étaient enterrés vivants. »

Responsabilité des épileptiques. — Je pourrais ré-

---

(1) *Étude médico-légale sur les épileptiques*, 1877, p. 162. — J'ai recueilli la plupart de ces renseignements sur l'épilepsie, au cours de médecine légale professé par M. Legrand du Saulle à la Salpêtrière, en mai-juin 1883. — Consultez : Tardieu (*Etude médico-légale sur la folie*, 2e édit., 1880, p. 138); Falret (*De l'état mental des épileptiques. — Archiv. gén. de Méd.*, 1860 et suiv.); Morel (*Epilepsie larvée*, Paris, 1860); M. Gowers, professeur-adjoint de clinique médicale à University college (*De l'épilepsie*, trad. A. Carrier. Paris, 1883); M. Maudsley (*La pathologie de l'esprit*, trad. Germont. Paris, 1883, p. 471, — et : *Le crime et la folie*, 4e édit. 1880, p. 215).

péter ici absolument ce que j'ai dit à propos de la responsabilité des hystériques. Les épileptiques aliénés, ceux dont l'esprit est altéré profondément et d'une façon continue, sont irresponsables, cela ne fait de doute pour personne. Mais il est toute une catégorie de ces malades, les épileptiques larvés, dont les actes sont assurément discutables. Les partisans de la théorie de la responsabilité partielle, lorsqu'ils jugent l'esprit de l'accusé partiellement lésé, concluent bien entendu à une pénalité atténuée. Mais, je l'ai déjà dit, il n'y a pas de criterium certain pour proportionner la peine au degré de résistance morale qu'a pu opposer l'individu. Vous vous trouvez en présence d'une question de fait à résoudre et vous dites : le prévenu me *paraît* posséder sa liberté morale ou tout au moins la posséder à un degré suffisant pour que l'acte ait été conscient. Mais en êtes-vous certain? non, parce que la science n'est pas infaillible dans le calcul de la moralité. Du reste, sur quoi appuyez-vous votre opinion? sur ce que le prévenu présente l'apparence d'un entendement sain. Mais est-ce une preuve certaine? nous verrons plus loin, à propos de la folie instinctive en général, ce qu'il faut penser de l'intégrité des facultés intellectuelles en cas d'impulsions morbides. Je le répète, il faut s'en tenir à la doctrine de l'irresponsabilité, si nettement soutenue par Trousseau en matière d'épilepsie. Si on renonce à considérer l'irresponsabilité comme nécessairement liée à l'état de maladie, on laisse le champ libre aux appréciations les plus hasardeuses et les plus arbitraires.

Les crimes qui doivent être mis sur le compte de l'épilepsie sont nombreux et généralement embarrassants. Si un meurtre a été commis sans but, sans motif possible, sans profit, sans préméditation, sans passion, il est à peu près certain qu'il est le fait d'un épileptique. Voilà un prévenu raisonnable et même intelligent, accusé du crime le plus atroce et le plus anormal, accusé par exemple, comme le rapporte Tardieu, d'avoir, sans provocation, plongé son couteau dans le ventre d'un passant inoffensif, on est tenté de ne voir dans cet individn qu'une bête féroce, un scélérat poussé peut-être par la passion du meurtre ou l'attrait d'une célébrité malsaine, et pourtant ce n'est qu'un épileptique victime d'une impulsion irrésistible. Ce qui rend le diagnostic délicat, c'est que la folie épileptique est souvent en quelque sorte insaisissable et ne se prolonge pas au-delà de l'instant nécessaire pour l'accomplissement du fait criminel. Que les juges se méfient donc. Trousseau l'a dit : « C'est l'épilepsie que l'on méconnaît le plus souvent. »

§ 3. — *Du Somnambulisme* (1).

Cet homme qui agit en dormant et qui à son ré-

---

(1) Le somnambule n'est certainement pas un fou, mais à cause du désordre passager que présente son esprit, les auteurs l'ont tou-

veil a perdu le souvenir de ce qu'il a fait pendant son sommeil, est un somnambule. Dans cet état les déterminations de cet homme se produisent sous l'action de la mémoire et de l'imagination qui lui rappellent avec netteté les idées et les actes de la veille. Les sens lui transmettent encore des impressions, le sens du toucher particulièrement, et il se livre avec une grande précision à des actions tout à fait automatiques (1). Il lit, il écrit, il marche librement et vite, en évitant les obstacles; mais il est dirigé seulement par sa mémoire, et si sur son passage on place les meubles de son appartement, quoiqu'il marche les yeux ouverts, il ne les voit pas et se heurte contre eux. Il obéit à ses sentiments d'affection ou de haine; et l'on conçoit qu'il puisse en cet état commettre des actes criminels, mettre le feu, tuer quelqu'un ou se tuer lui-même. Les journaux américains, dit M. Maudsley, ont dernièrement parlé d'un enfant qui pendant son sommeil est monté dans la chambre d'un autre enfant, par une échelle, et l'a tué. Mis en prison, il tomba une nuit dans le même état de somnambulisme, s'empara d'un rasoir et

---

jours assimilé à l'aliéné au point de vue de la question de responsabilité.

(1) Il est un somnambulisme artificiel qu'on appelle *hypnotisme*. A ce sujet voir, dans le *Journal officiel* du 29 avril 1884, le compte-rendu d'une discussion très intéressante de l'Académie des sciences morales, sur un mémoire de M. Liégeois, professeur de droit à Nancy, relatif à *la suggestion hypnotique dans ses rapports avec le droit civil et le droit criminel*.

essaya de tuer un autre prisonnier. — Le somnambulisme, d'après Casper, s'observe surtout chez les enfants, il est rare chez les adultes. Cependant on peut rapporter des cas de somnambulisme des adultes. Maury raconte qu'un somnambule saisit une nuit, dans un accès, sa femme couchée à ses côtés, et voulut la jeter par la fenêtre en criant au feu ! — En 1686, dit Brierre de Boismont, le père de lord Culpeper comparut devant les assises anglaises pour avoir tué, dans un accès de somnambulisme, un garde et son cheval ; il fut acquitté (1). — M. Maudsley cite un cas d'homicide accompli par un somnambule à Glascow, en 1878 ; il prit son enfant dans son lit et lui brisa la tête contre le sol, croyant avoir affaire à une bête féroce qui avait sauté sur le lit pour dévorer son enfant. — Dans la nuit du 1er janvier 1884, un jeune Saint-Cyrien, pris d'un accès de somnambulisme, se jeta par la fenêtre et se fracassa le crâne. — Enfin tous les auteurs ont reproduit le cas fameux raconté pour la première fois par Fodéré, le cas du moine somnambule qui entra la nuit dans la chambre d'un de ses confrères pour l'égorger (2). — Et tant d'autres faits plus fantastiques les uns que les autres, et vraiment dignes de l'imagination d'un Edgar Poë. Aussi ne doit-on pas

---

(1) *Des hallucinations*, 3e édit., p. 338.

(2) Fodéré : *Traité de médecine légale et d'hygiène publique*, 1re partie, section IV.

s'étonner que le théâtre et le roman se soient inspirés du somnambulisme pour nous intéresser par des épisodes dramatiques et saisissants (1).

Il est un phénomène voisin du somnambulisme, que Casper appelle l'*ivresse de sommeil*. C'est cet état de demi-sommeil et de demi-veille qui précède ou suit le sommeil et dont chacun de nous a pu se rendre compte. Ainsi en ivresse de sommeil on voit et on entend, on peut même agir, mais les impressions ne sont qu'illusoires et peuvent avoir des conséquences déplorables. Pendant le demi-sommeil, aux objets réels se mêlent les fantômes du rêve naissant; pendant la demi-veille, les objets réels nous apparaissent encore enveloppés des nuages de la nuit. « Un matin en m'éveillant, dit Spinoza dans une de ses lettres, juste au point du jour, et sortant d'un pénible cauchemar, je vis flotter devant mes yeux, aussi distinctement que si elles avaient été la réalité, les images que j'avais aperçues dans mon rêve. Une d'elles, en particulier, celle d'un nègre lépreux que je n'avais vu de ma vie, se présentait à moi avec une étonnante netteté.... Peu à peu elle s'effaça et tout d'un coup elle disparut entièrement. » Lorsque le réveil est brusque, l'exercice des sens n'est pas de suite libre et complet, et la confusion du rêve avec la réalité peut être la cause d'un acte

(1) Voir : *Le meurtre d'Albertine*, par M. Henri Rivière, dans la *Revue des Deux-Mondes*.

criminel. Marc (cité par M. Maudsley) rapporte le cas d'un certain Bernard Schedmaizig qui, s'éveillant soudain un soir, crut voir devant lui un horrible fantôme; il lui cria deux fois : « Qui est là? » Ne recevant aucune réponse, il saisit une hachette, marcha sur le spectre et tua sa femme. — Un homme, raconte Casper, rêvant qu'il se battait avec un loup, tua d'un coup de couteau l'ami qui était couché à côté de lui. — Un soldat, dit Tardieu, entendant sonner la diane, crut à une soudaine attaque de l'ennemi, saisit ses armes et frappa ceux qui l'entouraient. — MM. Briand et Chaudé citent le cas de ce jeune homme descendu dans un hôtel de Lyon, dans la nuit du 1er janvier 1843; tout à coup il se réveille en sursaut, il pousse des cris, l'hôtelier se présente, il se jette sur lui et lui fait de profondes blessures; on l'arrête, il affirme qu'il a vu et entendu l'aubergiste tuer deux personnes dans la chambre voisine et qu'il a voulu courir à leur secours; une ordonnance de non-lieu fut rendue en sa faveur. — Taylor raconte qu'un marchand dormait dans la rue, ayant à la main une canne à épée; réveillé par un passant, il se précipite sur lui et le blesse mortellement. — Certes voilà des cas bizarres qui peuvent parfois devenir embarrassants pour les magistrats et les jurés (1)!

RESPONSABILITÉ DES SOMNAMBULES. — Dans l'ancien

(1) Consultez sur le somnambulisme : M. Maudsley (*Pathologie de l'Esprit*, p. 54 et suiv.).

droit, tous les auteurs assimilaient à ce point de vue le somnambule à l'aliéné, suivant en cela les traditions du droit canon. Ils étaient irresponsables des crimes et des délits qu'ils commettaient durant le sommeil; *dormiens furioso æquiparetur* (Tiraqueau). Toutefois certains auteurs les déclaraient responsables lorsque les actes criminels étaient la conséquence de leur imprudence. Ainsi Lebrun et Muyart de Vouglans étaient d'avis que celui qui était accoutumé à se lever tout endormi, devait être puni du crime par lui commis, s'il n'avait pris la précaution de se faire enfermer ou de faire coucher quelqu'un auprès de lui. Mais Zacchias pensait qu'en l'espèce il devait être frappé, non de la peine du crime, mais seulement d'une peine légère proportionnée à sa faute (1). Fodéré alla plus loin, il considéra les actes d'un somnambule comme le résultat des idées de la veille et dès lors soutint qu'il fallait les juger comme accomplis en connaissance de cause. « Il me semble, dit-il, qu'un homme qui aurait fait une mauvaise action durant son sommeil ne serait pas tout à fait excusable puisque, d'après le plus grand nombre des observations, il n'aurait fait qu'exécuter les projets dont il se serait occupé durant la veille... Si cet homme commet un crime et que sa vie soit suspecte, on peut, ce me semble, considérer

(1) Voyez : *L'aliéné au point de vue de la responsabilité pénale*, par M. Lelorrain, Vienne, 1882, p. 12.

ce crime comme une conséquence naturelle des mauvais principes de ses idées et juger cette action d'autant plus libre qu'elle a été commise sans aucune gêne, sans influence quelconque. Loin de considérer ces actes comme un délire, je les regarde comme les plus indépendants qui puissent être dans la vie humaine (1). » C'est le raisonnement de cet empereur romain envoyant au supplice un homme qui avait rêvé de l'assassiner : « Si tu n'avais pas pensé pendant le jour à me tuer, disait-il, tu n'y aurais pas rêvé pendant la nuit. »

On a heureusement fait justice de cette théorie inhumaine. Comment affirmer que le crime est exécuté durant le sommeil conformément à un projet formé pendant la veille? En admettant même que l'auteur du fait ait agi d'après un plan antérieurement arrêté, il faut, pour qu'il soit responsable, qu'il y ait concours simultané, et non successif, de l'acte avec l'intelligence et la volonté. Or le somnambule n'a plus ni la conscience ni la liberté qui sont les éléments indispensables de l'imputabilité d'un fait. Le somnambule n'est pas plus responsable qu'un maniaque; ses actes sont la conséquence de ses conceptions délirantes, qui ont elles-mêmes pour cause le rêve ou le cauchemar. Un rêve ne peut pourtant pas servir de base à la criminalité, et à supposer que ce rêve réflète les pensées criminelles de la veille,

---

(1) *Op. cit.*

« par quelle échelle de présomption arriver à punir une intention présumée? » (MM. Chauveau et Faustin Hélie.)

L'homme *ivre de sommeil* n'est pas précisément un somnambule, mais je n'hésite pas à l'exonérer comme celui-ci de toute responsabilité. Dès que le sommeil s'est emparé quelque peu des sens ou tant qu'il ne leur a pas rendu leur entière liberté, la conscience des actes n'est pas nette. L'homme n'est pas dans des conditions de liberté morale semblables à celles où il se trouverait dans l'état de veille parfaite; la lumière de la raison n'est pas franche. Direz-vous que sa responsabilité est en tout cas partielle? Mais comment allez-vous calculer le quantum de conscience qu'il a recouvré? Son esprit est encore partiellement en proie à un délire temporaire; comment mesurer le degré de ce délire et son effet sur la liberté morale (1)?

II.

Phénomènes généraux propres aux maladies mentales.

Des hallucinations. — L'hallucination est un phénomène purement sensoriel. Mais les sensations qui la produisent ne sont que fictives; le malade croit les éprouver quoique ses sens ne soient réellement

(1) Consultez : M. Maudsley (*Le crime et la folie*, p. 236 et suiv.).

pas affectés par les objets extérieurs, il voit mais non par les yeux, il entend mais non par les oreilles « il rêve tout éveillé », dit Esquirol.

La loi de communication entre la vie intérieure et la vie extérieure, nous la connaissons : une *impression* quelconque éveille les sens, le système nerveux éprouve une *sensation* et cette sensation transmise au cerveau se transforme en *idée* par le travail de l'esprit. Or l'hallucination est une exception à cette loi car la sensation est spontanément perçue en l'absence de toute impression. L'halluciné voit un être réel et cependant il est aveugle, ou bien personne n'est devant ses yeux, ou encore il fait nuit autour de lui; il entend des voix et cependant il est sourd ou bien aucun son ne frappe son oreille; il sent une odeur nauséabonde ou délicieuse et pourtant l'air n'est imprégné d'aucune puanteur ni d'aucun parfum; il se sent touché par une main invisible et pourtant aucun être n'est en contact avec lui; il ressent une douleur et pourtant son corps n'a éprouvé aucune lésion ou affection ; une femme se figure qu'on la viole et pourtant aucun homme n'est près d'elle; celui-ci se croit changé en animal, en fumée, ou bien il nie son existence, il se croit mort; celui-là croit être habité par un autre individu auquel il est forcé d'obéir; cet autre est en proie aux hallucinations de plusieurs sens à la fois.

La marche de ce phénomène est remarquable. Les premiers accès passent quelquefois inaperçus, puis devenant plus fréquents et plus intenses, le malade se tourmente et se plaint de leur obsession. Néanmoins il doute encore, sa raison combat ces fausses sensations. Mais un jour arrive où, malgré lui, il les accepte, et bientôt il y croit. Alors, sous ce travail morbide de la pensée, il peut se produire deux états bien différents chez le malade : ou il est anéanti par ses idées fixes, il est plongé dans une sorte de stupeur, il est absorbé, taciturne, esquive les questions qu'on lui pose, fuit ses semblables, cause avec son bourreau invisible, l'interpelle, le supplie ; ou bien il devient agité, violent, il veut se défendre contre son adversaire imaginaire, il l'invective, il va se plaindre à la police, à la justice et, puisqu'on ne vient pas à son aide, il frappe lui-même. Il est alors très dangereux ; poussé à bout et voulant faire disparaître les tortures qu'il endure, il n'hésite pas à tuer le premier venu qu'il prend pour son fantôme, ou bien il se détermine au suicide.

L'hallucination ne se rencontre pas d'ailleurs que dans l'état de folie ; l'halluciné n'est pas forcément un aliéné. Gœthe qui voyait pousser des fleurs idéales sur des bourgeons fantastiques ; Walter-Scott qui voyait apparaître dans les plis d'une draperie son ami Byron après sa mort ; Pascal qui, depuis sa chute dangereuse au pont de Neuilly, voyait toujours un précipice devant lui ; Andral qui crut voir un cadavre étendu dans la chambre où il était couché ; ce magistrat anglais qui fut obsédé successivement par un gros chat, par un huissier de la Chambre et par un squelette ; tous étaient des hallucinés mais non des aliénés. Le fou halluciné croit à la réalité des apparitions et cette croyance sert de base à ses jugements et à ses déterminations. La raison de l'halluciné non aliéné est intacte ; elle se rend compte de la fausseté des visions, elle les interprète, elle jouit de toute sa liberté. L'imagination est seulement surexcitée outre mesure, et cette excitation cérébrale peut produire en même temps les plus sublimes inspirations. C'est pourquoi il y a une part de vérité dans cet aphorisme souvent répété, que le génie confine à la folie ; et cela explique la fréquence de l'hallucination chez les grands hommes. Socrate, Lucrèce, Mahomet, Luther, Byron, Cromwell, le Dante et tant d'autres ont eu des hallucinations. D'ailleurs, l'hérédité nous montre le grand homme né de l'aliéné et l'aliéné né du grand homme (1).

Les hallucinations ne se rencontrent pas forcément chez tout aliéné ; mais il est certain qu'elles existent dans la plupart des cas de folie. « On peut affirmer, dit Marc (cité par M. Legrand du Saulle), que la plupart des actes bizarres, singuliers, répréhensibles, dangereux, criminels des aliénés, dépendent dans le plus grand nombre des cas où ils paraissent inexplicables, d'hallucinations ou d'illusions cachées. » Esquirol qui, le premier, nous les a fait

(1) V. M. Ribot : *De l'hérédité.*

connaître, les a rencontrées quatre-vingts fois au moins sur cent. Ainsi, il est peu de maniaques, peu de monomaniaques qui ne soient hallucinés. « Les hallucinations, dit Casper, surtout celles de l'ouïe, qui poursuivent l'aliéné, en lui criant : « Tu dois le faire », sont souvent la dernière cause, quelquefois même la seule, qui fait commettre le crime, lorsque l'entraînement de plus en plus pressant devient irrésistible (1). »

Chabert, l'auteur de l'attentat contre le docteur Rochard, avait rendu visite, il y a deux ans, à M. Lockroy, pour obtenir de lui un emploi d'ouvrier mécanicien. Celui-ci n'ayant pu combler les désirs de ce malheureux, reçut de Chabert, peu de temps après, ces mots : « *Des voix m'ordonnent de tuer un sergent de ville.* Je vous préviens que demain matin il y aura un sergent de ville de moins sur la terre. » Le préfet de police, prévenu, fait saisir Chabert. On le met à l'asile de Ville-Evrard d'où il s'évade avec l'intention de tuer M. Lockroy, qu'il accuse de sa séquestration. Le 26 septembre 1883, il va chez ce député qui heureusement était absent. Désappointé, Chabert redescend les Champs-Elysées. « C'est alors,

---

(1) *Op. cit.*, p. 268. — Parcourez tous les exemples rapportés par M. Legrand du Saulle dans son *Traité de méd. lég.*, p. 760 et suiv. — V. aussi M. Maudsley (*Pathologie de l'Esprit*, p. 395-399). Il cite entre autres cas celui d'une hallucination de l'odorat dont était atteint un vieux gentleman qui croyait que des mauvaises odeurs émanaient de son corps et causaient de grands désagréments à tous ceux qui l'approchaient.

dit-il, *que j'entendis une voix me crier : tue un homme !* et que je déchargeai mon revolver sur le docteur Rochard. »

Enfin on trouve parfois l'explication d'homicides subits commis sur la voie publique, dans ce fait que l'halluciné exaspéré par les menaces ou les injures de ses *invisibles*, se décide un beau jour à sacrifier le premier venu à sa vengeance pour effrayer ses persécuteurs et leur donner à réfléchir.

Des illusions. — Elles peuvent exister seules ou associées à des hallucinations. L'illusion diffère de l'hallucination en ce qu'elle suppose une impression réelle. Il y a impression externe mais il y a en même temps fausse interprétation de cette impression par le cerveau malade, ce qui conduit à une perception fictive; tandis que l'hallucination n'est qu'une sensation sans impression. L'illusion, a dit le docteur Lasègue, est à l'hallucination, ce que la médisance est à la calomnie.

Comme l'hallucination l'illusion peut se rencontrer chez une personne d'ailleurs parfaitement raisonnable. C'est ainsi qu'en descendant un cours d'eau, le rivage paraît fuir; mais c'est là une illusion que la réflexion dissipe bien vite.

Les illusions qui nous intéressent sont celles qui se rencontrent dans la folie. Or il n'est pas un sens qui ne puisse faciliter leur production. Celui-ci voit un inconnu, il reconnaît un ami ; il prend des cailloux pour des pierres précieuses; il réclame sa femme ou son enfant et s'ils viennent à lui il déclare que ce ne sont pas eux. Celui-là perçoit dans chaque bruit qui frappe son oreille une injure ou une menace ; en entendant la corne du tramway, il croit entendre une voix qui lui dit « cochon » (M. Bra). Cet autre croit avaler du poison et il dénonce à la police des empoisonnements dont il accuse ses parents, ses amis, ses domestiques. Cette femme se dit enceinte, celle-ci éprouve pendant la nuit les douleurs de l'enfantement, cette autre les caresses lascives des jeunes gens.

D'après M. Legrand du Saulle, les illusions determinent plus souvent peut-être que les hallucinations, des attentats contre les personnes. « Un monsieur reçoit la visite d'un de ses amis; il le prend pour un malfaiteur et se précipite sur lui..... Un alcoolique placé dans mon service de Bicêtre, avait aussi tué un de ses amis par suite de ces illusions de la vue, si fréquentes dans l'intoxication par l'alcool (1). »

Si j'ai dit quelques mots des hallucinations et des illusions, c'est pour attirer l'attention des juges sur ces phénomènes qui, dans l'appréciation de cas embarrassants, peuvent leur être d'un grand secours.

---

(1) *Op. cit.*, p. 782.

III.

Maladies mentales proprement dites.

§ 1er. — *Manie* (1).

Il s'agit d'un état d'esprit dans lequel il y a insanité de la pensée, folie avec délire. C'est la *folie intellectuelle* ou *folie des idées* de M. Maudsley, par opposition à la *folie affective*. La folie intellectuelle ou manie peut être générale c'est-à-dire que le désordre de la pensée est général, ou partielle c'est-à-dire que le désordre semble limité à un seul point. Ici nous entendons par manie le désordre général.

Le maniaque est un fou universel, dans tous les cas en proie à un délire général. C'est bien le type le plus exact du fou, tel que le conçoit le commun des hommes. « Ses idées pullulent, se succèdent, se pressent avec une rapidité inconcevable, n'offrant entre elles nulle suite, nulle liaison, nul ensemble. Les mots détachés ne rappellent que des images confuses ; la mémoire n'obéissant plus qu'à une excitation maladive évoque pêle-mêle tous les souvenirs dont l'affluence encombre, pour ainsi dire, le cerveau. La volonté sans cesse entraînée perd toute espèce de pouvoir, et l'attention incessamment distraite par la nouveauté et la multitude des impressions exté-

(1) Le mot *manie* dérive d'après Esquirol de μηνη lune ; les Latins ont fait *lunaticus*, les Anglais *lunatics* (M. Lelorrain, *op. cit.*, p. 18, à la note).

rieures et intérieures, ne peut plus se fixer sur aucun objet. Le maniaque passe dans la même seconde de la joie à la tristesse, de la colère à la gaieté, riant, pleurant, tempêtant tout à la fois; ses chants, ses cris, ses gestes tumultueux, sa loquacité intarissable, tout en lui dénonce une violente exaltation des centres nerveux encéphaliques. Les forces physiques sont doublées, triplées, et semblent ne devoir jamais s'épuiser. Tel malade va, vient, marche à pas précipités, depuis le matin jusqu'au soir, se livre pendant des semaines et des mois entiers aux actes les plus désordonnés sans témoigner la moindre lassitude et sans trouver le repos dans un instant de sommeil. » (Calmeil).

Chez les hystériques, chez les épileptiques, la volonté est impuissante et entraînée par une impulsion instinctive, sans qu'il y ait en apparence délire. Chez le maniaque, c'est tout le contraire, il y a délire général, mais souvent ses actes sont le résultat certain de sa volonté; en sorte que c'est le délire au moment de l'acte et non l'impuissance de la volonté qu'il s'agit avant tout de prouver pour établir son irresponsabilité.

Il est une forme de la manie que certains auteurs ont appelée *manie transitoire*. Il s'agit d'un trouble brusque des facultés intellectuelles chez un individu sain d'esprit avant l'accès, trouble se traduisant par de la fureur ou du délire aigu, compliqué d'hallucinations et d'illusions sensorielles, et cessant au bout de quelques instants pour ne jamais plus reparaître. Cette folie est sans cause appréciable pour la masse, qui ne peut comprendre ce passage subit de la raison à la folie et ce retour non moins subit de la folie à la raison; mais cette instantanéité n'est en somme et au fond qu'apparente et ne trompe pas le médecin. Tout individu chez qui l'idée d'un crime a surgi brusquement, irrésistible au point de subjuguer sa volonté, n'était pas sain d'esprit; ses antécédents, ses penchants, ses goûts, des habitudes d'isolement, des idées de suicide constituaient chez lui une prédisposition et sa raison en était esclave au moment de l'explosion de l'idée criminelle; chez lui, selon l'expression de Lélut, la folie était encore de la raison, comme la raison était déjà de la folie (1). Mais il se peut que ces antécédents, ces penchants, ces goûts, cette prédisposition en un mot ne soit pas appréciable, que l'accès de manie éclate comme la foudre, que l'intelligence s'obscurcisse un instant puis retrouve sa lucidité pour ne plus jamais la reperdre. Cas rares assurément mais dont la possibilité doit être reconnue. Pourquoi, en effet, n'en serait-il pas des affections mentales comme des affections physiques? d'autant, nous le savons, que la folie est une maladie corporelle. On parle sans cesse de morts subites, d'apoplexies foudroyantes, pourquoi

(1) Devergie : Où commence la folie, où finit la raison, dans la folie transitoire homicide (*Ann. d'hyg. et de méd. lég.*, avril 1859).

n'y aurait-il pas aussi des folies foudroyantes ? « Il est, disait un magistrat illustre (Bellart, cité par MM. Briand et Chaudé), des fous que la nature a condamnés à la perte éternelle de leur raison, et d'autres qui ne la perdent qu'instantanément ; il n'est de différence entre ces deux folies que celle de la durée. »

Casper ne partage pas l'opinion de la majorité des auteurs sur la manie transitoire, il refuse à ce trouble subit et passager un nom spécial, les honneurs d'un groupe à part ; il ne voit là qu'un accès de manie qui ne diffère de la manie ordinaire que par la durée. M. Legrand du Saulle va plus loin, il déclare que ces cas de prétendue manie transitoire rentrent cliniquement dans l'épilepsie (1). Quoi qu'il en soit, ce qu'il était intéressant pour nous de noter, c'est que la folie peut être foudroyante : qu'un individu sain d'esprit, calme, honnête, qui tout à coup se précipite sur autrui sous l'impulsion d'un accès de fureur passagère, peut n'être qu'un aliéné.

La manie avec fureur, la manie aiguë fait place ordinairement à un état plus calme mais continu, qu'on peut appeler *manie chronique* et qui mène insensiblement à la démence complète. Mais parfois la manie revêt une forme *intermittente.* Le malade passe alternativement par des états d'excitation et de

---

(1) Casper : *op. cit.*, p. 331. — M. Legrand du Saulle : *op. cit.*, p. 787.

rémission, et même à l'excitation peut succéder une véritable dépression mélancolique. Il y a comme un flux et un reflux du mal, à marche le plus souvent périodique et quelquefois suffisamment régulière pour qu'on puisse annoncer un accès à jour fixe. Broussais a cité l'observation d'une dame qui depuis trente années avait une attaque annuelle de folie d'une durée de trois ou quatre mois. Elle en pressentait le retour et se rendait elle-même dans une maison de santé (1). Entre des attaques d'excitation et de dépression ou entre deux attaques d'excitation peut se placer un moment de lucidité, c'est-à-dire une période de sanité d'une durée variable. Dans l'étude de la responsabilité des aliénés, la valeur des *intervalles lucides* est un des problèmes intéressants. Suffit-il d'une simple rémission du mal ou faut-il une guérison passagère mais complète pour déclarer responsable l'auteur d'un acte criminel commis dans cet intervalle ? Nous examinerons cette question plus tard ; si je la signale en passant, c'est que la manie est justement une des formes de la folie dans lesquelles les intervalles lucides se présentent le plus fréquemment.

Responsabilité des maniaques. — Ici la question médico-légale ne présente aucune difficulté. Le maniaque, qu'il y ait fureur ou simple délire, n'est

---

(1) Broussais : *De l'irritation et de la folie*. — V. aussi M. le Dr Targuet : Sur le délire intermittent (*Ann. méd. psych.*, 1882, t. VII, p. 208).

plus capable de juger et de se déterminer ; il n'a pas conscience de ses actes, dès lors s'il vient à commettre un acte criminel, aucune responsabilité ne saurait l'atteindre. D'ailleurs, comme le dit M. Maudsley, « il est rare qu'une question de responsabilité s'élève à propos de la manie générale, car le désordre mental est alors patent, » c'est peut-être la seule manifestation de la folie pour le diagnostic de laquelle il est permis d'avancer que tout homme ayant le sens commun est aussi compétent qu'un médecin. Aussi, quoique la manie soit l'espèce de folie la plus fréquente, (les maniaques forment à eux seuls le cinquième des malades qui peuplent les asiles d'aliénés), c'est elle qui se présente le plus rarement devant les tribunaux criminels. Ce n'est pas que les maniaques ne se rendent jamais coupables d'attentats sur autrui ; bien loin de là, car dans leurs accès de délire, la fureur qui est, selon l'expression de Marcé, la colère du maniaque, les entraîne aux excès les plus terribles, d'autant qu'elle est accompagnée généralement d'hallucinations et d'illusions sensorielles ; mais, je le répète, cette folie universelle présente des indications si simples et si précises qu'elle est facilement appréciable aussi bien par l'officier de police et le juge d'instruction que par l'homme de l'art.

§ 2. — *De la Démence.*

La démence tient une large place dans l'étude de

l'aliénation mentale, car non seulement elle peut exister comme type primitif, mais encore elle est le terme auquel aboutissent toutes les formes de la folie; c'est le dernier degré de la dégénération organique.

Le mot démence en jurisprudence est pris comme synonyme de folie (a. 489 du Code civil, et 64 du Code pénal). Ici il faut lui restituer le sens propre qui lui appartient dans le langage de la médecine mentale.

Pinel déclare que la démence est l'extrême affaiblissement des facultés intellectuelles. D'après Esquirol elle est caractérisée par l'affaiblissement de la sensibilité, de l'intelligence et de la volonté; et cet auteur ajoute : « l'homme en démence est privé des biens dont il jouissait autrefois; c'est un riche devenu pauvre. » En d'autres termes la démence signifie déchéance intellectuelle; c'est la faillite et la ruine définitive d'un esprit jadis riche. Ce qui manque dans la démence c'est la liaison, la suite des idées, en un mot le raisonnement qui fait place à un désordre de la pensée et du langage, général, continu et permanent. Bien entendu la maladie peut être plus ou moins générale, plus ou moins complète. Au début le dément est un individu qui, comme le Ménalque de La Bruyère, entreprend vingt choses qu'il interrompt pour passer à d'autres; il ouvre sa porte pour sortir et il la referme; il se marie le matin et l'oublie le soir. La démence aiguë c'est alors le chaos de l'esprit. Pinel en a donné un exemple saisissant(1). Et il est triste de penser que ce grand observateur finit sa vie précisément dans cet état. « Il n'est que trop vrai, dit Cuvier, que sur la fin de sa vie, Pinel sentit par degrés approcher un état qu'il avait si souvent étudié dans les autres..... Ce n'était plus qu'un souvenir, mais le souvenir d'un beau génie et d'un excellent homme (2). »

Le dément arrive bientôt à ne plus comprendre les questions qu'on lui adresse et à ne pouvoir y répondre ; aussi devient-il absolument indifférent à ce qui se passe autour de lui, et c'est bien de lui, plus encore que de l'homme juste qu'on peut dire :

> Si fractus illabatur orbis
> Impavidum ferient ruinæ.

Responsabilité des déments. — Le dément peut présenter un état d'excitation très grande qui se traduit par des actes violents, agressifs, destructifs, criminels même. Mais il agit sans s'en rendre compte, car l'entendement est détruit par la maladie et la volonté impuissante. Ce n'est pas qu'il subisse une impulsion instinctive et irrésistible, mais il agit comme un grand enfant, sans conscience ni sens moral. L'irresponsabilité du dément ne peut faire de doute. Si quelque difficulté peut se présenter, c'est lorsqu'il s'agit de la démence *sénile*. La justice a en effet souvent à connaître d'outrages publics à la

(1) *Traité médico-philosophique sur l'aliénation mentale*, p. 179.

(2) Éloge de Pinel.

pudeur ou d'attentats sur des petites filles que commettent des vieillards entraînés par l'instinct génésique (1). Les mauvaises passions se ravivent à mesure que l'intelligence s'affaisse. Mais j'estime qu'il ne peut être question de responsabilité parce que chez le dément sénile l'instinct seul est maître ; en tous cas il est impossible d'apprécier quelle somme de résistance morale il pouvait lui opposer.

§ 3. — *De la Paralysie générale.*

C'est à Bayle, un des contemporains d'Esquirol, que l'on doit le premier groupement sous ce nom d'un certain nombre de cas spéciaux de folie. La paralysie générale consiste en somme en la simultanéité des désordres moteurs et mentaux qui conduisent peu à peu à une décrépitude anticipée. Elle débute par une apoplexie subite, elle se traduit ensuite par des troubles pupillaires, l'hésitation de la parole, l'engourdissement, le tremblement, l'affaiblissement du corps et de l'esprit. Puis un beau jour elle se complique d'un accès de manie, avec délire des grandeurs, des richesses, de l'ambition, etc.; les rémissions deviennent de plus en plus rares et la démence est la dernière étape de la maladie. On discute encore sur la cause la plus fréquente de ce

---

(1) V. Tardieu : *Etude médico-légale sur les attentats aux mœurs.*

mal, mais il semble à peu près certain qu'il faut l'attribuer aux excès sexuels (1).

Responsabilité des paralytiques généraux. — Lorsque la démence du fou paralytique est complète, le cas n'est pas embarrassant, mais il n'en est pas de même lorsque le délire fait sa première apparition, et surtout lorsque la folie est à l'état latent. Avant son éclosion, en effet, il se produit dans le caractère et les idées de la future victime des modifications sensibles, capables de l'entraîner à des actes inexplicables. Cet individu, en apparence raisonnable, qui continue sa vie mondaine, et joue son rôle social, qui tout au plus paraît animé d'une ambition excessive, qui recherche les grandeurs, qui fait des dépenses folles, qui conçoit des entreprises gigantesques, couve le germe du mal ; et un beau jour il est accusé d'abus de confiance, d'escroquerie, de faux ; ou bien se reconnaissant puissant et s'octroyant tout pouvoir, il répond à ceux qui lui résistent par des injures ou des actes de violence. Je crois donc qu'il est utile de mettre le juge sur ses gardes. Si l'accusé de vol ou d'abus de confiance se dit immensément riche, prétend avoir fait des emprunts ou reçu des restitutions

(1) Sur la paralysie générale, consultez : M. Legrand du Saulle (*op. cit.*, p. 804-824) ; Tardieu (*op. cit.*, p. 227-233) ; MM. Briand et Chaudé, (*op. cit.*, p. 566-568) ; Calmeil (*De la paralysie considérée chez les aliénés*) ; Falret (*Recherches sur la folie paralytique*) ; Dr Lasègue (*De la paralysie générale*) ; M. Maudsley (*La pathologie de l'esprit*, p. 458-471).

légitimes et nie avoir volé ou abusé de la confiance d'autrui, s'il a entassé au hasard les fruits de son vol dans une cachette qu'il ne sait indiquer, si on découvre quelque maladresse ou imprévoyance dans l'exécution de son entreprise coupable, ce sont là autant d'indices qui doivent éclairer les juges et les mener à la découverte de la maladie. Voilà un individu accusé d'un attentat à la pudeur; il avait toujours eu des habitudes régulières, des mœurs irréprochables, tout à coup il s'est adonné à la débauche et maintenant le voilà en Cour d'assises. Eh bien! son passé réprouve sa conduite obscène et criminelle; il y a là un contraste frappant qui pourrait bien être la preuve d'un état morbide.

Les juges croient peu à l'insanité d'esprit en pareil cas, et des condamnations bien regrettables sont là pour le prouver. L'individu n'a jamais déliré, il n'a pas cessé un seul instant de vivre dans la société, de se livrer à ses affaires, il a toutes les apparences de l'intelligence et de la raison, comment prendre pour un acte délirant ce vol, cette escroquerie, ce faux, cet outrage public aux mœurs? Qu'ils prennent garde et pour éviter un déni de justice qu'ils se rappellent sans cesse ces mots de M. Legrand du Saulle, qui sont comme la clef de la plupart des problèmes mentaux: « L'homme est malade dès qu'il vient à différer de lui-même. » Si donc le médecin expert déclare que le prévenu n'est pas dans son état normal, s'il reconnaît d'après certains signes, les débuts d'une paralysie générale, les juges ne doivent pas hésiter, ils doivent franchement admettre l'irresponsabilité, sans se demander si ce ne serait pas le cas d'appliquer une peine proportionnelle à un prétendu degré de discernement qu'il n'est pas possible d'apprécier. « Nous ne saurions admettre, dit M. Lelorrain, pas plus ici qu'ailleurs, cette théorie de la responsabilité partielle, par ce motif, que l'on est dans l'impossibilité d'affirmer que le crime commis, par un homme atteint d'un commencement de paralysie générale, n'a pas eu pour mobile une idée délirante (1). » Je suis absolument de l'avis de ce jurisconsulte et médecin, et je conclus comme lui, à l'irresponsabilité absolue du paralytique général, à toutes les périodes, dans la première comme dans la dernière.

§ 4. — *Des Délires monomaniaques ou Folie partielle.*

Se basant sur la théorie psychologique de la séparation des facultés de l'âme, les anciens auteurs conçurent une doctrine des maladies de chacune des facultés. C'était la doctrine des *monomanies*. Mais la science se détachant de la psychologie pour n'être plus que la science, renversa cette doctrine erronée. C'est à Falret père que revient cet honneur. Les fa-

(1) *Op. cit.*, p. 43.

cultés de l'esprit sont en effet solidaires les unes des autres et toutes doivent être affectées plus ou moins par l'existence d'une idée délirante. « On n'admet plus, dit M. Legrand du Saulle, que l'idée délirante soit unique et isolée, mais bien que l'idée prédominante se détache sur un fond généralement et primitivement altéré (1). » Elle repose sur une disposition générale pathologique, elle se développe sur un état maladif constant et à elle seule attire toute l'attention. Ce n'est cependant pas l'avis de Casper, qui déclare que « sous tous les autres rapports il (l'esprit) a son libre essor, il paraît et il est réellement sain (2). »

C'est cette importance spéciale d'une idée délirante qui permet de dire que dans la monomanie le délire est partiel au lieu d'être général comme dans la manie.

Ce délire partiel n'est que l'éxagération de l'idée fixe. Celle-ci peut conduire en effet à des actes graves. Tout d'abord elle prend naissance, à l'occasion d'une émotion vive, chez un individu qui tient à une ascendance cérébrale ou qui est disposé à une lésion cérébrale. Cet individu pense souvent à son idée, il la discute, il en est préoccupé, puis bientôt obsédé. Il se fait une raison, il lutte car il comprend ce qu'il y a de déraisonnable dans ses pensées. Mais l'incu-

(1) *Op. cit.*, p. 792.

(2) *Op. cit.*, p. 348.

bation de l'idée fixe continue. Ce n'est pas encore le délire, mais où placer la limite ? on la déterminerait difficilement, mais le malade la passe aisément, et dès lors le délire partiel est absolu ; c'est un monomane. Vous raisonnez en vain ce malheureux, il reste convaincu ; il est d'une ténacité inouie, il interpréte tout dans le sens de son idée fixe. Casper nous donne un exemple vraiment curieux de ce passage de l'idée fixe au délire. « Un jeune homme, dit-il, était étudiant en médecine et réussissait parfaitement dans ses études, mais il était atteint de l'idée fixe qu'il rougissait toujours et que dans la rue tout le monde riait en voyant son infirmité. Il venait me voir souvent et je remarquai que sa maladie augmentait, alors prévoyant quelque malheur, je lui conseillai de se peindre la figure en rouge, de cette manière personne ne pourrait voir sa prétendue infirmité ; il reçut ce conseil avec joie et le mit à exécution. Pendant quelque temps il se trouva soulagé ; mais un jour il accourt chez moi et s'écrie « cela traverse ! » L'idée fixe avait repris le dessus, le malheureux s'imaginait que la couleur de ses joues se voyait à travers la couleur dont il s'était peint. A partir de ce moment la maladie alla à grands pas et ce malheureux jeune homme, ne pouvant résister à ses tourments, se suicida (1). »

Pour qu'on ne sache pas qu'ils ont le cerveau

(1) *Op. cit.*, p. 349.

malade, certains ne parlent pas de leur idée fixe. Il faut s'en méfier, car un jour ils commettent un acte criminel et le cas devient difficile à juger, un déni de justice est à craindre.

Chez le délirant partiel il y a des périodes de lucidité apparente, et s'il est interrogé pendant un de de ces intervalles, il risque d'être condamné. Et pourtant le délire partiel est grave, il est moins curable que les délires généraux.

Mélancolie (1). — C'est le délire partiel dépressif. Pinel la définit : un délire partiel avec abattement, tristesse, penchant au désespoir. Le délire mélancolique est le résultat d'une dépression morale, dépression qui provient soit d'une cause réelle d'affliction, soit d'une hallucination ou d'une illusion qui présente cette cause comme réelle à l'esprit du malade. La mélancolie peut apparaître subitement à la suite d'une émotion violente. Mais le plus souvent elle s'empare peu à peu du malheureux qui est sujet aux peines, aux craintes, aux soucis, aux fatigues de l'esprit. Le malade devient insensiblement misanthrope, c'est-à-dire méfiant et amoureux de la solitude, ou bien ne pensant qu'à ses malaises physiques et les exagérant il devient hypocondriaque, ou encore ses moindres fautes sont à ses yeux des crimes et par crainte de l'enfer, voire même de l'échafaud, il se plonge dans la religion. Ses idées tristes le

(1) Esquirol disait *lypémanie*.

rongent, c'est la ruine, le déshonneur. En vain cherchez-vous à le raisonner, à lui démontrer la fausseté de ses conceptions délirantes, il ne répond pas, n'écoute pas, il songe à ses peines et souffre de ne pouvoir s'y soustraire. Et c'est cette impuissance qui surtout l'affecte; il se sent trahi par sa volonté, il sent qu'il n'a pas assez d'énergie pour s'affranchir de ses malheurs imaginaires. Mais si son corps devient inerte, immobile, il n'en est pas de même de son esprit qui est entretenu par les hallucinations et les illusions dans une suractivité incroyable. Les lypémaniaques habitent, dit M. Ball, « une cité imprenable, contre laquelle viennent se briser les bruits de l'extérieur et au-dedans de laquelle se joue quelquefois un drame épouvantable. » Un malade de Baillarger a confessé, pendant sa convalescence, qu'il était en enfer, Charenton étant le lieu de supplice; on torturait ses parents à ses côtés, le sang coulait à flots et les baignoires se transformaient à ses yeux en instruments de torture.

Cette stupeur, cette inertie peuvent se transformer au bout de quelque temps en véritable démence (1). Elle peut aussi cesser tout à coup; cet esprit abattu, impuissant, prend une décision subite sous l'effet d'une conception délirante, mais malheureusement cette résolution est le plus souvent terrible: il va

(1) Le Dr Mairet, dans un ouvrage intitulé : *De la démence mélancolique* (Paris, 1883) cherche à établir un nouveau type morbide.

tuer sa femme ou ses enfants qu'il aime. Quoi qu'il en soit, il est fier d'avoir pris un parti, car il y a longtemps qu'il n'avait été capable d'initiative ; il est soulagé et c'est dans un état de quiétude relative qu'il prépare minutieusement l'exécution de son projet (1). Et ces résolutions subites sont d'autant plus redoutables que l'attitude habituelle de ces malheureux n'inspire aucune mesure de précaution. Il est utile aussi de noter que les aliénés de cette catégorie savent le plus souvent dissimuler leur état pendant un certain temps et même se dérober habilement aux recherches, en expliquant au besoin avec adresse tel de leurs actes qui peut paraître bizarre.

Délire religieux. — Si on interroge l'histoire, on rencontre à l'origine le délire religieux ; on parle de la colère des dieux infernaux. Au moyen-âge c'est la crainte des sorciers et des loups-garous. De nos jours il y a encore des délirants religieux, d'après M. Legrand du Saulle. Un tel tue un passant parce qu'il entend Dieu qui lui commande de le tuer. Celui-là entend la voix de Dieu qui lui commande d'immoler son enfant, il l'immole. Un autre aperçoit la Vierge qui lui dit d'aller avertir Louis XVIII qu'il sera assassiné. Tel autre mutile ses organes génitaux parce que Dieu lui en a exprimé le désir. Un Mexicain était convaincu que les jésuites voulaient lui voler son fils ; un jour il

(1) Voyez des exemples dans Casper : *op. cit.*, p. 331-336, et 323.

entend des cris, du bruit, des coups de fusil dans la rue, il croit qu'on en veut à son enfant, il le tue.

Les *délirants ambitieux* ne sont pas des fous dangereux, mais ils sont insupportables, car ils dépensent une opiniâtreté extraordinaire à se faire passer pour grands hommes.

Les *délirants inventeurs* sont plus dangereux, parce qu'ils dissipent les capitaux des gens trop crédules. Au Ministère de la guerre il y a un chef de bureau qui est chargé de recevoir les inventeurs, or la plupart des inventions qui lui sont soumises sont aussi absurdes qu'étonnantes. Sous l'Empire, on avait établi aux Tuileries un truc ingénieux; un officier d'ordonnance chargé de recevoir les inventeurs qui demandaient à parler à l'Empereur poussait, au moment où le visiteur se retirait, tel bouton correspondant à tel timbre qui voulait dire : « laissez-le passer » ou bien : « emmenez-le à Bicêtre. » Lors de la grossesse de l'Impératrice, on reçut des remèdes secrets pour la soigner et la description de procédés pour savoir si elle accoucherait d'un fils ou d'une fille. Trochu reçut pendant le siège un Polonais qui lui proposa une machine routière, armée et approvisionnée, avec laquelle on devait, en faisant le tour de Paris, tuer dix mille Prussiens par jour. Gambetta a vu surtout des individus qui refaisaient la carte de l'Europe pour recouvrer l'Alsace-Lorraine par compensation. L'impôt est aussi un sujet de prédilection pour les inventeurs.

Le *délirant persécuteur* poursuit, fait des procès (témoin Sandon contre le ministre Billaut) et va jusqu'à frapper.

La *Monomanie hypocondriaque* est très fréquente, c'est en somme un délire dépressif qui rentre dans la catégorie plus générale de la mélancolie. Le malade est dans une anxiété habituelle relativement à sa santé. Il s'impose une hygiène exagérée, et pourtant les malaises persistent, et les préoccupations s'accentuent. Le malade se met alors à lire les traités de médecine à l'usage des gens du monde, particulièrement le chapitre du traitement. Celui-ci veille sur sa digestion, il ne choisit que des aliments légers. Celui-là a une maladie des voies urinaires, il note chaque jour la couleur de ses urines et combien de fois il a uriné. Un autre croit qu'il a le diabète, aussi tient-il au calme et au repos. Un autre se croit impuissant et, honteux, il veut se détruire. Un autre dit qu'il a la pierre ou des restes d'affection syphilitique. Tel autre se dit atteint d'une affection cardiale et, craignant les défaillances, il a toujours dans ses poches des papiers avec ces mots : « Ne me saignez pas, vous me tueriez. » Il y a encore l'hypocondriaque pulmonaire qui passe son temps à examiner ses crachats, qui a toujours un thermomètre à la main et porte un cache-nez en juillet. Il y a l'hypocondriaque cérébral qui redoute les congestions, il ne mange pas de viande le soir afin d'avoir un sommeil léger ; il évite la chaleur des salles publiques en restant chez lui, il prend des bains de pieds, des laxatifs ; il craint de devenir fou; il invoque l'hérédité en remontant à ses ancêtres. O Molière !

Mais il y a des malades de cette catégorie qui ont des hallucinations, des troubles des sens, ce sont des hypocondriaques *sensoraux*. Ils sentent des odeurs malsaines, ils redoutent d'être empoisonnés, ils finissent par déraisonner.

Enfin il y a l'hypocondriaque *persécuté* qui devient dangereux pour sa famille et son médecin. Il a des voix intérieures. C'est ainsi qu'un individu étant couché avec sa femme entendit pendant une nuit, dans l'estomac, une voix intérieure « son secret » qui lui raconta que pendant son absence sa femme l'avait trompé avec des somnambules ; alors il se leva, prit un rasoir et tua sa femme. Il avait été enfermé à l'asile de Vaucluse, mais là, il avait su dissimuler sa voix intérieure.

Délire des Persécutions. — C'est de tous ces états délirants le plus intéressant et un des plus fréquents. Cette dénomination est due à Lasègue (1852) (1). En 1865, M. Legrand du Saulle exposa à son tour l'histoire clinique et médico-légale de cette monomanie, et en 1871 il publia son livre sur le *Délire des Persécutions*. Jusqu'à ces dernières années ce type appar-

(1) Lasègue : Mémoires sur le délire des persécutions (*Arch. gén. de méd.*, 4e série, t. XXVII, p. 129).

tenait à la mélancolie; c'était l'avis de Tardieu qui lui refusait la part, d'après lui trop grande, qu'on lui avait faite (1).

Au début le persécuté est indécis, inquiet, tourmenté, jaloux, mais son état n'est pas encore bien défini et s'il s'inquiète il se rassure lui-même. Bientôt il croit à une cause secrète, à des ennemis cachés. Il s'interroge et tout à coup il a la conviction qu'on le persécute. Les coupables, ce sont les jésuites, les francs-maçons, les somnambules, les physiciens, la police.

Ce qui n'empêche que le persécuté raisonne, qu'il gère même ses biens. Mais c'est un aliéné qui aura bientôt une hallucination.

En changeant tout à coup de demeure, de profession, de religion, il trouve parfois la paix. Et ce qui le pousse avant tout au changement, c'est l'hallucination de l'ouïe; c'est là le vrai symptôme de la persécution. — Un individu va tous les jours au café, il en sort régulièrement à onze heures pour rentrer chez lui. Il est insulté en route, il ne sait par qui, il ne s'est pas retourné. Désormais il rentrera à dix heures. Pendant deux mois il n'entend plus rien, mais un beau jour l'insulte recommence. Il change alors de milieu.

L'hallucination de l'ouïe vient peu à peu. D'abord le malade s'effraye à peine, puis un beau jour il en-

---

(1) *Etude médico-légale sur la folie*, 2e édit., p. 214.

tend un coup de sifflet dans la rue et bâtit de suite tout un complot formé contre lui. Un tel rit, c'est contre lui. Quelqu'un a dit devant lui : « Peut-être, » il est menacé. Bientôt il ne se contente plus d'entendre ces menaces imaginaires, il est convaincu qu'on lit ses pensées et qu'on les colporte au dehors. S'il ne sort plus, la voix part des murs, de la cheminée surtout; aussi en voyage, n'accepte-t-il jamais une chambre qui a une cheminée parce que par là arrivent, outre les injures, les gaz et les vapeurs qui doivent l'empoisonner.

Le persécuté n'a pas d'hallucination de la vue, à moins qu'il ne soit dément sénile ou alcoolique. Il ne se sert même pas de la vue pour se rendre compte de l'insulte.

Le délire des persécutions se déclare surtout de 35 à 50 ans.

Le persécuté ne tient nul compte des conseils et des raisonnements. Aussi, ce fut en vain que Leuret chercha à redresser ces déviations mentales.

Il est égoïste, indifférent ; il n'est ni père, ni époux, ni citoyen. Si on l'interroge sur ce qu'il ressent, il répond : « vous le savez bien ». Il dit qu'on le persécute, qu'on vole sa pensée. Qui, on ? Il ne sait. Si la persécution devient nominale, on a un assassin.

Il emploie des mots à lui, bizarres, imagés ; mon parlage, mon idée parlante, mes secrets, ma suggestion, mes invisibles, mes locutions, mes bonnes et mes mauvaises. Esquirol rapporte qu'un préfet disait « mes bavardes. »

Si un homme a une tache dans sa vie, elle peut devenir l'occasion d'un délire. Ainsi, un jeune homme qui déjeûnait au restaurant, mit dans sa poche une cuiller ; ce qui ne l'empêcha pas de remplir une belle carrière. Mais tout à coup, trente ans plus tard, il entend « petite cuiller ! » Il s'est suicidé il y a trois ans.

Le persécuté le plus terrible est celui qui a des conceptions délirantes hypocondriaques. Il croit toujours qu'on veut l'empoisonner ; il va au laboratoire municipal, il écrit au préfet de police, accuse tel ou tel crémier, et surtout en change continuellement, afin de rester inconnu de ces empoisonneurs. M. Legrand du Saulle reçoit un jour la visite d'un beau garçon de trente cinq ans. « Votre nom ? — « Vous le savez bien. » — « Qu'avez-vous ? » — « Les Philippins veulent m'empoisonner. » C'était le fils de Pépin, le complice de Fieschi, qui avait attenté à la vie de Louis-Philippe ; de là, les Philippins de la Philipperie. Sa sœur est morte à la Salpêtrière et Pépin le père fut sans doute un aliéné.

Au délire des persécutions se mêlent parfois des idées de grandeurs. Si on cherche à lui nuire, c'est qu'il est un personnage important d'une naissance illustre, et il apporte devant les tribunaux ses revendications, son roman.

Les syphilitiques deviennent souvent des persécutés. Autour du mot « mercure » grandit une anxiété de tous les instants. Le malheureux lit des ouvrages spéciaux, examine ses cheveux, ses dents, il est malade. M. Legrand du Saulle a vu à Bicêtre un tonnelier des Côtes-d'Or, qui avait été arrêté à Compiègne, près de la chambre de l'empereur. Etant garçon de café à Paris, il eut des accidents vénériens. A Dijon il est traité par un spécialiste, élève du docteur Ricord. Il devient halluciné, veut tuer ce médecin, mais ne peut le rencontrer. « Il faut pourtant que ça finisse, dit-il, quelqu'un a perdu ma vie, il faut que je me venge sur le Chef de l'Etat, puisque je n'ai pas trouvé mon assassin. »

Le délire des persécutions a une marche lente. La période d'incubation n'est pas délimitée. Quelquefois l'état reste sédentaire; quelquefois il y a guérison, la proportion est de 20 p. 100.

Cette monomanie offre de fréquentes intermissions. La rémission est une sorte d'armistice pendant lequel on ne se doute pas de la maladie. En sorte qu'on peut laisser libre un persécuté qui demain tuera quelqu'un. On arrête devant la Madeleine un jeune prêtre qui, à genoux avec un écriteau sur la poitrine, adressait des invocations aux passants. Un médecin l'examine trois fois. Le prêtre lui explique qu'on lui a fait des misères, qu'on n'apprécie pas son zèle, que du reste il s'est confessé, qu'il est remis et va retourner à sa cure. Quarante-huit heures après il tuait l'archevêque Sibour à Saint-Etiennedu-Mont, en 1857. Il faut donc se méfier des intermissions chez les persécutés.

Il y a des persécutés processifs qui poursuivent généralement les avoués, les notaires, les hommes d'affaires, en leur reprochant des erreurs; tous les ans ou tous les dix-huit mois ils reparaissent au palais de justice. Ils sont affectés du délire que les Allemands appellent « *la manie des querelles* » (1). M. Legrand du Saulle a déjà fait relâcher plusieurs fois un tailleur qui plaide depuis une éternité contre son voisin le coiffeur, mais un jour viendra où ce querelleur commettra un crime; il préviendra d'ailleurs, comme tout persécuté, par lettre ou autrement. « Il faut en finir, dira-t-il, je vais me faire justice moi-même. »

Il y a une catégorie de persécutés que le docteur A. Foville a appelés aliénés *migrateurs*. Ils cherchent à rester inconnus, ils portent de faux noms, espérant ainsi « dépister les moucharderies » de leurs ennemis, des agents, des jésuites, des somnambules, des spirites. Mais comme ils se disent toujours poursuivis, ils finissent par une action violente contre autrui ou contre eux-mêmes.

Au point de vue des actes criminels, il faut distinguer trois catégories de persécutés : 1° Ceux qui ne sont dangereux ni pour eux ni pour les autres; ils subissent le mal et ne réagissent pas. 2° Ceux qui

---

(1) V. Casper : *op. cit.*, p. 361.

sont dangereux pour eux ; ils se résignent quelque temps, mais un beau jour, à bout de patience, ils se suicident en laissant sur leur table un écrit qui contient le secret de leur vie et de leur tristesse. 3° Ceux qui sont dangereux pour autrui. Ce sont des systématiseurs qui se sont constitué un ensemble de conceptions délirantes, qui en veulent à une ou plusieurs personnes qu'ils poursuivent, qu'ils dénoncent et qu'ils tuent. S'ils ne peuvent les rencontrer, ils se vengent sur n'importe qui « parce qu'il faut en finir », et ils sont d'autant plus dangereux qu'ils agissent souvent avec dissimulation.

Le délire des persécutions est la forme de dérangement mental qui par une sorte de contagion ou de sympathie se communique le plus facilement. Il y a alors un persécuté actif qui a créé le délire et un persécuté passif qui l'a subi. Celui-ci guérira si on l'éloigne, mais le premier ne guérira pas. — En 1862 une vieille dame qui habitait près de l'Observatoire disait que la *corporation du soleil*, les *aragotistes* avaient construit des télescopes *électriques* et des lunettes avec lesquels ils voyaient dans sa chambre. Elle vint alors habiter aux Ternes et choisit une maison en reculement. Là, elle prit une bonne et cette bonne devint victime du même délire. Elles disaient l'une et l'autre que les télescopes étaient si puissants qu'ils atteignaient les Ternes et perçaient les murs de leur maison. Les annales médico-psychologiques rapportent plusieurs cas contagieux de délire des persécutions, entre autres celui de sœurs jumelles dont l'une atteinte de ce mal infecta l'autre; celle-ci guérit rapidement dès qu'elle fut séparée de sa sœur.

D'après ce que nous avons dit, n'importe quelle catastrophe peut être l'œuvre d'un persécuté. Que le magistrat, que le jury y prennent donc garde, qu'ils ne soient pas plus incrédules que le médecin. Il y a lutte intérieure, dans ces esprits malades, entre l'idée délirante et la volonté, par suite la liberté n'est pas entière (1).

Folie impulsive. — A propos de l'épilepsie nous avons déjà parlé de l'*impulsion*, qui domine impérieusement la volonté et pousse le malade à commettre un acte, sans raisonnement et sans détermination libre. On rencontre encore la folie impulsive, la folie *des actes* comme on l'a appelée plus justement, dans une foule de monomanies dites monomanies instinctives ou impulsives: monomanies *du vol ou kleptomanie*, *incendiaire ou pyromanie*, *ébrieuse ou dypsomanie*, *du meurtre*, *érotique...*, *etc.*

La monomanie incendiaire est très fréquente; on l'observe surtout chez les jeunes filles qui approchent de la puberté et chez lesquelles la menstruation a

(1). J'ai recueilli la plus grande partie de ces renseignements sur les délires monomaniaques, au cours de médecine légale professé par M. Legrand du Saulle à la Salpêtrière, en mai-juin 1883.

peine à s'établir ou présente de grandes irrégularités (1).

La monomanie du vol et la monomanie érotique sont aussi très communes (2).

L'impulsion est subite, la volonté est anéantie tout d'un coup et l'acte suit aussitôt. Le malheureux obsédé raisonne néanmoins son état, il ne délire pas en apparence. Il a parfaitement conscience que l'acte auquel il est entraîné est condamnable, il a conscience aussi d'ailleurs de son innocence parce qu'il sent bien qu'il agit malgré sa volonté. « Je l'ai fait, c'est vrai, disait un accusé, et l'on me mettrait en liberté que je ne pourrais, la guillotine fût-elle là, m'empêcher de recommencer. » Mais l'impulsion morbide le domine et malgré la raison, malgré la volonté, le malheureux succombe ou bien il se tue pour prévenir une action plus grave. Cette impulsion n'est en réalité qu'une *idée*, une idée qui surgit dans un esprit dont toute la nature affective est profondément altérée; bientôt l'idée prend une tension excessive, elle devient convulsive et n'est plus dès

---

(1) V. Les incendiaires, par le Dr Giraud (*Ann. de méd. psych.*, 1882, t. VII, p. 87 et 257). — Contribution à l'étude de la monomanie incendiaire, par le Dr Rousseau (*Ann. méd. psych.*, 1881, t. VI, p. 384).

(2) Casper attaque violemment les théories de la kleptomanie et de la pyromanie. Quant à la monomanie homicide, il blâme les auteurs, Marc en particulier, qui en ont fait un type spécial, il la fait rentrer dans la manie mélancolique (*op. cit.*, p. 386 à 417).

lors qu'une impulsion violente qui domine l'esprit et se traduit par une action irrésistible. La cause première de ces désordres impulsifs est, comme l'explique très clairement M. Maudsley, une perversion de la manière de sentir qui produit un changement, — une aliénation, — du caractère et de la conduite. « Ce qu'il faut bien savoir, ajoute-t-il, c'est que la manière d'être affecté par les événements est complètement modifiée par le trouble des éléments nerveux ; c'est le fait fondamental, d'où découlent comme faits secondaires les impulsions folles, érotiques, homicides, suicides, etc..... En fait, quand il existe un état de faiblesse irritable ou d'équilibre instable des éléments nerveux, toute cause interne ou externe, qui détermine une certaine commotion en détruit la stabilité. Les états internes se traduisent par des actes aussi bien que par le langage..... et c'est dans la folie de l'action que cette forme de folie affective s'exprime et elle est d'autant plus dangereuse qu'elle s'exprime ainsi (1). »

Le phénomène de l'impulsion morbide est très fréquemment relaté dans la littérature médicale. Il coïncide généralement avec un état de dépression mélancolique ou des soupçons déraisonnables. Un individu témoigne peu à peu d'un caractère taciturne, soucieux ; il semble très affecté, et l'on peut dire qu'il y a aliénation de son caractère. Tout à coup,

(1) *Pathologie de l'esprit*, p. 350.

dans un accès de fureur il frappe, il tue son enfant ou sa femme ; puis il est pris d'un désespoir sincère, a horreur de lui-même, mais en même temps se sent délivré de la force occulte qui l'entraînait. Qu'est-il arrivé ? La dépression mélancolique était le symptôme d'une instabilité des éléments nerveux, d'une folie latente ; celle-ci s'est dévoilée pour la première fois par une convulsion subite et violente de l'esprit, par un délire aigu et passager dont l'acte criminel a été le résultat forcé. Un autre individu est en proie à un délire des persécutions ; cependant son idée fixe grandit et un beau jour, alors qu'elle n'est plus maîtrisable, il commet un meurtre sur lui-même ou sur autrui.

Le plus souvent la lutte entre l'idée impulsive et la raison se termine par le suicide et dans ce cas tout le monde admet volontiers la folie. Mais l'accord n'est plus aussi parfait lorsqu'on se trouve en présence d'une impulsion homicide. Assurément celui qui juge une telle hypothèse d'après son simple bon sens, qui analyse l'esprit de ce meurtrier d'après ce qui se passe dans un esprit sain, est peu porté à admettre qu'un homme, en possession de sa raison et sachant distinguer le bien du mal, ne puisse résister victorieusement à l'impulsion malade ; il est tenté de s'élever contre une pareille doctrine qui lui semble avoir pour but l'excuse du crime. Mais que l'on veuille bien examiner l'acte de cet homme comme la conséquence d'un esprit malade et non d'un esprit sain, et l'on comprendra qu'il n'était pas plus maître de ses idées et de leur application que l'homme sensé des opérations de ses rêves. « Le mot irrésistible, dit M. Maudsley, gêne les notions de quelques personnes sur la puissance et la dignité de la volonté humaine. La vérité, c'est que c'est une simple question de degré de dégénération des éléments nerveux et que suivant le cas l'idée reste dans le domaine de la conscience et est soumise à la volonté, ou bien qu'elle devient irrésistible et qu'elle se réalise en acte; et les conditions physiques sont importantes à considérer dans cette question (1). »

Certes il ne suffit pas que la tentation de tuer quelqu'un s'empare de l'esprit d'un homme pour qu'on puisse le qualifier d'insensé. Ce qu'il faut c'est physiologiquement chercher la preuve de l'aliénation et découvrir un état pathologique certain dont l'impulsion instinctive serait le symptôme apparent. Or l'on trouvera toujours comme causes déterminantes de l'impulsion des troubles physiques produits par des hallucinations, des excès vénériens, la masturbation, la grossesse, l'accouchement, la ménopause et surtout par l'épilepsie ou l'héridité. C'est en effet parmi les héréditaires que la folie impulsive trouve le plus de victimes. « La folie raisonnante (manie sans délire, folie morale ou délire des actes), dit M. Legrand

---

(1) *Op. cit.*, p. 363. — Voir aussi : La responsabilité en matière criminelle, par B. et A. D. (*Gazette hebdomadaire*, 1880, n° 33).

du Saulle, appartient presque tout entière à la folie héréditaire (1). » Elle cache aussi fort souvent un état épileptique. Aux convulsions épileptiques succède tout à coup une attaque de manie homicide ; la convulsion des idées remplace la convulsion des muscles. Aussi les épileptiques sont-ils les malades les plus dangereux pour les médecins et ceux qui les soignent, car l'accès furieux peut se produire chez eux sans qu'ils aient jamais eu une véritable attaque d'épilepsie. La manie homicide n'est souvent qu'une épilepsie larvée. En résumé l'impulsion irrésistible ne constitue pas une forme à part, elle dissimule généralement derrière elle quelqu'une des manifestations caractérisées de l'aliénation mentale.

On objecte contre l'irrésistibilité de l'impulsion morbide que certains individus réussissent à la maîtriser, que d'ailleurs s'ils luttent avec succès pendant quelque temps contre la tentation ils sont coupables de céder. Cela prouve simplement que sous l'effet de la maladie la volonté et l'intelligence fléchissent à mesure que le mal grandit et qu'à un moment donné elles laissent le champ libre à l'idée folle qui se traduit alors par un acte convulsif. Il en est des centres psychiques comme des centres nerveux moteurs : s'il se produit dans ceux-ci un dérangement, il est bientôt suivi d'un mouvement convulsif, indépendant de la volonté ; de même si la

(1) *La folie héréditaire*, Paris, 1873, p. 65.

coordination des idées est détruite, l'homme ne peut les diriger selon son bon vouloir. Et pourtant dans ce cas, comme dans l'autre, il a conscience de son état et son intelligence reste intacte, au moins en apparence.

Je dis en apparence, car en réalité le désordre est plus profond qu'il ne paraît à la surface. L'impulsion qui produit la folie homicide n'est que le symptôme révélateur d'un mal général. « L'aliénation intellectuelle ou aliénation *avec délire*, dit M. Carrara, peut seule exclure l'imputation..... Il en est autrement de l'aliénation morale ou *sans délire* qui ne diminue pas la responsabilité de l'agent. En effet, elle n'altère pas la puissance de l'intelligence, et ne détruit pas la liberté de choix (1). » Quoi qu'en dise le savant jurisconsulte de Pise, je ne puis admettre que chez l'homme la volonté soit malade sans que l'intelligence le soit. « Il n'y a point de fou dont la volonté seule soit abolie, l'intelligence et la sensibilité demeurant intactes, » dit avec raison M. A. Lemoine (2). Si la folie qui, ne l'oublions pas, est une maladie corporelle, qui prend naissance dans le dérèglement de la sensibilité, passe des sensations dans les actes, on peut affirmer qu'elle existe aussi dans les jugements. Entre la sensibilité, la volonté

(1) *Programme du cours de droit criminel*, par M. Carrara, trad. Baret, Paris, 1876, p. 133.

(2) *L'aliéné*, 2e édit., 1863, p. 236.

et l'entendement, il y a une dépendance réciproque. Qu'on ne dise pas qu'un fou peut n'avoir perdu que le gouvernement de lui-même, la volonté; son état est plus complexe. Si le trouble de la sensibilité se répercute sur la volonté, il lèse aussi forcément l'entendement. Mais, dit-on, ce fou raisonne à merveille. Oui, son raisonnement est excellent, mais ses jugements sont erronés, il raisonne, mais ce n'est pas un être raisonnable. Il ne faut pas confondre en effet le raisonnement et le jugement. Le raisonnement a pour point de départ le jugement, or le jugement peut être faux, mais le raisonnement rigoureux; et c'est tellement vrai que maintes fois, à propos de crimes commis par des fous, les aliénistes ont pu constater avec quel art, avec quelle puissance de raisonnement, d'après quelles déductions serrées les malheureux arrivent à mettre à exécution leur idée folle. C'est pourquoi, quand on dit qu'un fou déraisonne, on fait souvent une confusion; les prémisses et les conclusions de son raisonnement peuvent être fausses, mais le raisonnement peut être aussi sain que celui d'un homme sensé. C'est par suite de cette confusion qu'il a suffi souvent, à l'occasion de l'examen juridique d'un aliéné, que le cours de ses pensées ait paru régulier et normal, que la trame de son raisonnement n'ait offert aucune lacune, que les réponses aient été naturelles et suivies, pour qu'on ait sur le champ repoussé l'hypothèse d'une aliénation mentale.

S'il était exact que la volonté pût être lésée seule, il faudrait reconnaître qu'elle forme à elle seule une entité distincte, déterminant des mouvements absolument automatiques, sans le concours de la raison. Or si l'analyse distingue dans l'organisme humain deux éléments, l'entendement et la volonté, l'observation prouve qu'ils ne sauraient être séparés. La volonté est comme chacune de nos facultés une force composée, c'est le moi qui veut comme c'est le moi qui entend ; et le désordre de la volonté implique forcément le désordre de l'entendement.

L'être libre exécute sa volonté. Or vouloir c'est préférer, mais on ne peut préférer sans connaître, donc vouloir c'est connaître c'est penser. Autrement dit la volonté suppose une perception, elle est inséparable de l'intelligence : *summus intellectus*, *summa voluntas*. En sorte que le désordre des actes qui provient de l'aberration de la volonté, n'est que le symptôme extérieur de l'aberration de la pensée. « Il ne saurait y avoir de folie sans trouble de l'intelligence, » a dit Ferrus.

La sensibilité est le principe de l'activité humaine, de l'activité de l'esprit, comme de l'activité du corps ; car c'est en elle que trouvent leur origine et les sensations, et les sentiments, et les idées. Or ces trois modes de la sensibilité sont des volitions, j'allais dire des impulsions, c'est-à-dire les causes sous l'empire desquelles la volonté agit. La volonté en effet n'obéit pas seulement aux sentiments, comme on l'a dit, elle trouve aussi dans les facultés intellectuelles ses raisons d'agir. Les idées comme les sentiments sont les mobiles de nos actes et même il serait plus exact de dire que les idées sont les vrais mobiles de notre conduite, car pour que la volonté soit éclairée il faut nécessairement, je le repète, qu'il y ait conception intellectuelle. Si donc un homme est malade, s'il subit une impulsion irrésistible au crime, c'est que non seulement le trouble de sa volonté provient d'une affection folle, mais aussi d'une idée folle; c'est que sa volonté est lésée par une fausse impulsion intellectuelle, par une conception délirante. La même intimité doit exister entre les facultés dans l'état de maladie et dans l'état de santé. Et la preuve que l'intelligence n'est pas libre, qu'elle est subjugée aussi bien que la volonté, c'est qu'elle vient au secours de la tendance morbide, qu'elle la facilite au lieu de la combattre. Chez le fou son intelligence est mise au service de ses desseins, elle est gouvernée par les impulsions au lieu de les gouverner. Je puis donc dire que celui qui veut follement pense follement que si ses actes sont insensés c'est que son intelligence n'est pas plus libre que sa volonté. Et si sa liberté est absente, sa responsabilité est nulle.

Cette union des facultés morales et intellectuelles est admise et professée par les philosophes les plus éminents :

« Notre volonté, dit Descartes, ne portant à suivre

ou à fuir autre chose que selon que notre entendement la lui représente bonne ou mauvaise, il suffit de bien juger pour bien faire (1). »

« Lorsqu'on dit que la volonté est cette faculté supérieure de l'âme, dit Leibnitz, qui règle et ordonne toutes choses, qu'elle est ou n'est pas libre, qn'elle détermine les facultés inférieures, qu'elle suit le dictamen de l'entendement, quoique ces expressions puissent être entendues dans un sens clair et distinct, je crains pourtant qu'elles n'aient fait venir à plusieurs personnes l'idée confuse d'autant d'agents qui agissent distinctement en nous (2). »

D'après Spinosa, « la volonté et l'entendement sont une seule et même chose (3). »

Thomas Reid n'est pas moins explicite : « Les facultés de l'entendement et de la volonté, dit-il, se distinguent facilement dans l'esprit ; mais il arrive très rarement, si jamais il arrive, qu'elles soient désunies dans l'action. Dans la plupart des opérations de l'esprit, et peut-être dans toutes, les deux facultés interviennent, et nous sommes à la fois intelligents et actifs (4). »

Condillac pense comme le philosophe écossais : « Pour considérer, dit-il, l'esprit dans tous ses effets,

---

(1) *Discours de la Méthode*, 3e partie.

(2) Œuvres de Leibnitz : édit. Jacques. Paris, 1842, t. I, liv. 2.

(3) Œuvres de Spinosa : trad. Saisset, 1842.

(4) Œuvres complètes : trad. Jouffroy, t. V.

ce n'est pas assez d'avoir donné l'analyse des opérations de l'entendement, il faudrait encore avoir fait celle des passions et avoir remarqué comment toutes ces choses se combinent et se confondent en une seule cause (1). »

« Nos désirs, dit Destutt de Tracy, dirigent nos actions et sont la cause de presque tous nos plaisirs et nos chagrins ; et puisqu'ils sont la suite nécessaire des jugements que nous portons des choses, le seul moyen de les bien régler est de porter des jugements justes et vrais (2). »

D'après Laromiguière, il ne peut exister de volonté sans désir et « l'âme ne peut désirer sans avoir quelque idée, quelque connaissance ; *ignoti nulla cupido* (3). »

Damiron pense qu'il existe entre les facultés un principe de connexité et de succession qui ne permet pas de les isoler (4).

D'après M. A. Lemoine « l'aberration du jugement et l'égarement de la volonté sont deux caractères de la folie aussi importants l'un que l'autre. Le plus souvent ils se trouvent réunis et l'un appelle l'autre ; le plus souvent ce sont les erreurs du jugement qui

---

(1) *Essai sur l'origine des connaissances humaines.*

(2) *Eléments d'idéologie*, 3e édit., 1817, p. 73.

(3) *Leçons de philosophie sur les principes de l'intelligence..*, 7e édit., 1856, t. Ier, p. 243.

(4) *Cours de philosophie*, 1re partie, p. 235.

entraînent le dérèglement de la volonté parce qu'elle n'a plus pour s'éclairer la lumière du vrai (1). »

Veut-on enfin l'opinion d'un magistrat distingué ? M. Sacase, conseiller à la Cour d'Amiens, fait observer qu'il serait étrange « que le principe affectif ou volontaire étant lésé chez un individu, le principe intelligent conservât néanmoins son mode normal d'activité ; que l'homme qui est esclave par la volonté, fût libre par l'esprit ; que celui dont la volonté se traîne dans une douloureuse impuissance eut conservé l'intégrité de sa raison, que l'intelligence brillât en lui à côté de sa volonté éteinte. Un si bizarre désaccord est inconciliable avec l'unité du principe intelligent et volontaire, et l'oppressien de la volonté est la preuve manifeste de l'oppression de l'intelligence (2). »

Cet aperçu historique m'autorise bien à soutenir la thèse de la solidarité des facultés, thèse d'ailleurs qui était admise déjà par l'antiquité, car Cicéron disait : « *Ita fit ut ratio præsit, appetitus optemperet.* »

Il faut donc repousser la théorie d'une lésion exclusive de la volonté, car en présence du principe de de l'unité des facultés mentales on ne peut que refuser d'admettre une folie instinctive, un délire des

---

(1) *Op. cit.*, p. 27.

(2) *De la folie considérée dans ses rapports avec la capacité civile*, 1851, p. 27. — Je ne cite pas les nombreux médecins partisans de cette théorie, leur opinion pourrait être soupçonnée de partialité par les magistrats.

actes, sans écho dans l'intelligence. Dès lors on a tort de parler de *manie sans délire*, et c'est avec raison, à mon sens, que le savant professeur de Berlin s'est écrié : « Il n'y a pas un seul cas bien observé et complétement rapporté que l'on puisse accepter comme preuve qu'il existe réellement dans la nature une manie particulière qui serait la fureur sans délire... Le furieux dans ses accès est guidé par ses conceptions délirantes seules, sans quoi ce ne serait pas un action de fureur... Il faut rayer de la science cette hypothèse insoutenable de manie sans délire (1). » C'est aussi l'opinion de Mittermaïer. D'après lui, c'est à tort que l'on considère la manie sans délire comme constituant une forme particulière d'aliénation ; l'admission d'une semblable forme est une cause d'erreur et de confusion au point de vue judiciaire. Il faut admettre l'existence de l'impulsion irrésistible. Il est du reste d'observation commune que de tels individus ont été en butte à une lutte intérieure qui a pu passer inaperçue aux yeux d'observateurs inexpérimentés, mais qui n'en a pas moins donné lieu à un trouble dans les idées et à un affaissement des forces morales. Comment dès lors conclure que l'individu a agi en connaissance de cause? Et le docteur Dagonet qui rapporte l'opinion du professeur allemand, ajoute : « Manie sans délire, sont des mots contradictoires. Sous les différents noms

(1) Casper, *op. cit.*, p. 328.

de manie sans délire, folie morale, manie raisonnante, etc..., on a décrit une forme assez remarquable d'aliénation qui se rapproche du type manie et qui se caractérise surtout par une perversion profonde des sentiments avec l'intégrité plus ou moins apparente des facultés intellectuelles. L'individu est sans cesse dominé par des impulsions qu'il ne peut maîtriser ; le délire, s'il n'est pas facile de le constater n'en existe pas moins au fond (1). »

C'est Ettmüller qui mentionna autrefois la *melancholia sine delirio*, état dans lequel il y a *recta ratio sine delirio*; mais c'est en réalité Pinel qui lança dans la science la fameuse théorie de la *manie sans délire*. Après lui des expressions diverses ont été employées pour désigner les espèces que Pinel avait étudiées sous ce nom. Esquirol, qui crut tout d'abord qu'il y avait toujours trouble positif de l'intelligence, finit par accepter la manie sans délire de Pinel sous les noms de *monomanie affective* et de *monomanie instinctive*. Marc parle de *monomanie impulsive ou instinctive* ; Prichard, de *moral insanity;* Brierre de Boismont, de *délire des actes* ou *folie d'action* ; Trélat, de *folie lucide* ; M. Legrand du Saulle, de *folie raisonnante;* M. Mausdley de *folie impulsive* et *folie morale*.

D'après ce que nous avons dit, et c'est l'avis du

(1) Des expertises médicales légales en matière d'aliénation mentale, par Mittermaïer, analyse par le Dr H. Dagonet (*Ann. méd. psych.*, 1867, t. IX, p. 228).

docteur Mandon, il ne faut voir dans cette monomanie « comme dans toutes les modalités de ce type, que des variétés de manie (1). »

Ce que nous disons de la monomanie instinctive, on peut le dire de toutes les variétés des monomanies : pyromanie, kleptomanie, manie des querelles, monomanie religieuse, érotique, hypocondriaque, des persécutions,... etc., de toutes ces formes dans lesquelles la folie ne porte en apparence que sur un point limité. Ces noms sont inutiles car en réalité il n'y a pas plusieurs sortes de folie, et pathologiquement parlant les monomanies n'existent pas ; et la preuve c'est que, d'après Moreau (de Tours), la monomanie débuterait même presque toujours par la manie. Du reste, on sait que le délire partiel se généralise et inversement. « On se rend compte, dit Mittermaïer, du peu de crédit que mérite l'adoption de la monomanie comme forme spéciale de maladie, lorsqu'on examine en détail les espèces principales de cette prétendue affection ; la monomanie homicide, la kleptomanie, la monomanie du suicide, la pyromanie. On ne peut admettre l'existence d'une monomanie réelle dans la plupart de ces cas qui tous se rattachent à des formes d'aliénation très variables et que Casper a justement révoqués en doute (2). »

---

(1) *Histoire critique de la folie instinctive,* par le Dr Mandon. Paris, 1862, p. 121.

(2) *Des expertises médico-légales,* par Mittermaïer. Analyse du Dr Dagonet (*Ann. méd. psych.*, 1867, 4e série, t. IX).

On peut donc considérer que le législateur a été bien inspiré en n'inscrivant pas cette variété de folie dans le Code. Toutefois il est probable que ce silence n'a pas été intentionnel; comme le dit M. Devergie, « si la loi n'a pas spécifié la monomanie, c'est qu'à cette époque on ne l'admettait pas en médecine. La division de la folie en monomanie ou folie sur un seul point, et en polymanie ou manie relative à toutes les actions, n'était pas connue des légistes. »

Est-ce à dire qu'il faille rayer de la littérature médico-légale l'expression de monomanie et toutes celles qui désignent les variétés de ce type? Je ne pense pas. Je pense, au contraire, qu'il est utile d'appeler l'attention de tout le monde, des juges en particulier, sur ces cas d'aliénation mentale, dans lesquels le malade semble parfaitement raisonnable. Et le conseiller Sacase fait remarquer avec raison que les rédacteurs du Code, en n'inscrivant pas la monomanie, ont empêché que la notion en devint familière et par suite ont permis à certains esprits de repousser l'hypothèse de l'aliénation mentale, lorsque le raisonnement d'un individu est sur beaucoup de points suivi et plein de cohésion. On peut critiquer l'expression de monomanie comme, du reste, toutes les autres; on fera remarquer que manie veut dire fureur; que folie vient de *follicia*, *follis*, ballon plein de vent, auquel on a comparé la tête d'un fou; que délirer c'est dérailler sous le rapport du bon sens. Mais qu'importe que ces expressions soient inexactes, voire même triviales, elles facilitent la description et l'appréciation des cas particuliers, ce qui est important dans les questions médico-judiciaires. Il faut suivre le conseil de Quintilien, se servir des mots reçus, ils ont au moins l'avantage d'exister et de vouloir dire, sans doute, quelque chose ; seulement il est indispensable de bien indiquer dans quelle acception on les emploie, de bien déterminer leur portée. C'est ainsi qu'on peut parler de monomanie, en faisant remarquer qu'on ne prend plus cette expression dans le sens étroit que lui avaient attribué certains aliénistes, dans le sens de délire unique et isolé. C'est ainsi qu'on peut réunir toute une série de cas sous la dénomination de folie impulsive, à condition de ne pas attacher à cette expression le sens de manie sans délire.

Folie morale. — La folie morale appartient, elle aussi, à la catégorie de la folie affective, mais elle n'a pas le caractère convulsif de la folie impulsive.

Il est un certain désordre de l'esprit, décrit pour la première fois par le docteur Prichard (1), qui consiste dans la perversion des sentiments, des affections, des mœurs et de la conduite, et qui se traduit par une manière anormale de sentir, de vouloir et d'agir. Ce dérangement est surtout apparent dans les pensées et les actes qui concernent personnelle-

(1) *A treatise on Insanity and other Disorders of the Mind.*, par J. C. Prichard.

ment l'individu; il se résume en somme en un égoïsme étroit. Toute pensée mauvaise, tout désir malsain est satisfait sans l'ombre de résistance; la raison a perdu tout empire sur les passions. Il y a dans cet état, pour le caractériser en deux mots, absence de sens moral. L'individu est attiré vers le mal, il le fait sans honte, sans remords, sans motif autre qu'une satisfaction égoïste; et c'est inconsciemment qu'il se livre à des actes immoraux et dangereux, car il est incapable d'apprécier le changement qui s'est produit dans ses sentiments, dans sa conduite, dans ses habitudes sociales.

Quant à son intelligence elle ne semble nullement altérée, elle est même au besoin vive et correcte, tout au moins quand il sagit de choses n'intéressant pas personnellement le malade. Mais il serait faux de croire qu'elle est parfaitement saine, surtout quand il s'agit de la réalisation d'un désir intime. Nous savons du reste ce qu'il faut penser de l'indépendance des facultés. Au surplus il est facile de remarquer l'influence de la perversion morbide sur l'intelligence, on retrouve sa trace dans les jugements et la conduite. L'intelligence est certainement viciée, et la preuve c'est qu'elle concourt à la réalisation et à la justification des sentiments immoraux.

Il faut noter qu'en cet état, l'individu est absolument en désaccord avec son milieu. Je suppose qu'il fasse partie de la bonne société, ses actes, ses paroles sont pourtant d'un homme sans éducation; il diffère de lui-même. « Il n'y aurait rien d'étrange, dit M. Maudsley, à ce qu'un paysan irlandais sortit dans la rue sans vêtement, ou tint en présence de sa femme un langage grossier, mais si un vénérable évêque se promenait en bras de chemise, et s'il tenait en présence de sa femme les mêmes propos qu'un paysan, il y aurait lieu de soupçonner chez lui un dérangement de l'esprit (1). »

Les spécialistes qui ont une connaissance pratique de l'aliénation mentale admettent tous l'existence de la folie morale; mais il n'en est pas de même des magistrats. Ceux-ci se sont élevés avec indignation contre cette doctrine qu'ils qualifient d'invention dangereuse des médecins. Ils ne voient dans l'absence de sens moral que l'indice d'une nature criminelle, et dans cette description de la folie morale tout bonnement celle du vice. « Comment expliquer, dit l'un d'eux en audience solennelle, en dehors de l'influence de l'école expérimentale anglaise et de l'école positiviste française, la thèse qui semble vouloir se répandre de la *folie morale?* Ce n'est plus l'intelligence qui est pervertie ou abolie, c'est la conscience qui est seule atteinte. Celui qui offre au regard de l'observateur cette anomalie monstrueuse, cette difformité naturelle ou acquise d'être dénué de sens moral, qui dès lors n'est plus capable de résister à la force des impulsions perverses, et qui, après le

---

(1) *Pathologie de l'esprit,* p. 308.

crime, est inaccessible au remords; celui-là, sans même que ses facultés intellectuelles soient altérées, est un malade, à qui doivent s'ouvrir les portes de l'asile au lieu de celles de la prison, et qui devra être rangé dans une catégorie particulière, appelée par une singulière association de mots, *les aliénés criminels*. Théorie étrange, que la psychologie spiritualiste ne cessera de combattre, tant que la physiologie n'aura pas, comme on l'a fait justement observer, reconnu l'existence d'un organe spécial de la conscience. Théorie effrayante, qui réserve l'irresponsabilité aux auteurs précisément des attentats les plus atroces, et qui trouve l'excuse du crime dans l'excès même du crime. Il a fallu, dans les premières années de ce siècle, l'intervention d'un illustre médecin, pour faire tomber les chaînes de fer des mains des aliénés et pour les élever, suivant une heureuse expression, à la dignité de malades; faudra-t-il revenir en arrière, retomber dans la confusion d'autrefois, et assimiler désormais, non plus les fous aux criminels, mais les criminels aux fous, les enfermer les uns et les autres dans les mêmes asiles, les soumettre aux mêmes traitements, les couvrir de la même sollicitude et les entourer enfin des mêmes sympathies (1)? » Je me permettrai de

(1) *La justice criminelle et les sciences médicales*, (Discours de rentrée prononcé par M. l'avocat-général A. Labroquère. Montpellier, 4 novembre 1879).

faire observer à M. l'avocat-général Labroquère que dans la folie morale l'intelligence est, à mon sens, pervertie. Il me semble en outre que si « cette difformité est *naturelle* », elle mérite plutôt la sollicitude et la pitié que la vengeance et la peine. Quant à l'assimilation des criminels aux fous je ne la considérerais point pour ma part comme un pas en arrière; j'estime que le traitement moral des criminels serait un remède autrement sûr que le châtiment. Le châtiment ne fait que rassurer la société. Il ne corrige pas le coupable, il le corrompt au contraire, et le résultat que l'on attend de l'exemple est illusoire; le traitement du coupable dans un hospice assurerait aussi bien la conservation sociale et en outre moraliserait ce malheureux dénué de sens moral. Oui « il a fallu l'intervention d'un illustre médecin pour faire tomber les chaînes de fer des mains des aliénés », il serait curieux que la société dût un jour de même à un médecin l'éducation des criminels.

Mais je tiens à rassurer bien vite l'honorable magistrat : de ce que le crime et la folie supposent l'un et l'autre l'absence de sens moral, ce n'est pas à dire que le criminel ne se distingue pas du fou. Il ne suffit pas de constater le dénûment de sens moral pour conclure à la folie, il faut que l'état vicieux de l'individu se rattache à un état pathologique. Il en est ainsi dans tous les cas d'aliénation, l'acte criminel n'est jamais à lui seul la preuve de la folie; le médecin cherche toujours la cause morbide, il ne confond pas, quoi qu'on en ait dit, le vice et la folie. En l'espèce le médecin cherchera l'altération physique qui doit expliquer l'altération affective, et de l'acte vicieux il devra pouvoir remonter à la maladie comme des actions d'un homme sain on remonte à ses sentiments. Dans tel cas il découvrira que le criminel a fait preuve dès son enfance d'un manque absolu de sens moral. Alors qu'il était incapable de comprendre le vice et le crime, ce malheureux ne trouvait du plaisir qu'à détruire, qu'à être méchant, qu'à faire des choses défendues ; c'est donc qu'il est venu au monde dénué de susceptibilité morale et dès lors chez lui l'imbécillité morale est un fait. L'examen médical découvrira tout au moins, en reconstituant l'histoire de l'accusé, une prédisposition héréditaire, laquelle indique un défaut inconnu de la constitution nerveuse et se traduit par une modification profonde dans la manière de sentir et d'agir. En outre la folie morale est souvent la forme nouvelle que revêt un ancien accès de mélancolie ou d'épilepsie ; enfin fréquemment elle précède un accès de manie ou de paralysie générale. En sorte que, si on découvre, chez l'auteur d'un fait immoral, et une cause suffisante de folie et une altération de l'esprit, c'est-à-dire une cause morbide et une absence de sens moral, comment ne pas conclure que l'une est la cause dont l'autre est l'effet, et par suite que le fait est l'acte d'un malade.

Pourquoi du reste ne pas reconnaître que la folie morale est une affection du cerveau? J'en trouve une preuve évidente ce me semble dans ce fait, que la folie morale accompagne toujours la folie intellectuelle. Dans un esprit insensé le délire peut être dissimulé mais une perversion des facultés affectives est toujours saisissable. « Il est des aliénés, dit Esquirol, dont le délire est à peine sensible, il n'en est point dont les passions, les affections morales ne soient désordonnées, perverties ou anéanties. Je n'ai à cet égard point rencontré d'exceptions. » Et M. Maudsley, qui cite ces paroles d'Esquirol, ajoute : « Cela est si vrai, que la cessation de l'hallucination ou du délire ne devient un signe de convalescence digne de confiance, que si le malade revient en même temps à son ancienne et naturelle manière de sentir. On ne doit pas espérer que la science médicale, pour ne pas irriter l'âme des magistrats, dissociera les phénomènes nouveaux des phénomènes intellectuels dans un cas patent de folie, et, parce que ceux-là ont tout l'air de vices, consentira à n'y voir que des vices tandis qu'elle verra uniquement la maladie dans ceux-ci. La médecine ne trouvera jamais qu'il soit juste d'excuser un homme parce qu'il pense et raisonne en fou, et de le punir parce qu'il sent et qu'il agit en fou, encore bien que ses actes ne soient pas le produit franc et direct de la folie intellectuelle (1). »

(1) *Le crime et la folie*, p. 165.

Je constate que la magistrature ne repousse plus dans tous les cas par parti-pris la doctrine de la folie morale. J'en trouve la preuve dans un jugement du tribunal correctionnel de la Seine, relatif à deux vieillards accusés de vols à l'étalage dans les magasins du Louvre. M. le docteur Motet commis pour apprécier jusqu'à quel degré leur responsabilité pouvait être engagée, dit dans son rapport : « ..... Tous les deux sont aliénés, non pas de ceux qu'on doive nécessairement renfermer, ils ne nuisent qu'à eux-mêmes; mais de ceux dont on peut dire que, sans délire nettement constitué, ils n'ont plus le sens commun... On peut s'attendre, dans des conditions semblables, à des excentricités, à des bizarreries de tout genre. On peut même voir se produire, dans un état mental aussi incorrect, des actes impulsifs; et le vol des petits objets commis au Louvre n'est rien de plus que la manifestation d'un désarroi intellectuel entraînant la perte complète de résistance à des sollicitations que l'occasion fait naître, » et le savant médecin-légiste conclut à l'irresponsabilité. Le tribunal a renvoyé les deux vieillards des fins des poursuites (mars 1884).

De la responsabilité dans les délires partiels. — On admet généralement aujourd'hui la possibilité de la folie partielle. On sait qu'une aliénation très réelle, mais circonscrite en apparence, peut exister chez un individu qui étonne par la netteté de ses paroles et de ses actes; et lorsque la folie est certaine, quoique partielle en apparence, on n'hésite pas à affranchir le fou de toute responsabilité. C'est du reste la conséquence pure et simple de l'article 64 du Code pénal, comme le fait remarquer M. Blanche : « En effet, dit-il, cet article, en disposant qu'il n'y a ni crime ni délit au cas où le prévenu était en état de démence au temps de l'action, indique suffisamment, selon moi, que la cause justificative résulte de toute espèce de démence, quelle qu'elle soit, pourvu qu'elle existe au temps de l'action et qu'elle ne laisse pas au prévenu la conscience de ses actes (1). » MM. Chauveau et Hélie disent de même : « La loi exige pour l'irresponsabilité une maladie assez grave pour suspendre ou détruire la volonté. Peu importe que la perte de la pensée soit absolue ou incomplète, le Code exige simplement que le prévenu n'ait pas joui de ses facultés normales au temps de l'action (2). »

Ainsi, la loi n'a pas distingué entre l'aliénation générale ou partielle, du moment que la folie existe, quelle qu'elle soit, elle absout l'accusé. On ne soutient plus, même au Palais, comme dans l'affaire Papavoine, que la folie partielle est insuffisante pour excuser un crime commis par un monomane. « Nous sommes loin déjà, font remarquer MM. Briand et Chaudé, du temps où un journaliste disait du mono-

---

(1) *Etudes sur le Code pénal*, II, § 175, p. 279.

(2) *Théorie du Code pénal*, 5e édit., t. I, p. 525 et suiv. — V. aussi Dalloz : Rép. *Peine*, n° 389.

mane : On peut sinon le condamner comme coupable, du moins le tuer comme une bête fauve ; où un autre écrivait : ces fous sont très embarrassants, il faut en délivrer la société ; où un troisième ne craignait pas de dire : il y a peu d'inconvénients à condamner un aliéné, la violation d'équité qui a lieu à son égard ne lui est pas fort préjudiciable, puisque l'effet moral exercé sur son esprit par la condamnation est nul ou faible (1). » Et j'estime qu'on trouverait difficilement aujourd'hui un magistrat pour s'écrier, comme Dupin dans l'affaire d'Arzac, que la monomanie est une ressource moderne commode pour arracher les coupables à la sévérité des lois ou priver un citoyen de sa liberté : « Quand on ne pourrait pas dire, ajoutait-il : il est coupable, on dirait : il est fou, et l'on verrait Charenton remplacer la Bastille (2). »

Mais si la monomanie, la folie partielle, est reconnue par tous les légistes, ils n'admettent en majorité qu'elle exclut toute responsabilité que si elle a été *efficace*, selon l'expression de M. Carrara, c'est-à-dire si elle a influé sur la détermination. Autrement dit, les légistes ne concluent à l'irresponsabilité du monomane, que lorsque l'acte par lui

---

(1) *Manuel de méd. lég.*, 9e édit., t. I, p. 576.

(2) Consultation de Dupin et Tardif (30 mars 1826), ayant pour but de démontrer que le nommé d'Arzac n'était pas aliéné. Esquirol, Marc et Ferrus avaient conclu que d'Arzac était aliéné depuis 28 ans.

commis se rattache étroitement à son délire particulier, que lorsque l'acte est le résultat direct ou indirect de ce délire. S'il n'est pas démontré que le délire a déterminé le fait, si un homme, en proie à une folie aiguë et incurable, commet un crime qu'on ne sait comment rattacher à son délire, alors ils le tiennent pour responsable. C'est, d'après M. Maudsley, la solution du problème de la responsabilité, proposée par Hoffbauer, qui consiste à envisager les actes d'un fou comme ayant été commis réellement dans les circonstances où le fou se croyait placé pour agir; si ces circonstances imaginaires ne changent rien à l'imputabilité du crime, elles ne doivent être d'aucune considération dans l'espèce à juger; si elles diminuent ou abolissent la culpabilité, elles doivent au contraire effacer la responsabilité (1). Telle est l'opinion de Bertauld : « La folie partielle, dit-il, ou folie concentrée sur un point unique, appelée monomanie, n'affranchit pas en général de la responsabilité pénale ; elle n'est une cause d'affranchissement qu'autant que l'idée fixe dans laquelle elle consiste a été la cause unique de l'action (2). » Ortolan s'exprime de même : « Si l'idée exclusive est précisément celle du crime lui-même, pas de responsabibilité (3). » D'après Chauveau, « il est essentiel de reconnaître

(1) M. Maudsley : *Le crime et la folie*, p. 199.

(2) *Cours de Code pénal*, 3e édit., p. 307.

(3) *Eléments de droit pénal*, 4e édit., n° 320.

l'idée exclusive et d'examiner ses rapports avec les causes apparentes du crime. L'irresponsabilité doit être partielle comme la folie (1). » Cette doctrine a trouvé aussi un écho dans Rossi, Boitard et Dalloz. Enfin, la jurisprudence semble nettement établie dans ce sens.

Eh bien, est-il donc possible d'admettre qu'un individu atteint de délire partiel, soit responsable d'un acte qui semble ne pas être la conséquence de ce délire? Autrement dit, que penser de la responsabilité partielle des aliénés?

Cette question ne laisse pas que de diviser même les médecins ; la brillante discussion qui eut lieu, en 1863, au sein de la Société médico-psychologique, le prouve surabondamment. « Peut-on considérer les aliénés, demande le docteur Falret, comme partiellement responsables de certains actes étrangers à la sphère de leur délire, et les condamner pour ces actes, tout en les absolvant pour d'autres actes qui sont liés plus intimement à leur état maladif (2). » Oui, répondent les docteurs Tardieu, Belloc, Legrand du Saulle et d'autres non moins éminents.

Tout d'abord je ferai remarquer que les défenseurs de la doctrine de la responsabilité partielle me semblent animés d'un sentiment de conciliation peut-être

---

(1) *Théorie du Code pénal,* 5e édit., t. I, p. 531.

(2) *De la responsabilité morale et légale des aliénés.* Paris, 1863, p. 3.

exagéré. Ils se préoccupent en effet avant tout de la difficulté qu'ils rencontrent à faire accepter par les magistrats la doctrine de l'irresponsabilité absolue, et de la défiance qu'elle leur inspire. « N'est-il pas préférable, disait Delasiauve cité par M. Legrand du Saulle (1), au lieu de violenter leur conscience par des dogmes répulsifs, d'offrir à leurs scrupules une légitime satisfaction par de prudentes délimitations. » J'avoue ne pouvoir pas comprendre que les médecins, seuls dépositaires de la vérité en matière de folie, cèdent devant les scrupules des magistrats. Est-ce à dire qu'il est nécessaire que la loi ait une opinion particulière? je ne le conçois pas, la loi ne peut pas tenir pour un fait ce qui n'est pas un fait pour la science. C'est donc au médecin à parler et s'il déclare qu'il y a maladie, le juge ne peut conclure qu'il y a santé. Et d'ailleurs les faits prouvent que les conclusions de la science finissent toujours par être adoptées par la jurisprudence; aussi lorsque Tardieu se demande s'il est possible « que des juges, qu'un jury même acceptent la doctrine de l'irresponsabilité absolue des aliénés, quels que soient la forme et le degré de l'affection dont ils sont atteints (2)? » je dis que l'histoire de la folie devant les tribunaux permet de répondre affirmativement. Il n'est plus question de la théorie du fou bête féroce, on ne nie plus que la folie

(1) *La folie devant les tribunaux*, p. 60.

(2) *Etude médico-légale sur la folie*, 2e édit., p. 24.

puisse affecter les formes les plus diverses, on ne condamne plus le monomane dont l'acte découle directement de son délire partiel, il en sera bientôt de même de la responsabilité partielle, elle sera bientôt reléguée dans les archives des erreurs humaines si les médecins ne se laissent pas dominer au prétoire par de fausses craintes et des intentions bonnes mais mal comprises. « Ni les cris du peuple réclamant des exécutions, disait Conoly cité par M. Maudsley, ni les sévérités des magistrats méprisant la vérité psychologique, ne doivent détourner le médecin de sa tâche de savant et de son devoir de témoin. Son affaire est de déclarer la vérité. La société fera ensuite de cette vérité ce qui lui plaira. » Or la vérité est dans le criterium de la maladie; si les médecins le proclament, la société l'adoptera (1). « Les médecins légistes, dit M. Legrand du Saulle ne doivent pas en général, faire entendre au magis-

(1) Delasiauve, qui semble préférer les conclusions hésitantes en cas de folie partielle, afin de ne pas provoquer la défiance des juges, ne dit-il pas quelque part : « Une relation mystérieuse, certain échec au pouvoir de la résistance volontaire semblent éventuellement de nature à diminuer, sinon à *écarter* la responsabilité..... La limitation de la peine, *son omission même*, ne sont point en effet une négation du droit, mais un tel cas donne la satisfaction d'une convenance, d'un légitime scrupule. (Voir : De la responsabilité des aliénés. *Progrès médical*, 1881, nº 43). Du reste, le Dr Dally prétend que Delasiauve dans son discours de 1859 a traité, non de la responsabilité partielle, mais de la responsabilité *dans les délires partiels* et qu'il a conclu à l'irresponsabilité. (Dally : *Les aliénés et les criminels*, 1864, p. 8).

trats des paroles en contradiction trop flagrante avec les idées reçues. Sans cela, leur intervention, pour vouloir atteindre un but éminemment respectable dépasserait les limites admissibles et sèmerait l'incrédulité (1). » Mais si les idées reçues sont fausses, l'homme de l'art doit-il donc se taire, reculer devant les difficultés de sa tâche? Qu'il attaque avec autorité et sans scrupules les idées erronées, il récoltera la crédulité dans le prétoire, plus qu'il ne croit, et bientôt, selon le vœu du savant aliéniste que je viens de citer, magistrats et médecins parleront la même langue, au grand avantage de la science et de l'humanité.

Les légistes créent à tort un type de fou idéal : l'être dépourvu d'intelligence, de connaissance même ; et d'après eux tout individu qui ne répond pas à ce type est sensé, en sorte qu'ils ne peuvent concevoir qu'un homme qui étonne par la clarté et le bon sens de sa conversation ne jouisse pas de sa raison. C'est pourtant un fait certain. Si on ne s'en laisse pas imposer par la dialectique d'un aliené, on découvre bientôt chez cet homme qui présente les apparences de la raison, des signes certains d'aliénation mentale ; le délire est insensible mais on remarque que les sentiments naturels sont pervertis, l'intelligence affaiblie, le jugement altéré d'une manière générale. Du reste certains aliénés sont assez habiles pour se montrer

(1) *Traité de méd. lég.*, p. 657.

si raisonnables que le plus retors des juges d'instruction pourrait être mis au défi de découvrir le délire. Ainsi M. Maudsley raconte qu'un membre d'une commission se rendit à Bicêtre pour mettre en liberté tous ceux qu'il trouverait guéris. Il examine un vieux vigneron qui, dans ses réponses à toutes les questions, ne donnait pas le moindre signe de folie et dont le langage n'avait pas la moindre incohérence. Le billet de sortie est préparé, on lui remet la plume pour le signer ; il signe : *Jésus-Christ*. Mittermaïer rapporte que trois personnes de sa connaissance demandaient avec insistance leur admission dans un établissement, alors même que les médecins se déclaraient contre cette mesure parce qu'ils ne constataient aucun délire ; l'admission fut pourtant autorisée et l'on put se convaincre par la suite que ces personnes étaient bien évidemment atteintes d'aliénation (1). Dès lors, puisque les fous sont capables de dissimuler leur délire de la façon la plus complète, il est permis de conclure que dans certains cas le délire a pu exister, alors même qu'il n'était pas apparent.

Il est vrai que de cette facilité qu'a le fou de se montrer raisonnable, de simuler la raison, on en déduit qu'il fait preuve d'une lucidité d'esprit, d'une volonté, en un mot d'une conscience de la crimina-

---

(1) Des expertises médico-légales, par Mittermaïer. — Analyse de Dagonet. (*Ann. méd. psych.*, 1866, t. VII, 4e série).

lité d'un acte suffisante pour qu'on le rende responsable de cet acte. Le fou a en effet très souvent conscience du bien et du mal, mais est-ce à dire qu'il puisse résister à l'impulsion morbide? toute la question est là. Or il est certain qu'un individu, en proie à un indicible sentiment d'angoisse produit par une idée délirante, peut tuer tout à coup, simplement par un besoin impérieux de se soulager de l'émotion terrible qui pèse sur lui, et que cet impulsif peut avoir assez de discernement, non seulement pour préparer son crime, mais même pour en concevoir et en exprimer toute l'horreur. Le sentiment de la faute ne détruit pas l'irrésistibilité morbide. M. Maudsley cite quelque part le cas d'une dame affligée d'une impulsion violente et persistante au suicide, qui d'ailleurs était parfaitement raisonnable et éprouvait une grande horreur pour cette tendance, et il ajoute : « En présence de cet exemple d'impulsion irrésistible, comme la justice est plaisante de mesurer le degré de responsabilité d'un fou d'après sa connaissance du bien et du mal (1) ! » Assurément l'esprit d'un fou n'est pas toujours privé de la faculté de discernement ; sur un grand nombre de sujets il se peut qu'il raisonne aussi parfaitement qu'un esprit sain et bien équilibré, il se peut dès lors qu'il tienne pour criminel l'acte qu'il va commettre, car dit Brierre de Boismont, « la faculté de raisonnement née avec

---

(1) *Pathologie de l'esprit*, p. 353.

l'individu continuera tant que le mode de vitalité propre à la fonction subsistera (1). » Mais s'il comprend que ce faisant il va mal faire et encourir une peine, est-ce à dire qu'il ait toute sa raison ? Nullement, encore faut-il qu'il possède la force intérieure pour maîtriser ses idées maladives, car s'il n'a pas le pouvoir de gouverner sa pensée, il ne peut avoir le pouvoir de gouverner sa conduite. Ce n'est donc pas au discernement du bien et du mal qu'il faut s'arrêter pour mesurer la responsabilité ; le point de repère est simplement dans la constatation de la maladie. Si l'homme de l'art la signale, il serait injuste de la part du juge de conclure que le produit de l'aliénation mentale est un crime, et présomptueux de soutenir que, grâce à l'intégrité de la conscience, la volonté aurait pu vaincre la maladie, car nul ne peut savoir quelle était la force de résistance du fou ; Dieu seul le sait.

En 1865, dans la Commission instituée par le Parlement anglais pour l'examen de la peine de mort (2), un docteur rapporte dans sa déposition que 54 médecins d'asiles, émus de la persistance des juges anglais à faire dépendre la responsabilité de la notion du bien et du mal, avaient formulé à l'unanimité la déclaration suivante : la croyance à la res-

---

(1) La peine de mort...., etc. (*Ann. méd. psych.*, 1868, 4e série, t. XI).

(2) *Report of the capital punishement commission together with the minutes of evidence*. London, 1866.

ponsabilité des aliénés, fondée sur l'appréciation du bien et du mal, est inconciliable avec les faits connus de tous les médecins de la réunion, parce qu'il est évident que cette appréciation existe souvent chez les individus dont l'aliénation mentale est incontestable, et qu'on l'observe même avec des idées folles, dangereuses et irrésistibles. Cette déclaration était une réponse à la décision des juges de la Cour suprême qui prétendaient que : 1° l'aliéné qui a commis un crime sous l'influence de sa conception délirante est punissable si au moment de l'acte il savait agir contre la loi ; 2° que tout individu doit être supposé par les jurés sain d'esprit et capable de répondre de ses actes, jusqu'à preuve du contraire (c'est la doctrine de la supposition légale); 3° que pour admettre l'irresponsabilité il faut démontrer clairement qu'au moment du crime l'aliéné n'avait pas la conscience de son acte, ou s'il l'avait, qu'il ne savait pas que ce qu'il faisait était mal; 4° que le délirant partiel, le monomane qui tue parce qu'il se croit en cas de légitime défense n'est pas coupable, tandis que s'il tue pour se venger d'un mal supposé qu'on lui a fait dans sa personne ou dans ses biens, il est responsable. Il serait à souhaiter que nos médecins fissent une déclaration analogue à celle des médecins anglais.

Le comité délégué par la Société des médecins aliénistes allemands pour s'occuper, en 1865, à Hildesheim, de questions relatives à la médecine légale adopta des conclusions semblables à celles des 54 médecins d'Angleterre. Et Mittermaïer, partisan de cette doctrine, rapporte, comme exemple de l'importance faussement attribuée à l'appréciation du juste et de l'injuste, l'observation d'un assassin qu'il allait voir à l'hospice des aliénés. Cet homme avait tué son père. A cette question du célèbre jurisconsulte : « Ne savez-vous pas que le parricide est un crime très sévèrement puni ? » Il répondit : « Je le sais fort bien, mais Dieu m'ayant envoyé dans le monde pour punir les grands pécheurs, dont mon père faisait partie, je l'ai tué selon son ordre. » Mittermaïer fait observer en outre que des aliénés appliquent cette connaissance du bien et du mal à leur propre sûreté et à celle de leurs semblables en demandant instamment leur entrée dans un hospice, parce qu'ils craignent de se tuer ou de faire du mal à autrui (1). On voit ce qu'il faut penser de la sagesse judiciaire qui prend pour criterium de la responsabilité la conscience du bien et du mal.

Si une action criminelle commise par un monomane est dépourvue de motif ou exécutée d'après un motif qu'il n'entre pas dans l'esprit d'un homme sensé de concevoir, les légistes admettent volontiers qu'elle ne s'explique que par la folie. Mais si un aliéné agit d'après les mêmes motifs qu'un homme

---

(1) Voir : Brierre de Boismont. — Mittermaïer, La peine de mort...., etc. (*Ann. méd. psych.*, 1868, 4e série, t. XI).

sensé, par jalousie, par cupidité, par vengeance, alors ils protestent et ne voient dans le fait que le résultat d'une passion criminelle, indépendante du trouble mental. D'abord il est erroné de croire que les actes des fous n'ont aucun mobile. Le fou agit sans motif raisonnable, oui, mais non sans motif. Il a des raisons d'agir comme tout le monde, car pour être fou il n'en est pas moins homme, il en a les passions, et il subit les mêmes impressions. S'il se détermine, c'est d'après des motifs humains, seulement les siens sont erronés, ils sont morbides. L'esprit du fou, s'il n'est pas libre, n'est pas pour cela privé d'activité, la facilité avec laquelle il est capable de raisonner le prouve; on a fait justice de l'automatisme de Biran qui ne voyait dans l'aliéné qu'une machine alternativement tranquille ou furieuse, délirante ou réglée. Le motif peut n'exister que dans l'imagination du malade, mais néanmoins il y en a toujours un qui explique l'acte. En sorte qu'un fou peut très bien concevoir une injure imaginaire et tuer un de ses semblables pour se venger. Est-il alors responsable ainsi qu'un homme sensé? Non, assurément, puisqu'il est malade. Ce n'est jamais qu'un fou qui se venge, et l'on ne peut soutenir que le même motif a eu la même influence sur un esprit déréglé que sur un esprit parfaitement équilibré; dans celui-ci, le motif peut être une passion gouvernable, qui chez le fou devient une insanité ingouvernable. La maladie généralement progresse et à mesure la réflexion s'affaiblit, de telle sorte que la volonté, bien loin de pouvoir combattre la maladie, devient bien vite l'esclave du motif délirant. Et du reste il ne saurait en être autrement, car chez le fou le mobile de ses actes est réellement le produit de la maladie, ainsi chez le persécuté qui dénonce des injures et des poursuites purement imaginaires; dès lors comment exiger de ce malade qu'il gouverne une passion née de croyances maladives qui échappent au contrôle de sa raison? Qu'on cause avec un malheureux persécuté, qu'on le raisonne même en lui montrant l'absurdité de son idée folle, comme Arago au malade de Trélat; et après des efforts inutiles on comprendra combien il est faux et inhumain de croire au triomphe possible de la volonté sur le délire, et d'imputer à l'agent un motif criminel qui n'est que le produit de ce délire. M. Maudsley dit avec raison : « Déclarer un fou responsable de ce qu'il sent et de ce qu'il fait en conséquence de sa folie, serait tout aussi injuste que de le déclarer responsable de la persistance de son délire (1). »

Puisque les fous, comme les hommes sensés, agissent d'après des motifs, tout jugement qui a pour objet une de leurs actions doit prendre ces motifs pour base de l'appréciation de la responsabilité, ainsi que cela a lieu dans tout jugement humain. Il s'est pour-

---

(1) *Le crime et la folie*, p. 194.

tant rencontré des auteurs pour déclarer qu'il n'y avait pas lieu d'en tenir compte. Dans l'affaire du monomaniaque Moulinard, l'avocat-général déclarait « que les jurés n'avaient pas à s'occuper des motifs du meurtre, mais de savoir s'il avait été commis. » « Pour l'appréciation d'un acte commis librement, peu importe le motif qui l'a dicté, » disait aussi le docteur Ott (1). J'avais toujours cru que c'est le motif qui fait d'un acte un crime. Est-ce que l'acte de tuer ne peut pas être parfois une action non criminelle? Si le fait était à lui seul la base de la responsabilité, à quoi serviraient les juges? Toute appréciation serait inutile, il suffirait en constatant l'acte dit criminel de recourir au tarif des peines correspondantes. En outre, il n'y aurait plus de distinction possible entre les actes d'un homme sain d'esprit et ceux d'un insensé. Il n'est pas douteux que c'est le motif qui constitue la moralité d'un acte, en sorte que « si le motif est déraisonnable, dit Aubanel cité par le docteur Mandon, pourquoi ne pas regarder comme venant d'un esprit malade l'action qui en a été la conséquence (2). »

Du reste pour un observateur consciencieux il est toujours possible de rattacher l'acte d'un fou à un motif imaginaire, erroné, disproportionné à l'acte, délirant, à la maladie en un mot. L'acte lui-même

(1) De la folie générale et partielle. (*Ann. méd. psych.*, 1854).

(2) Mandon (*Histoire critique de la folie instinctive*. Paris, 1862, p. 151).

trahit d'ordinaire le mal. L'attitude de l'auteur avant et après le fait, ses relations avec sa victime, la préparation, la soudaineté, l'atrocité même de l'acte sont autant de points de repère pour permettre de l'attribuer non à la perversité des idées et des sentiments c'est-à-dire à la passion, mais à leur perversion c'est-à-dire à la maladie. En sorte qu'il n'y a plus à parler de responsabilité ; car l'aliénation mentale n'est pas une passion, quoi qu'en dise M. Molinier, professeur de droit criminel à la Faculté de Toulouse. D'après cet auteur, le monomaniaque ne commet un crime que pour satisfaire ses désirs désordonnés, pour assouvir la passion qui le dévore ; et il ajoute « l'état de tous les coupables est le même ; tous veulent donner satisfaction à des penchants vicieux, et il n'y a de différence entre eux que dans le degré de dépravation morale auquel ils sont parvenus ; » et ailleurs il déclare que si le monomane était excusable « la justice aurait frappé à tort presque tous les coupables (1). » Mais si l'état de tous les coupable est le même, à quoi bon l'art. 64 du Code pénal, fait remarquer très justement le docteur Mandon ? « Qu'on le supprime, dit-il, si tous les aliénés sans exception sont responsables de leurs actes, si le fou homicide est aussi coupable que l'assassin, si le meurtre dans tous les cas suppose une égale responsabilité (2). »

(1) Article sur la monomanie. (*Ann. méd. psych.*, 1853).

(2) *Op. cit.*, p. 148.

Une des raisons qui militent le plus en faveur de la doctrine de l'irresponsabilité absolue des aliénés, est assurément la difficulté que l'on rencontre dans la pratique à déterminer exactement l'étendue du délire. M. Legrand du Saulle, quoique partisan de la responsabilité partielle, semble avoir compris lui-même que cette responsabilité ne peut être facilement appliquée, que c'est la responsabilité même qui est en question, puisqu'il dit : « Non, je ne suis pas partisan, en matière de folie partielle, du bénéfice des circonstances atténuantes. L'abaissement pénal diminue la criminalité, mais il laisse subsister l'infamie, et la famille de l'inculpé est destinée dans ce cas à porter les indélébiles stigmates de la flétrissure judiciaire. Or, l'aliénation mentale, même partielle, doit toujours rester une maladie. En face de la démence, la poursuite s'arrête : il n'y a point de faute à expier, mais une infortune à constater (1). » Mais je trouve un défenseur bien plus convaincu de notre doctrine dans le docteur Jules Falret, et je transcris textuellement son argument : « Comment limiter exactement la sphère dans laquelle s'exerce le délire ? Comment affirmer que tel acte, accompli dans tel moment, est totalement étranger aux conceptions délirantes de l'individu, tandis que tel autre acte, commis au même instant, doit être attribué à une impulsion maladive ?... Qui pourrait prétendre

(1) *Traité de méd. lég.*, p. 651.

apprécier avec certitude ce qui se passe dans l'intimité même de la conscience, en dehors de tout témoin intérieur ou extérieur ? Qui pourrait peser, mesurer le degré d'impulsion qui a entraîné le malade à l'action et le degré de résistance qu'il a pu y opposer ? Qui a la prétention de posséder un phrènomètre, c'est-à-dire un instrument assez précis, assez rigoureux, pour calculer avec exactitude, dans cette statique intellectuelle et morale, dans ce mécanisme compliqué des facultés intellectuelles, morales et instinctives, la puissance des forces d'impulsion et le contre-poids exercé par les forces de résistance, et pour indiquer avec vérité de quel côté se trouve la résultante de toutes ces forces combinées agissant simultanément, c'est-à-dire l'acte accompli ; qui pourrait déterminer s'il a été le produit de la décision libre de l'individu, ou bien, au contraire, s'il a eu lieu malgré lui et à son insu, par suite d'une impulsion maladive supérieure à sa volonté ? Cette mensuration exacte des forces psychiques et de leurs résultats est tout simplement impossible. Ceux qui tentent de la réaliser, médecins ou magistrats, livrent sa solution au hasard et à l'arbitraire des appréciations individuelles, variables selon les moments et selon les circonstances. Et c'est à l'aide de cette appréciation arbitraire, si sujette à l'erreur et sans criterium certain, que l'on voudrait décider de la vie ou de l'honneur des individus et de leurs familles ! Non, le médecin légiste, pour apprécier si un individu soumis à son examen doit être puni ou absous, s'il est coupable ou s'il doit être exonéré de toute responsabilité, a besoin d'un moyen de jugement plus certain et moins contestable. Or, il n'en est qu'un seul qui puisse remplir ce but, c'est celui que l'on tire de l'état de santé ou de l'état de maladie du sujet examiné..... Si le médecin-expert arrive à constater l'état de folie du sujet confié à son examen, *quels que soient la forme ou le degré de cette folie, quelque apparence de raison ou de liberté morale que cet individu ait conservée, il doit être considéré comme irresponsable* (1). » Et plus loin, le savant médecin indique le remède à employer contre cette prétention dangereuse de mesurer la criminalité de chaque fait. Il fait remarquer que la tendance de la médecine mentale à multiplier les variétés de la folie, en se souciant par trop des détails de chaque acte, alors que le médecin ne doit porter son attention que sur l'état mental de l'individu, est critiquable parce qu'elle peut avoir pour conséquence d'encourager la doctrine de la responsabilité partielle. Que les médecins se méfient de la doctrine de la monomanie poussée à l'extrême; qu'ils évitent de résumer l'aliénation mentale dans une particularité de l'état maladif, qu'au contraire ils envisagent l'homme tout entier pour conclure à la maladie purement et simplement, et non à un délire

(1) *De la responsabilité morale et légale des aliénés*, 1863, p. 8.

partiel. M. Legrand du Saulle l'a très bien dit : « l'aliénation mentale, même partielle, doit toujours rester une maladie. » Aussi, pour conserver le criterium de l'irresponsabilité absolue des aliénés, il est utile que les médecins-experts, dont les conclusions préparent celles du juge, bannissent l'idée du délire partiel d'où découle celle de l'irresponsabilité partielle. Ce conseil, c'est Morel qui le leur donne : « Je n'accepte pas, dit-il, la position d'un expert discutant une monomanie quelconque, et je conjure mes collègues d'en faire autant. Je n'examine qu'une seule question : l'individu était-il aliéné, autrement dit, malade au moment de la perpétration du fait criminel qui est articulé contre lui (1)? »

Il est nécessaire aussi de lutter contre l'idée exagérée que les légistes se font du délire comme signe de la folie ; ils n'admettent généralement la folie que lorsqu'il y a délire, et une telle opinion est assurément erronée. Il y a en effet des variétés d'aliénation mentale dans lesquelles le délire n'existe pas, et il y a des variétés de folie dans lesquelles l'existence du délire n'a pas la valeur d'une preuve certaine de folie. « L'absence du délire ne prouve pas nécessairement, dit M. Maudsley, que la folie n'existe pas ; et la présence du délire ne prouve pas nécessairement que la folie existe (2). » Si une conception

(1) *Annal.*, 1854, p. 286.

(2) *Le crime et la folie*, p. 126.

délirante est prédominante, parmi les actes qu'elle provoque directement, beaucoup ne semblent pas en découler logiquement ; d'autres qui, en apparence s'y rattachent parfaitement, en sont tout à fait indépendants ; est-ce qu'un raisonnement fou, une impulsion morbide n'ont pas pu surgir tout à coup ? En outre il est certain que le délire qui se manifeste très restreint est souvent en réalité très complexe ; que tel délire partiel à tel moment est très étendu à tel autre, fait déjà signalé au XVIe siècle par Zacchias lorsqu'il disait : « ..... bien qu'ils ne déraisonnent d'abord que sur un objet, ils sont sujets à délirer d'un instant à l'autre sur les choses dans lesquelles ils semblaient se conduire avec prudence (1) ; » que le délire se manifestant à une époque par telles idées et tels penchants, se manifeste à une autre époque par des idées et des penchants absolument opposés, en sorte que le malade devrait être appelé, selon l'observation très juste de M. Legrand du Saulle, non un monomane, mais un polymane (2) ; qu'un maniaque même peut par moment être partiellement raisonnable. Et vous prétendez néanmoins être capables d'apprécier avec précision le degré de responsabilité, de conclure à une responsabilité pour moitié, pour un tiers, pour un quart ? Mais remarquez en-

(1) V. *De l'interdiction des aliénés...* par Brierre de Boismont. Paris, 1852.

(2) *La folie héréditaire*, 1873, p. 69.

core qu'une raison folle ne se conduit assurément pas comme une raison saine, dès lors comment conclure sûrement d'une idée insensée à un acte? Vous connaissez le délire d'un fou, en pouvez-vous déduire ce qu'il va faire? nullement, car vous ne pouvez suivre dans l'esprit malade la marche de ce délire. Vous êtes en présence de l'incohérence des idées, il est au moins bizarre que vous ayez recours à la logique pour la mesurer. Il est absurde « d'imposer à un esprit raisonnable et sain, dit M. Maudsley, la tâche de plonger dans les profondeurs tumultueuses de l'esprit d'un fou; d'y saisir toutes les incohérences de pensées et de sentiments désordonnés; et de retrouver le fil qui rattache les uns aux autres des phénomènes mentaux dont le caractère est précisément de n'avoir ni lien, ni cohérence, de ne pas se succéder en relation logique, d'être, non pas dans un ordre, mais dans un désordre d'association contraire à toute l'expérience du bon sens. Si un homme sensé pouvait réussir dans une pareille entreprise, ce ne serait qu'à une condition : à la condition de devenir lui-même aussi fou que le fou dont il étudierait l'esprit; c'est seulement ainsi qu'il en pourrait suivre et apprécier les raisonnements contraires à la raison (1). » Assurément la base de la responsabilité partielle est instable, il est impossible de déclarer sûrement dans tel cas si l'acte découle ou est

(1) *Op. cit.*, p. 208.

en dehors de l'idée délirante. Donc, dans l'intérêt de la justice, il faut s'en tenir au criterium de la maladie. « Du moment que l'aliénation mentale est constatée, qu'elle affecte le type de la monomanie ou tout autre, l'irresponsabilité légale est la conséquence nécessaire de cette constatation (1). »

La doctrine de la responsabilité partielle divise forcément l'homme en deux parties : l'une qui est esclave de la maladie, l'autre qui demeure maîtresse d'elle-même. Toute la question est là : *l'homme peut-il avoir en lui et une personne raisonnable et une personne folle, et par suite se peut-il que l'aliéné ne délire que partiellement?* J'ai déjà protesté contre une pareille supposition en soutenant que le désordre des facultés affectives implique forcément le désordre des facultés intellectuelles, autrement dit en plaidant la cause de la solidarité des facultés de l'esprit. Qu'on me permette d'insister encore sur ce point. L'organisme cérébral est-il donc formé de pièces diverses indépendantes les unes des autres? le cerveau est-il donc comme un clavier composé de notes produisant isolément un son distinct? Cela n'est pas admissible; une pensée est pour ainsi dire un accord; si une idée est fausse, l'accord est faux. Toutes les facultés concourent à la production d'une idée, sensation, jugement : association de

---

(1) Renaudin : Observations médico-légales sur la monomanie. (*Annal.*, 1854).

perceptions primaires; dès lors si une idée est délirante c'est que l'association cérébrale est dissoute, c'est que le terrain sur lequel l'idée a germé est épuisé; le délire ne peut naître que de l'insanité. Ou bien admettrez-vous que le cerveau se décompose en une série de cases isolées, servant de récipients à chaque catégorie d'idées, que dès lors les idées de telle case peuvent devenir insensées, sans que le désordre se propage aux autres; que par suite, à supposer une mensuration possible, il n'y a plus qu'à établir une proportion entre la somme des idées saines et la somme des idées délirantes pour conclure à une responsabilité proportionnelle? Mais sans insister sur la physionomie au moins bizarre de ce système, je ferai remarquer en invoquant les observations des spécialistes, que par suite de la marche lente, variable, progressive et le plus souvent cachée de la folie, il est impossible de prétendre enfermer l'aliénation mentale, à un moment donné, dans telle case d'idées délirantes, pas plus « qu'il n'est possible de circonscrire le cercle d'action dans lequel une idée dominante doit exercer ou a réellement exercé son influence (1). » Qu'on ne dise pas que dans tel cas le délire est localisé, c'est une erreur, ou tout au moins on n'en sait rien, car

(1) Brierre de Boismont : Considérations médico-légales sur l'interdiction des aliénés. (*Journal hebdomadaire de médecine*, t. VI). — Voir aussi Falret : Leçons faites à la Salpêtrière sur les maladies mentales, et publiées en 1850 dans la *Gazette des hôpitaux*).

comment pouvoir affirmer que telle idée découle d'une source pure, telle autre d'une source impure? On ne sait que ce que l'on voit; or on voit un insensé, un monomane qui déraisonne sur un point unique en apparence; on sait cela. Mais comme on ne voit pas si intérieurement la maladie est générale ou partielle, on ne peut conclure d'après la manifestation extérieure que la folie est limitée. Mais, me dira-t-on, vous ne pouvez conclure davantage qu'elle est générale. Je réponds : l'étude de l'esprit humain, le sentiment que nous avons de l'unité du moi me permettraient de soutenir qu'une lésion quelconque entache le moral tout entier; mais je veux bien ne pas affirmer que la folie est générale, je constate seulement qu'il y a maladie et je dis qu'un malade est, jusqu'à nouvel ordre, un être irresponsable. D'Espeisses l'a dit, il y a longtemps : « l'aliéné a plus besoin d'un médecin que d'un juge (1) » et j'exprimerai à mon tour la même pensée en empruntant au docteur Dally ce qu'il dit des criminels : il faut les « traiter comme des malades, n'avoir à leur égard ni haine, ni colère, ni esprit de vengeance, mais se borner à préserver la société des dangers qu'y fait naître leur présence (2). »

La doctrine de la responsabilité partielle est fort délicate, ai-je dit, en pratique, il paraît qu'elle est non

---

(1) *Traité des crimes...* 1re partie, t. XI, n° 7.

(2) *Remarques sur les aliénés et les criminels*, 1864, p. 4.

moins délicate en théorie, à en juger par les contradictions que l'on rencontre chez ses défenseurs. C'est ainsi que M. Legrand du Saulle après avoir nié la solidarité des facultés, après avoir déclaré « qu'il peut y avoir absence de raison, absence de la connaissance du bien et du mal relativement à certains objets, sans que vis-à-vis des autres il y ait altération évidente de l'entendement (1), » plus loin s'exprime ainsi : « On a prétendu qu'une idée délirante ne pouvait se développer isolément au milieu d'une intelligence saine d'ailleurs ; on a dit que toutes les facultés de l'esprit étaient solidaires les unes des autres, et que l'existence d'une seule idée délirante devait faire sentir son influence sur toutes les pensées et sur tous les actes du malade, comme l'on voit la rupture d'une seule pièce d'une machine jeter le désordre et le trouble dans le fonctionnement de tout le mécanisme. *Ces objections sont vraies en principe*... On n'admet plus que l'idée délirante soit unique et isolée, mais bien que l'idée prédominante se détache sur un fond généralement et primitivement altéré (2). » Si je ne me trompe, voilà qui n'est pas précisément logique, car de deux choses l'une : ou l'homme est un être double dont les facultés ne sont nullement solidaires et, si c'est la personne raisonnable qui est réputée avoir agi, il

(1) *Traité de méd. lég.*, p. 650.
(2) *Traité de méd. lég.*, p. 791.

sera responsable; ou bien chez l'homme il y a unité des facultés et dès lors l'idée délirante ne peut être isolée par suite de la solidarité réciproque dans les désordres respectifs des facultés, « elle se détache sur un fond généralement et primitivement altéré, » et l'homme ainsi atteint ne saurait être responsable. Du reste M. Legrand du Saulle n'est pas le seul partisan de la responsabilité partielle qui se soit déjugé ainsi ; Tardieu dit en effet d'une part : « Si bornée que soit la lésion des facultés, quelque circonscrit que paraisse le trouble de la raison, ce n'est jamais dans un point unique qu'elle se renferme. L'idée prédominante se détache sur un fond généralement et primitivement altéré, et le délire partiel n'est que la note la plus élevée du désaccord le plus profond qui existe entre les différentes fonctions intellectuelles et morales ; » et d'autre part : « De même qu'il y a des degrés dans la folie, il doit y en avoir dans la responsabilité (1). »

La doctrine de la solidarité des facultés et par suite de l'irresponsabilité absolue des aliénés, a rencontré des avocats distingués. Sans parler des médecins, qui en majorité ont soutenu cette doctrine, je citerai quelques philosophes et jurisconsultes, je sais que leur opinion est acceptée avec moins de défiance par les magistrats.

Le célèbre d'Aguesseau, parlant des individus qui

---

(1) *Étude médico-légale sur la folie.*

paraissent raisonner convenablement sur les sujets étrangers à leur délire s'écrie : « Qui pourra cependant prétendre qu'ils sont aptes à tester ? »

Troplong disait en termes énergiques : « La raison de l'homme est une, elle n'est pas susceptible de divisions ; quand la folie s'en rend maîtresse, ne fût-ce que sur un côté isolé, elle la vicie dans son entier, semblable à ces cancers qui ne rongent qu'une certaine partie du corps, mais sont une corruption de toute la masse du sang. »

Ces idées ont été éloquemment soutenues par Me Paillet dans l'affaire Papavoine.

Le conseiller Sacase exprimait la même opinion : « On doit rejeter comme une vaine hypothèse, dit-il, l'existence d'un délire qui aurait uniquement son siège dans la lésion d'une seule faculté..... chaque faculté a, comme chaque organe, son rang, sa mission propre et originelle ; mais leur exercice est simultané, elles se pénètrent mutuellement..... Privé d'un de ses ressorts l'être mental n'est plus le centre d'où rayonnent l'intelligence et la volonté (1).

Consultez Damiron, il vous dira que « la perte d'une seule des facultés suffirait pour jeter le trouble dans l'entendement ; car il est bien peu d'idées, quelque simples qu'on les suppose, dont la forma-

---

(1) *De la folie considérée dans ses rapports avec la capacité légale*, 1851.

tion et le développement n'exigent le concours de toutes les opérations de l'esprit (1). »

D'après M. Le Sellyer « le monomane, bien qu'atteint d'une folie simplement partielle, doit être regardé comme n'ayant plus le sens moral assez sûr pour que, relativement même à tout autre objet que celui de sa monomanie, on puisse lui appliquer les règles ordinaires d'imputabilité (2). »

« Pour celui qui s'observe constamment, dit J. Lemoine cité par Brierre de Boismont, il est difficile que l'esprit humain puisse se couper en tranches comme un fruit, ou se diviser en une série de petites cases et de petits tiroirs avec des étiquettes; l'esprit humain n'est point ainsi fait, il respire tout d'une pièce (3). »

Terminons par ces réflexions de Mittermaïer : « Les recherches les plus récentes démontrent qu'il ne saurait exister une semblable affection (démence partielle); c'est une erreur de penser qu'une partie de l'âme seulement peut être malade. Ce que l'on appelle idée fixe, c'est le centre autour duquel tournent les manifestations de la vie intellectuelle, ce serait un acte purement arbitraire que de prétendre distinguer s'il existe une connexion intime entre une action déterminée et une idée fixe. Qui peut en effet

---

(1) *Cours de philosophie,* 1re partie.

(2) *Traité de la criminalité, de la pénalité et de la responsabilité.*

(3) Brierre de Boismont : Mittermaïer; la peine de mort... (*Ann. méd. psych.,* 1868, 4e série, t. XI).

savoir ce qui se passe dans l'intérieur du malade (1)? » « L'unité physiologique de l'esprit sain ou malade, telle est la conviction de Mittermaïer, dit Brierre de Boismont; aussi rassemble-t-il les faits et les arguments les plus propres à démontrer la nécessité de l'irresponsabilité des aliénés. Plus ses recherches s'étendent, plus sa liste s'agrandit et plus les exemples convergent vers la doctrine de l'irresponsabilité (2). »

De telles autorités, ce me semble, seraient bien dignes de convaincre les hommes de loi. Il est déplorable que les tribunaux persistent à se mettre en conflit avec les lois de la nature. Qu'ils acceptent franchement cette doctrine résumée ainsi par Moreau et après lui par Morel : on est aliéné ou on ne l'est pas, on ne peut l'être à moitié. Qu'ils réclament du médecin la constatation de la maladie et que, la maladie constatée, quelle que soit son étendue apparente, ils concluent, d'après ce criterium le seul certain, à l'irresponsabilité du prévenu. Que risquent-ils? D'absoudre un coupable. Mais ne vaut-il pas mieux absoudre un coupable que de condamner un aliéné? il est certes préférable de se tromper en innocentant qu'en punissant.

Mais, dit-on, et la sécurité publique? « L'admission trop fréquente de la folie comme excuse serait

(1) Des expertises médico-légales. Analyse par Dagonet. (*Ann. méd. psych.*, 1867, 4e série, t. IX).

(2) Brierre de Boismont : *op. cit.*

dangereuse et exposerait la société à de grands périls (1). » C'est à mon sens une erreur. La punition et l'exemple n'arrêtent pas les criminels; croit-on donc, qu'en condamnant un fou, on prévient les cas de folie? Mais si l'argument, guillotiner les fous pour l'exemple, était sérieux, il faudrait s'étonner, avec M. Maudsley, que la pratique d'enfermer les fous dans des hospices n'ait pas réussi à les empêcher de devenir fous. Non, une telle théorie est barbare et « quand on pendrait la moitié des fous de ce pays, ce lamentable spectacle n'aurait aucun effet sérieux sur l'autre moitié (2). » Qu'on se contente d'enfermer les fous dans les asiles pour les empêcher de nuire, c'est tout ce que peut réclamer la protection des intérêts sociaux.

IV.

Etats spéciaux.

§ 1er. — *Imbécillité et Idiotie.*

L'imbécillité commence avec la vie. Elle tient à un vice originel dans la conformation du cerveau, et ce qui la caractérise, c'est la formation incomplète des idées. L'imbécile n'a que des idées à demi-formées,

(1) M. Isambert, conseiller à la Cour de cass. — Voir les notes de ce magistrat jointes à l'étude de Brierre de Boismont sur *l'Interdiction des aliénés*. Paris, 1852.

(2) *Op. cit.*, p. 122.

son intelligence ne s'est pas développée; « c'est un grand enfant », dit Esquirol.

Le fou par démence lui aussi a une raison incomplète, mais il diffère de l'imbécile en ce qu'il a perdu la raison, tandis que l'imbécile ne l'a jamais acquise; en outre la démence se traduit non par une formation incomplète des idées, mais par un manque de liaison et de suite dans les idées.

Le diagnostic général est du reste facile; costume, maintien, regard, paroles de l'individu ne trompent pas. D'autant plus facile est ce diagnostic que les simulations de l'imbécillité sont presque impossibles.

Les imbéciles obéissent aux instincts pervers, aux passions malsaines, et cela est naturel car les passions sont d'autant plus fortes que l'intelligence est plus faible. Ils sont vindicatifs, orgueilleux, menteurs, débauchés; ils commettent des viols brutalement et en se jetant sur la première femme venue, ou ils s'adonnent à des habitudes dégoûtantes, sans relâche et publiquement.

L'imbécile peut même devenir dangereux, sans avoir d'ailleurs conscience de la gravité de ses actes, car son insuffisance morale et intellectuelle laisse le champ libre aux impulsions morbides (1). Son crime de prédilection semble être l'incendie. Ajoutons qu'il sert facilement d'instrument aux criminels.

(1) Voir des exemples cités par Tardieu : *op. cit.*, p. 145.

Chez l'idiot, la dégénérescence est descendue encore plus bas. L'imbécile se rapproche parfois du niveau de l'intelligence ordinaire, l'idiot « n'est guère plus qu'un organisme végétatif », dit M. Maudsley. Heureusement qu'avec l'idiotie arrivent l'impuissance et la stérilité, en sorte que ce malheureux est le dernier représentant d'une race qui, par un abâtardissement progressif, a abouti à la dégradation extrême.

Le diagnostic de l'idiotie est non moins aisé que celui de l'imbécillité; physionomie stupide, regard hébété, bouche grande, lèvres épaisses et pendantes, corps difforme, extérieur sale et repoussant. Quoi qu'en dise Descartes, dans son *Discours de la Méthode*, il y a des hommes qui sont incapables d'arranger ensemble diverses paroles, ce sont les idiots. Pinel cite une jeune idiote qui ne prononça jamais que deux mots. Esquirol en cite d'autres qui, de leur vie, n'en ont prononcé qu'un. Morel parle d'un idiot qui ne prononçait pas un mot, mais par contre, qui avait un talent remarquable sur le tambour. On remarque en effet de ces particularités curieuses, véritables aptitudes spéciales, chez l'idiot, comme chez l'imbécile (1). La mémoire des dates, des noms, des nombres se présente comme une particularité bizarre de leur entendement incomplet; parfois même ils ont le sentiment musical très développé, au besoin sur le tambour.

---

(1) Voyez Trélat : *La folie lucide*. Paris, 1861, p. 19.

Il y a des idiots qui n'ont pas même les plus simples instincts, pas même l'instinct de la conservation. Ils ne savent ni porter les aliments à la bouche, ni les mâcher; on est obligé d'enfoncer la nourriture dans leur gosier et c'est alors seulement qu'ils avalent. Il en est de ces malheureux comme de ces animaux auxquels Flourens avait enlevé le cerveau proprement dit tout entier (les lobes ou hémisphères cérébraux); ces animaux ne mangeaient plus d'eux-mêmes, ils résistaient aux efforts qu'on faisait pour leur ouvrir la bouche, il fallait introduire les aliments jusque dans leur gosier, alors seulement ils les avalaient (1). Arrivé à ce degré, l'idiotie est ce que Dubois (d'Amiens) appelle de l'*automatisme*.

Comme l'imbécile, l'idiot peut être entraîné par des impulsions morbides au vol, au viol, à l'incendie, à l'homicide.

Il faut citer à part les *crétins*, catégorie spéciale d'idiots atteints d'une dégénérescence endémique, qui peuplent certaines vallées des Alpes et même, mais plus rarement, des Pyrénées, de l'Auvergne et des Vosges.

Responsabilité des imbéciles et des idiots. — Les criminels imbéciles ou idiots sont irresponsables. Pour les idiots cela ne fait pas de doute, il en est de même pour les imbéciles dont la dégénérescence est très nettement caractérisée, car ils présentent une grande

(1) P. Flourens : *De la raison*... Paris, 1861, p. 181.

insuffisance morale et intellectuelle, qui a commencé d'ailleurs avec la vie. Mais il se peut qu'un individu, atteint de ce défaut naturel, présente néanmoins une disposition mentale assez proche de l'état normal. Dans ce cas le diagnostic sera assurément très délicat, mais si l'expert conclut à l'imbécillité, c'est l'irresponsabilité qui doit suivre en vertu du seul criterium que je considère comme possible.

§ 2. — *Surdi-mutité.*

Le sourd-muet est en réalité dans la situation d'un mineur ou d'un imbécile. Il a peut-être bien en lui le germe de toutes les facultés mentales, mais ce germe n'a pu se développer sous l'influence bienfaisante de l'instruction et de l'éducation. Du reste, à en croire Itard, le savant médecin de l'hospice des sourds-muets, la plupart de ces malheureux sont atteints d'idiotisme, soit que cette inaptitude mentale résulte de l'inaudition, soit qu'elle dépende de la même cause qui a paralysé le sens auditif.

On conçoit que ces pauvres êtres, outre l'insuffisance intellectuelle, présentent une insuffisance morale. Ce sont forcément, à moins qu'ils parviennent à un degré bien rare de l'éducation spéciale des sourds-muets, des automates qui ne peuvent saisir les idées de devoirs et d'obligations, qui ne peuvent apprécier exactement la valeur de leurs actes et réfléchir sur leur suite, qui ne peuvent avoir conscience de ce que nous appelons bien et mal. Leur esprit n'étant ni fortifié ni armé contre les passions et les instincts, ils cèdent facilement à la colère, à la haine, à la vengeance, et peuvent avoir à répondre d'actes criminels devant la justice, qui d'ailleurs les entoure de précautions spéciales (art. 332 et 333 du Code d'instr. crim.). C'est ainsi qu'en 1872 un sourd-muet fut accusé du meurtre de son frère, et même condamné à trois ans de prison (1).

Il est juste de reconnaître que l'instruction des sourds-muets a fait des progrès certains, et qu'elle est arrivée à des résultats appréciables. Il se peut donc que l'esprit éduqué d'un sourd-muet puisse saisir la distinction que nous faisons entre le bien et le mal. Mais il ne faut pas se laisser aller à de trop grandes illusions sur l'influence de cette éducation. « Je ne veux pas nier, dit Casper, les bons effets que peuvent produire en eux quelques notions élémentaires de morale et de religion, mais les maîtres les plus distingués des établissements les plus célèbres s'accordent à avouer qu'ils rencontrent, hélas ! une barrière infranchissable dans la défectuosité physique et morale des sourds-muets. Mes nombreuses expertises ne m'ont que trop confirmé cette assertion (2). »

Responsabilité des sourds-muets. — Il est certain

---

(1) V. *Gazette des tribunaux*, 11 et 18 octobre et 1er décembre 1872.

(2) *Op. cit.*, p. 423.

que quelle que soit l'éducation qu'on leur donne, les sourds-muets, n'arrivent jamais qu'à un développement bien incomplet de leurs facultés intellectuelles et morales. Dès lors comment parler de responsabilité? En tous cas on ne peut parler que de responsabilité partielle puisque l'individu est incomplet. Or comment calculer le degré du développement moral dû à l'instruction spéciale, comment apprécier la force de résistance acquise au moyen de cette instruction et la comparer à l'impulsion criminelle, comment en somme infliger une peine proportionnellement juste! Le problème me semble extraordinairement délicat, et je voudrais pour ma part que le juge se souvint toujours de deux choses : c'est que le sourd-muet, quoi qu'on fasse est un être incomplet et défectueux, et que prétendre calculer son développement moral et par suite sa responsabilité, est quelque peu présomptueux.

Le Code pénal de Sardaigne (1859) assimile le sourd-muet au mineur de quatorze ans, et veut que la question du discernemeut soit posée. Le Code pénal de l'Allemagne du Nord statue de même. Le projet du Code pénal Italien va plus loin et déclare jusqu'à quatorze ans le sourd-muet irresponsable.

§ 3. — *Alcoolisme.*

Les ravages produits par l'abus des boissons fermentées augmentent d'une façon effrayante. C'est l'alcoolisme surtout qu'il faut accuser du nombre croissant des suicides. En vingt ans le nombre des morts accidentelles a doublé et celui des suicides par suite d'excès alcooliques a triplé. La statistique de l'aliénation mentale témoigne aussi que le nombre des alcoolisés admis dans les asiles d'aliénés va sans cesse en augmentant (1); et d'ailleurs il en est ainsi dans tous les pays. Cependant, disent MM. Briand et Chaudé « ce fléau paraît s'arrêter, momentanément du moins, en Angleterre, grâce aux sociétés de tempérance (2). » Ideler parle aussi de « l'exemple consolant de ces grandes sociétés... qui ont causé la conversion de plusieurs millions de buveurs. » « Malheureusement, répond Casper, les succès de ces sociétés de tempérance sont très contestables quant à leur durée et nous avons vu même des sociétés faire complètement naufrage. Si en Angleterre, la consommation du thé par les *teototallers* (ceux qui ont juré de ne boire que du thé) a beaucoup augmenté, malheureusement la consommation de l'opium a augmenté dans la même proportion, et on n'a fait que changer la manière de se griser. Enfin une dernière objection contre les prétendus succès des sociétés de tempérance : c'est qu'il est impossible

---

(1) V. MM. Magnan et Boucheron : Statistique des alcooliques entrés au bureau d'admission en 1870 et 1871 (*Ann. méd. psych.*, 5e série, t. VII, p. 51, 1872).

(2) *Op. cit.*, p. 583.

de contrôler individuellement la conversion réelle des « millions de buveurs. » Du reste Pappenheim, dans son *Traité de police sanitaire*, (Berlin, 1858, t. 1), nous montre le bilan des succès et des revers d'un grand nombre de ces sociétés Allemandes, Anglaises et Irlandaises ; il nous offre la preuve incontestable que l'effet des sociétés de tempérance, qui peut être très efficace dans certains cas, ne peut pas être objecté dans la question que nous traitons (1). »

Dans l'étiologie de la folie, l'intempérance peut être classée comme le facteur le plus puissant après l'hérédité. Et M. Maudsley nous donne un exemple frappant de cette influence aussi néfaste que puissante. « Voici ce qui s'est passé, dit-il, à l'asile du comté de Glamorgan : durant le second semestre de l'année 1871, les admissions n'ont pas dépassé, pour les hommes, le chiffre de 24, tandis qu'elles avaient été au nombre de 47 dans le semestre précédent et qu'elles s'élevèrent à 73 dans le suivant. Dans le premier trimestre de l'année 1873, il y en eut 10; le trimestre précédent en avait vu 21 ; on en compte 18 dans le suivant. On n'observe point dans le nombre des femmes admises de différences correspondantes. Toutefois on constate, à la prison du comté, un fait semblable; la production du crime, comme celle de la folie avait diminué dans de notables pro-

(1) *Op. cit.*, p. 370.

portions. Or voici où réside l'intérêt et l'enseignement de ces observations : les deux périodes exceptionnelles correspondaient exactement aux deux dernières grèves dans l'industrie du fer et dans l'industrie du charbon qui sont de considérable importance au comté de Glamorgan. La diminution constatée provenait sans aucun doute de ce que les ouvriers n'ayant point d'argent à perdre en ivrognerie et en débauches furent forcément pendant ce temps-là sobres et tempérants ; le résultat direct fut une diminution marquée dans la production du crime et de la folie (1). »

« L'ivrogne n'engendre rien qui vaille, » a dit Amyot. L'homme ivre qui féconde engendre en effet un enfant inintelligent ; les exemples en sont nombreux. M. Legrand du Saulle a connu une femme riche, très laide, qui avait épousé un noble débauché ; en quatorze ans elle n'eut que des rapports très rares avec son mari, et chaque fois son mari était ivre. Elle a eu cinq enfants qui tous les cinq avaient une tare. L'ivrogne devrait faire lit à part.

L'ivresse doit être distinguée de l'alcoolisme. Ce n'est qu'un accident, une perturbation passagère, un état temporaire et transitoire de délire, une courte folie. L'alcoolisme est un état permanent, confirmé, ou un épisode aigu et accidentel d'une intoxication lente, progressive, chronique de sa nature. A Rome,

(1) *Le crime et la folie*, p. 269.

cette distinction existait même dans les mots : *ebrius*, c'était l'homme ivre; *ebriosus*, l'ivrogne. Mais il est assez difficile de préciser à quel degré d'intoxication alcoolique commence l'alcoolisme. Tout ce qu'on peut dire, avec le proverbe napolitain, c'est que « les premiers verres donnent du sang d'agneau, qui adoucit; les suivants donnent du sang de tigre, qui rend furieux; les derniers donnent du sang de porc, qui fait rouler dans la boue. »

L'alcoolisme est l'ensemble des folies dues à la boisson. On peut le diviser en : alcoolisme aigu, subaigu et chronique.

Agitation subite, violence, tremblement, hallucinations de la vue, tentatives de suicide sans succès, caractérisent les alcoolisés à l'état aigu. Ils sont dangereux; témoin Altschuler, le boursier, qui, le 20 avril 1883, tira subitement cinq coups de revolver sur le boulevard des Italiens et fit trois victimes, en criant : « Voyez ce chien-là... tenez... la gueule ouverte ! il court sur moi ! »

Voilà une femme accouchée depuis quelques jours, elle délire. On l'interroge, elle dit qu'elle a soif, qu'elle voit des animaux, des insectes. Elle est tout simplement dans un état d'alcoolisme produit par les grogs et l'eau-de-vie que les gardes-malades ont l'habitude de donner aux femmes en couches. Ce régime est dangereux. Pareil fait peut se produire après une opération chirurgicale. Le malade a eu une hémorragie, on lui donne alors du rhum de quart d'heure en quart d'heure; et M. Legrand du Saulle a vu quatre cas de *delirium tremens* suivi de mort produits par ce système déplorable.

L'alcoolisé peut devenir criminel. « L'alcoolisme et l'épilepsie, dit le docteur Blanche,... sont les espèces où on voit le plus souvent survenir l'homicide (1). » Parfois il se dénonce lui-même à la police, comme l'auteur d'un meurtre mystérieux et qui a produit une grande sensation. Il commet des actes indécents qui le mènent devant les tribunaux, ou bien il blesse grièvement un individu sur lequel il avait des soupçons injustes.

Celui qui fait usage d'alcool régulièrement sans s'enivrer devient plus dangereux que celui qui se grise par hasard un dimanche en partie de plaisir, car un beau jour imbibé comme une éponge, il prend feu. C'est là une constatation scientifique dont les tribunaux ne tiennent pas assez compte. Tel est le cas du boucher Viette; comme sa femme fort jalouse le retenait à la maison, il prit l'habitude d'emmagasiner peu à peu de l'alcool sans se griser. Un matin il prit feu en se disputant avec sa femme et la tua. M. Legrand du Saulle eut le talent de rallier les jurés à son opinion et Viette fut acquitté.

Dans l'alcoolisme subaigu les hallucinations sont terrifiantes. Le malade subit une dépression mélancolique, il a des idées de persécution, il entend des

---

(1) *Des homicides commis par les aliénés*. Paris, 1878.

bruits désagréables et pénibles ; on se bat à côté de lui, on parle de lui, on le poursuit, on l'accuse, mais bien entendu il ne voit personne. Il se crée une criminalité imaginaire et fantastique. C'est Lasègue qui a mit en relief cette variété de délire alcoolique, mais elle n'est pas encore assez connue, elle est fréquemment la cause d'appréciations erronées. C'est ainsi qu'il y a quelques années la justice eut à s'occuper, dans le monde des chiffonniers, d'un ménage à trois. La femme venait de mourir ; un jour le mari qui avait beaucoup bu, va au cimetière et là il entend sa femme qui lui dit que c'est l'autre qui l'a fait mourir et que c'est à lui son mari à lui faire son affaire. En époux docile, il va et tue son ami. Les médecins-experts concluent au délire des persécutions. Aux assises, M. Legrand du Saulle appelé par le défenseur, reconnut aussitôt un cas d'alcoolisme subaigu, à la simple lecture du dossier. Mais il fut moins heureux que dans l'affaire Viette, le jury prononça la peine des travaux forcés à perpétuité. Il est du reste essentiel d'examiner l'individu au moment de l'acte, car peu après son état peut être modifié, et tel qui était malade lors du crime, ne l'est plus lors de l'expertise (1).

Signalons en passant l'apparition du délire alcoolique parmi les femmes du monde. Celle-ci déguste

---

(1) Voyez à ce sujet un cas très-curieux rapporté par Marc et résumé par M. Legrand du Saulle dans son *Traité de méd. lég.*, p. 830.

des vins d'Espagne, celle-là boit de l'eau de mélisse, peu à peu elle en fait un usage exagéré, elle s'alcoolise petit à petit et bientôt le calme, le sommeil font place à l'agitation, aux troubles de la sensibilité et même de l'intelligence.

L'alcoolisme chronique est plus connu. Il a pour signes : la tristesse, le marasme, les douleurs de la gorge et de l'estomac, les hallucinations, la démence qui peut mener au crime.

Il est important de noter que dans l'alcoolisme le délire impulsif peut se manifester avec tous ses caractères. Un alcoolisé peut, sans être ivre, et sans provocation, frapper subitement d'un coup de couteau sa femme, ses enfants et même un passant inoffensif sans plus de conscience qu'un épileptique. C'est l'effet de périodes d'excitation avec impulsions irrésistibles qui découlent de l'intoxication chronique (1).

La *Dipsomanie* (2) doit être distinguée du délire alcoolique. Elle est caractérisée par une impulsion irrésistible, un violent appétit à commettre, à certains moments de paroxysme, des excès de boisson. « Les ivrognes, dit Trélat, sont des gens qui s'enivrent quand ils trouvent l'occasion de boire. Les dipsomanes sont des malades qui s'enivrent toutes les fois que leur accès les prend (3). » Le dipsomane restera

(1) V. les exemples cités par Tardieu : *op. cit.*, p. 163-166.

(2) Ce nom est dû à Hufeland.

(3) *De la folie lucide*, p. 151.

deux mois, six mois, un an sans boire, puis son accès le prend et il boit pendant deux, dix, quinze jours. C'est un alcoolisé intérimaire ; on retrouve dans ces accès la périodicité comme dans la plupart des névropathies. Il boit par impulsion morbide, et l'impulsion est si fatale que le malade, pour lutter contre la passion, ne recule au besoin devant aucun artifice, mais en vain. Une malade du docteur Magnan, dit M. Bra, obsédée par le besoin impérieux de boire, en arrive, pour augmenter sa répugnance, à mélanger des matières fécales et du pétrole à l'eau-de-vie qu'elle achète ; mais toutes ces précautions sont inutiles, le breuvage est avalé malgré le profond dégoût qu'il inspire (1). Le dipsomane ne recule devant aucune violence, aucun crime ; mais il faut noter que, l'accès passé, le malade redevient calme, sensé. Or, qu'on l'interroge sur un attentat criminel après sa période délirante, il répondra avec intelligence et bon sens. Aussi conçoit-on le danger ; d'autant plus que la justice admet difficilement qu'un homme ne soit aliéné que pendant un temps donné, dix ou quinze jours, un ou six mois. Et cependant c'est tellement exact, qu'à l'approche d'un accès, certains dipsomanes à crises périodiques vont eux-mêmes se séquestrer pour la durée de l'accès. « J'ai connu pendant mon internat à Sainte-Anne, dit le

---

(1) M. Bra : *Manuel des maladies mentales*. Paris, 1883, p. 70. — V. aussi Casper : *op. cit.*, p. 369.

docteur Bra, un dipsomane dont les crises étaient périodiques. Cet homme était intelligent, actif et faisait de bonnes affaires. Lorsqu'il sentait son accès approcher et qu'il ne pouvait plus, disait-il, résister à l'envie de boire, il venait se séquestrer de lui-même pendant toute la durée de son accès et ne demandait sa sortie que lorsqu'il jugeait sa crise dissipée. C'était en moyenne deux fois par an qu'il se livrait à cette villégiature salutaire (1). »

Diverses boissons ont les préférences des dipsomanes. Sans parler du vin, de la bière, du cidre, de l'eau-de-vie principalement, et de l'absinthe (2), il faut citer la préparation du chanvre comme sous le nom de *haschisch* (3). Un individu qui se livrait à l'abus du haschisch fut, en 1850, accusé devant le tribunal criminel de Constantine, de tentative de meurtre sur un jeune juif : « Des voix me l'ont ordonné, disait-il; depuis le matin jusqu'au soir j'entendais des voix marcher à côté de moi et me répéter : tu as mangé hier avec des juifs il faut te purifier avec le

(1) *Op. cit.*, p. 72.

(2) Consultez : Dr Magnan (*Alcool et absinthe*. Paris, 1871), et M. Challans (*De l'alcoolisme et de l'absinthisme*, thèse de Paris, 1870).

(3) D'après Sylvestre de Sacy, cité par M. Lelorrain, le mot assassin dériverait de *haschischin* (mangeurs de haschisch), nom qui avait été donné aux Ismaëliens, parce qu'ils faisaient usage de cette substance. Ces fanatiques ivres de haschisch, au moindre signe du maître « le vieux de la Montagne » frappaient de leur poignard tous ceux qu'il avait condamnés (XIe siècle).

sang d'un juif. » Il était le jouet d'hallucinations produites par sa maladie; néanmoins il fut condamné.

Pour combattre telle maladie corporelle certaines personnes usent de l'opium et ce remède calmant finit par leur devenir tellement indispensable qu'ils sont pris d'une sorte de monomanie que Casper appelle l'*opiomanie*.

L'*éther* joue aussi son rôle ; témoin le jeune homme à l'éther qui, pendant des crises subites d'une durée parfois de deux mois, ne pouvait résister à l'envie d'inhaler de l'éther. Sa mère avait eu beau avertir la plupart des pharmaciens de Paris, le malheureux trouvait toujours un artifice quelconque pour se procurer le funeste poison. Pendant ses accès il était fréquemment amené au poste pour dispute avec les cochers et rébellion envers les agents. Sous l'effet d'une émotion vive il se trouva guéri et quitta la maison de santé, mais au bout de dix-sept mois il reprit une crise qui dura deux mois. On l'a séquestré de nouveau et on l'a interdit. Hélas ! le dipsomane ne guérit pas.

Casper rapporte aussi, d'après Buchner, un cas de dipsomanie due à des inhalations de *chloroforme* (1).

Du reste, à défaut de sa liqueur favorite, le dipsomane boit n'importe quoi : « J'ai connu, dit M. Bra, un garçon de laboratoire, dipsomane, qui dans ses

(1) *Op. cit.*, p. 371.

accès se grisait avec de l'alcool dans lequel macéraient depuis de longs mois des pièces anatomiques (1). »

La cause de la dipsomanie est l'hérédité, le dipsomane descend toujours d'une famille pathologique (2).

Responsabilité de l'alcoolisé. — Quand la démence alcoolique est un état confirmé, quand l'alcoolisme revêt les formes de la manie, ou de la lypémanie, ou de la paralysie générale, ou tout autre ; quand il y a *delirium tremens* c'est-à-dire état aigu caractérisé par des illusions, des hallucinations des convulsions épileptiformes et des impulsions irrésistibles, la question ne présente aucune difficulté : l'irresponsabilité est absolue. Dans cet état l'alcoolisé est bien un aliéné et à ce titre bénéficie des dispositions de l'art. 64 du Code pénal.

Mais que penser de la responsabilité lorsqu'il y a accès passager et subit d'alcoolisme, fait d'ivresse proprement dite ?

Et d'abord, l'alcoolisme qui n'a pas les apparences d'une aliénation mentale peut-il être rangé sous la qualification de démence ? Je n'hésite pas à adopter l'affirmative et j'en donne la raison.

En 1810, lors de la promulgation du Code, le légis-

---

(1) *Op. cit.*, p. 70.

(2) Grand nombre des renseignements que je viens de fournir sur l'alcoolisme ont été recueillis par moi au cours de médecine légale, professé par M. Legrand du Saulle à la Salpêtrière en mai-juin 1883.

lateur ne s'est point occupé de l'alcoolisme; nulle part nous ne trouvons dans le Code pénal un article visant tout spécialement l'ivresse. Et pourtant ce vice était loin d'être inconnu, et assurément le législateur n'ignorait pas les dispositions de la loi romaine et l'ordonnance de François Ier (1536) qui le concernaient. Il est donc permis de penser que les rédacteurs du Code ont fait rentrer l'ivresse dans les cas généraux de démence prévus par l'art. 64 (1). En outre ils auraient pu envisager l'ivresse comme une circonstance aggravante ou un motif d'excuse du crime; or la loi pénale n'a pas compris l'ivresse parmi les circonstances aggravantes et nous ne la trouvons pas davantage énumérée parmi les cas d'excuse; donc nous devons à notre avis la considérer comme rentrant dans la démence. Au surplus ce terme « démence » de l'art. 64 embrasse toutes les manifestations de l'aliénation mentale; or il est incontestable que l'ivresse consiste en une altération cérébrale qui produit une lésion de l'entendement, une aliénation mentale, c'est donc en vérité de la démence; c'est une sorte de folie artificielle, a dit Damiron.

D'après Dalloz, l'art. 64, Cod. pén., ne parlant pas de l'ivresse, il est évident que la disposition concernant la démence ne peut être étendue à l'ivresse, car

(1) Même silence sur l'ivresse dans les Codes belge, hollandais, genevois et allemand ; au contraire, l'hypothèse est prévue dans les Codes espagnol, suédois, autrichien, sarde, et dans le projet du nouveau Code italien.

ce sont deux faits dont l'un est un malheur et dont l'autre est, presque toujours du moins, une faute, deux faits, par conséquent, qui ne peuvent être confondus sous la même désignation ; en sorte que, conclut-il, l'ivresse n'est pas une excuse légale (1). C'est exact, l'ivresse n'est pas une excuse, mais la démence elle-même n'en est pas une. La démence de l'art. 64 est une cause de justification qui exclut toute imputabilité pénale et non un motif d'excuse qui ne ferait qu'affaiblir cette imputabilité.

L'ivresse n'étant pas une excuse légale, n'étant pas, bien entendu, une circonstance aggravante puisque la loi pénale est essentiellement limitative, est-elle donc une cause de non-culpabilité ?

La loi de 1832 a étendu aux crimes et aux contraventions l'institution des circonstances atténuantes, que le Code n'avait admise qu'à l'égard des délits. Dès lors, la question peut se poser maintenant ainsi : l'ivresse est-elle simplement une circonstance atténuante ou une cause de non-culpabilité ?

Tous les auteurs distinguent entre l'ivresse complète et l'ivresse incomplète.

Si elle est complète, elle doit avoir pour conséquence l'irresponsabilité de l'individu. Dans cet état, en effet, l'homme n'a plus ni raison, ni liberté ; il obéit à des impulsions auxquelles sa volonté ne peut plus opposer de résistance, son crime est involon-

(1) Dalloz, *Répertoire*, Peine, n° 402 et suiv.

taire. Dès lors ce n'est plus un crime, car l'existence du fait matériel ne suffit pas pour la criminalité ; il faut une volonté auteur de ce fait. Il en est ici comme en cas de démence, pas de raison, pas de volonté. Ces deux cas de lésion intellectuelle ne viennent pas, il est vrai, des mêmes causes ; mais qu'importe, la non-criminalité de l'acte ne résulte pas de la cause de l'absence de raison, mais de l'absence même de raison (1).

Si l'ivresse complète est en même temps volontaire, cette circonstance ne change en rien la situation morale, au moment de l'acte, de l'homme enivré. Assurément il est coupable envers sa conscience d'avoir porté atteinte à l'intégrité de sa raison, mais il n'en est pas moins inconscient du crime qu'il vient à commettre, incapable de le comprendre, et dès lors il doit être déchargé de toute imputation à raison de ce fait. « Aucune volonté qui ait résolu le crime et l'ait consommé, dit M. Le Sellyer, donc pas de culpabilité, pas de peine ».

Je nie de même l'imputabilité du crime commis dans l'ivresse recherchée, préméditée. Ainsi que le pensent Tissot, Bertauld et M. Le Sellyer, il n'y a pas criminalité, parce que le vol n'est pas concomitant à l'acte, parce que ce n'est pas la volonté avant l'i-

---

(1) *Idem*. Dalloz, *Répertoire*, Peine, n° 402. — Rossi, 4e édit., t. II, p. 58. — Chauveau et Hélie, t. Ier, p. 539, n° 358. — Boitard, 10e édit., p. 188. — Le Sellyer, t. Ier, n° 74.

vresse qui est à considérer, mais la volonté au moment où le fait a été commis. M. Carrara qui conclut au contraire à l'imputabilité du crime, dit « qu'on punira le coupable pour ce qu'il a fait alors qu'il était sain d'esprit. » Soit, on le punira pour s'être enivré. Mais le savant jurisconsulte ajoute : « l'imputation de l'homme se fonde à ce moment ; ce qui arrive ensuite est une conséquence de son fait dolosif. » C'est bientôt dit ; mais je pense, comme M. Le Sellyer, que des probabilités ne suffisent pas pour punir. Rien ne prouve que le crime soit la conséquence de la préoccupation criminelle antérieure à l'ivresse ; qui peut affirmer que si l'ivresse n'était pas survenue, l'auteur du fait n'aurait pas résisté à son idée criminelle. L'intention doit persister jusqu'au crime, or il n'est pas admissible qu'elle soit encore identique alors que les facultés intellectuelles et morales sont modifiées. Je sais bien que l'on s'étonne de ce que l'homme ivre agit conformément à ce qu'il avait prémédité alors qu'il était sain d'esprit, et qu'on est tenté d'en conclure que la volonté persiste ; mais sans vouloir expliquer ce phénomène qui est peut-être analogue à celui qui se présente dans le rêve (1), je ferai remarquer que la force morale de résistance n'est en tous cas plus entière et que dès lors punir

(1) Le Dr Lasègue prétend justement que l'alcoolisé qui n'est plus le maître de sa raison ressemble plus au rêveur qu'à l'aliéné. (Le délire alcoolique n'est pas un délire mais un rêve. *Archives générales de médecine* ; novembre 1881).

l'auteur du fait, ce serait en réalité punir un automate. Il faut reconnaître que le dommage causé par l'homme ivre même en ce cas appartient, selon une expression de M. Carrara, à la classe des cas fortuits plutôt qu'à la classe des actions ; il sort du domaine de la liberté puisqu'il est involontaire.

Dalloz ne pense pas ainsi ; il tient compte avant tout de la volonté antérieure à l'ivresse, et il veut punir cet homme qui s'enivre à dessein comme s'il avait commis le crime de sang-froid, parce qu'il y a préméditation précédant et préparant le crime.

Bertauld dit au contraire avec raison que « lorsque l'état d'ivresse a été assez prononcé pour éteindre toute conscience et toute volonté, il s'agit alors d'une démence momentanée, et les conséquences doivent être les mêmes, car on ne doit pas s'attacher aux causes de la démence ; *et cela lors même que l'ivresse aurait été précédée de la pensée du crime, car il ne suffit pas de la préméditation, il faut que la volonté criminelle soit contemporaine au crime et ait présidé à son accomplissement* (1). »

« Le criminaliste, dit M. Carrara, ne peut pas, avec la sévérité du moraliste, considérer l'ivresse dans sa cause. On a tort de poser comme règle absolue que l'ivresse est vicieuse dans son principe, car elle résulte d'une série d'actes dont chacun est innocent. Mais fût-elle vicieuse, ce serait néanmoins

(1) *Cours de Code pénal*, 3e édit., p. 310.

une injustice d'assimiler dans l'imputation le délit de l'homme ivre au délit de celui qui ne l'est pas, puisque le délit du premier a incontestablement un moindre degré de force morale (1). »

Au surplus, M. Le Sellyer fait remarquer, avec raison d'après moi, que c'est une erreur de croire que le scélérat pour excuser son crime recourt à l'ivresse, il ne prend pas un moyen si incertain; « il sait quelles sont les indiscrétions de l'ivresse. Qui l'assure qu'une fois ivre, il gardera le secret de son projet criminel et ne donnera pas, à celui qu'il veut immoler, le temps de se précautionner contre ses fureurs? De plus l'ivresse ôte souvent à l'homme qui en est atteint l'usage de ses facultés morales et physiques; or comment supposer qu'un scélérat déterminé à commettre un crime aille dans cette vue se placer volontairement dans un état qui lui enlèverait peut-être la possibilité de l'accomplir (2). »

Il est un cas où, suivant M. Le Sellyer, le crime commis par un homme ivre doit être puni, celui où la loi inflige à l'auteur de cet acte une peine spéciale quand il l'a commis par imprudence (art. 319 et 320 du Code pénal). On a objecté à cet auteur que c'est en somme l'imprudence qu'il punit, et que l'imprudence n'est jamais prise en considération que

---

(1) *Op. cit.*, p. 172.

(2) Ces idées ont été développées par M. Tissot (*Revue critique*, t. XIII, p. 127).

pour atténuer la peine qui serait plus grave s'il n'y avait pas eu seulement imprudence mais intention mauvaise. A quoi M. Le Sellyer répond qu'ici elle atténue la peine puisque s'il n'y avait pas eu seulement imprudence mais volonté réfléchie, la peine serait plus grave. On lui oppose alors que s'il n'y avait pas imprudence il n'y aurait aucune peine, puisqu'il n'y aurait pas de volonté. M. Le Sellyer réplique qu'il en est ainsi dans tous les cas où la loi punit l'acte commis par imprudence. Soit; mais dans tous ces cas il y a chez l'auteur de l'acte *possibilité de volonté;* il a été imprudent, mais il était capable de ne pas l'être, et c'est précisément pour cela que la loi le punit; tandis que chez l'homme ivre on ne peut parler de volonté au moment de l'acte. Pour qu'il y ait criminalité il faut que la volonté ait persisté jusqu'à l'acte, de même pour qu'il y ait imprudence il faut qu'il y ait possibilité de volonté au moment de l'acte.

Ajoutons que si M. Le Sellyer est dans le vrai, il ne peut plus dans certains cas être question d'irresponsabilité pour les aliénés très nettement caractérisés qui sont devenus tels par excès de boissons; dès qu'ils commettront un homicide ils seront condamnés en vertu de l'art. 319 du Code pénal. Que dis-je, mais tous les individus, alcooliques ou autres, qui deviennent fous par leur faute, par imprudence en ne prenant pas de précautions contre les conséquences de leur folie, peuvent être ainsi frappés. C'était du reste l'avis de Lebrun et Muyart de Vouglans, nous l'avons dit, à propos des somnambules.

L'ivresse est parfois incomplète, semi-pleine, dit M. Carrara. Il est clair qu'elle a ses degrés, qu'elle produit les effets les plus variés suivant l'âge, le sexe, la constitution de l'individu, suivant son habitude de l'alcool, suivant même son hérédité. Dans ces cas, s'il n'y a pas perversion absolue de la raison, il y a au moins perversion partielle, la liberté n'est déjà plus entière. Or l'ivresse partielle doit-elle effacer elle aussi la culpabilité? Ce n'est pas l'avis de la majorité des auteurs. MM. Dalloz, Chauveau et Hélie, Boitard et Le Sellyer pensent que si elle est légère elle n'efface pas l'imputabilité et n'est qu'une cause de circonstance atténuante. Pour ma part, je me rallie absolument à la doctrine scientifique qui voit dans l'alcoolisme à tous ses degrés une cause de justification, d'irresponsabilité. Je raisonne comme en matière de folie partielle, et c'est logique puisque l'ivresse est de la folie ou au moins l'enfance de la folie (1), et je dis qu'il est impossible de trouver et d'établir un criterium d'après lequel on puisse juger avec certitude l'état d'esprit d'un homme soumis à l'influence de l'ivresse ; je dis que son état moral ne

(1) M. Lambert (*Philosophie des Cours d'assises*, ch. 24, p. 389) n'admet pas que l'ivresse soit une forme d'aliénation mentale ; il l'assimile à la passion qui trouble mais n'annihile jamais selon lui l'intelligence. Il prétend que l'homme ivre inconscient de ses actes, vrai automate, est un type créé par l'imagination et qui n'est pas connu au Palais.

pouvant être mesuré exactement, les circonstances atténuantes ne donnent pas le moyen de le frapper d'une peine équivalente à son degré de sens moral. Du reste, les circonstances atténuantes sont, le plus souvent, incompréhensibles : supposez, en effet, un crime prémédité, atroce ; c'est la peine capitale ou l'acquittement! autrement la décision est injuste et immorale. — On dit que la conscience des tribunaux ne doit pas être enchaînée par une règle absolue, qu'elle doit se prononcer d'après la nature et le caractère de chaque accusé, d'après les symptômes du mal, d'après les nuances et les incidents de l'acte. Mais puisque de telles observations ne donnent que le doute, lequel d'ailleurs devrait bénéficier à l'inculpé, puisque la conscience des tribunaux ne peut, par ce procédé, peser sûrement la responsabilité, elle doit dans un esprit de justice et d'humanité recourir à un autre criterium plus sûr ; or, le seul fait certain, c'est la maladie. « Que les jurés, dit Rossi, rendent hommage à la vérité et à la justice, à la première et à la plus sainte des lois, de la seule manière qui leur est possible ; » eh bien ! la seule manière par laquelle ils peuvent rendre hommage à la vérité et à la justice, c'est l'emploi du criterium de la maladie.

Je viens de parler de l'irresponsabilité quant au crime commis pendant l'ivresse, mais est-à-dire que l'auteur doive rester impuni? Ce serait, dit-on, donner une prime au vice de l'ivrognerie, encourager un scélérat à chercher une excuse dans l'ivresse. Qu'on le punisse donc, c'est absolument mon avis, mais qu'on le punisse seulement pour ce dont il est responsable, c'est-à-dire pour s'être enivré ; qu'on considère l'ivresse en elle-même, indépendamment de tout crime ou délit, « l'ivresse qui produit un scandale public par sa seule vue, et non pas par tel ou tel acte déjà répréhensible et puni par le droit criminel, » disait M. Desjardins dans la discussion de la loi Roussel (février 1873) (1), qu'on la punisse, on empêchera ses conséquences. Malheureusement cette loi contre l'ivresse est peu appliquée, peut-être à cause des difficultés d'application qu'elle présente ; mais il est certain que peu d'ivrognes sont envoyés devant les tribunaux correctionnels, à moins de rébellion ou de mauvais antécédents. Qu'on punisse les ivrognes et même, ainsi qu'on l'a proposé aux Chambres, en 1873, qu'on fonde à l'exemple de l'Amérique et de l'Angleterre, des *inebrietate asylum* pour leur guérison.

La jurisprudence n'admet en aucun cas, et avec raison, que l'ivresse soit une excuse légale. Déjà sous le Code du 3 brumaire an IV, qui ne parlait pas de l'ivresse, il avait été décidé (arrêt du 7 prairial an IX) « que l'ivresse n'est pas une cause d'excuse

---

(1) V. Th. Roussel : Mémoire sur la répression légale de l'ivresse et de l'ivrognerie (*Bull. de l'Acad. de méd.*, t. XXXVI, 1871). — Voir aussi son intéressant exposé des motifs de la loi de 1873.

mais une immoralité ». La jurisprudence est ferme dans sa première opinion, aussi ne permet-elle pas qu'on interroge le jury, sur le point de savoir si l'accusé était dans un état d'ivresse au moment du délit, afin de faire de cet état un motif d'excuse légale. A mon sens l'ivresse n'est pas une cause d'excuse, mais bien une cause de justification comprise dans les termes de l'art. 64; or, s'il est vrai, comme nous le verrons plus loin, que la question de démence pour les jurés est forcément comprise dans celle-ci : « un tel est-il coupable ? » puisqu'ils statuent non seulement sur la matérialité du fait mais aussi sur la criminalité, il est non moins vrai que les articles 337 et suivants du Code d'instruction criminelle ne s'opposent pas à ce que cette question soit posée au jury; on devrait donc en profiter pour lui soumettre, dans l'intérêt de la justice aussi bien que de l'accusé, la question d'ivresse, comme la question de démence.

Il faut reconnaître d'ailleurs que le jury déclare souvent la non-culpabilité lorsqu'il juge, qu'à raison de l'ivresse au moment de l'acte, l'accusé n'a pas su ce qu'il faisait. En tous cas il y voit toujours volontiers une cause de circonstances atténuantes; c'est ainsi que dernièrement, devant la Cour d'assises de Seine-et-Marne, dans l'affaire du nommé Roch, facteur rural accusé de meurtre, le jury, sur la plaidoirie de Me Georges Lachaud qui soutint que l'état d'alcoolisme avait modifié le libre arbitre de l'accusé, accorda des circonstances atténuantes.

L'ivresse était déjà considérée comme une cause d'atténuation dans les lois romaines; on lit au Digeste (loi 6, § 7, *De re militari*, 49-16) : « Per vinum « lapsis capitalis pœna remittenda est, et militiæ « mutatio irroganda. » De même il y a lieu d'excuser le délit lorsque « delinquitur impetu... Impetu « autem, cùm per ebrietatem ad manus aut ad fer- « rum venitur. » (D. loi 11, § 2, *De pœnis*, 48-19). On peut citer encore les lois 5, § 2 et 7, § 3, *Ad legem Aquiliam*, D. 9-2.

Le Code autrichien (§ 2) pense que nulle action constitue un crime ou un délit quand l'auteur est en état de pleine ivresse, mais les délits commis dans cet état sont punis comme de graves infractions de police.

Le Code suédois (§ 5) : « Celui qui sans sa propre faute sera tombé dans un tel égarement d'esprit qu'il n'avait plus connaissance de lui-même, sera exempt de punition pour l'action commise par lui durant cet état de perte de la connaissance. »

L'article 62 du projet de Code italien, est ainsi conçu : § 1er. « Les dispositions des articles 59 et 60 (relatifs à la folie) sont applicables aussi à celui qui, au moment de l'acte, se trouvait dans les conditions prévues par les articles précités, par suite de l'ivresse. » — § 2. « Dans le cas prévu par l'article 60, la peine est diminuée d'un degré si l'ivresse est habituelle; et il n'y a point lieu de diminuer la peine si l'ivresse a eu pour but de faciliter l'exécution du crime ou pour se créer une excuse. »

Dans la plupart des législations allemandes l'ivresse est aussi une cause d'atténuation; ceci est confirmé par la dissertation de Mittermaïer sur l'imputabilité de l'homme en état d'ivresse.

Hans reconnaît que l'ivresse doit entraîner une diminution d'imputabilité. C'est l'opinion soutenue en France par Dufour (*Thémis*), Bavoux (*Leçons de droit criminel*), Rossi (*Traité de droit pénal*), Boitard (*Leçons de droit criminel*), Ortolan (*Eléments de droit pénal*), Bertauld (*Leçons de droit pénal*).

L'ivresse a été considérée au contraire comme circonstance aggravante par quelques législations, qui ont adopté la manière de voir d'Aristote et de Quintilien. L'ordonnance de Villers-Cotterets (31 août 1536) appliquait, en cas d'ivresse, la peine ordinaire et de plus une augmentation de peine. En Russie (loi du 26 avril 1872, a. 256) le maximum est prononcé contre qui s'est enivré volontairement pour commettre un crime. En Amérique et en Angleterre la même doctrine a trouvé place dans les statuts; on considère que l'homme qui commet un crime en état d'ivresse est bien plus coupable parce qu'il était maître de ne pas s'enivrer.

V.

Intervalles lucides.

La folie est souvent intermittente, périodique; le calme et l'agitation se succèdent alternativement, comme le flux et le reflux, à des intervalles plus ou moins réguliers. La maladie présente ainsi des moments de rémission, pendant lesquels le malheureux fou retrouve son ancienne physionomie, ses anciennes habitudes, son affection d'autrefois pour les siens, et ne commet plus d'actions déraisonnables. Mais ce n'est pas là ce qu'il faut entendre par intervalle lucide, car, tout en se conduisant raisonnablement, l'individu peut être encore privé de raison. La rémission n'est qu'une éclaircie dans un esprit ténébreux. L'intervalle lucide est la pleine lumière, la lucidité la plus complète se répandant pour un temps dans le cerveau obscurci; « c'est une trêve réelle, un loyal armistice... Et le malade en possession d'un intervalle lucide ne ressemble en rien à ce monomaniaque dont l'aberration est parfois tellement exclusive qu'il paraît complètement sain d'esprit, mais qu'une idée fausse cependant opprime et fait divaguer. Il y a chez le premier une grande fortune qui peut sombrer en un instant, tandis que chez l'autre tout est luxe apparent, mais misère cachée (1). »

---

(1) M. Legrand du Saulle (*Traité de méd. lég.*, p. 651).

Nous devons au chancelier d'Aguesseau une célèbre définition, aussi imagée que juste, de l'intervalle lucide. « Ce n'est point, dit-il en 1698, un crépuscule qui joint le jour et la nuit, mais une lumière parfaite, un éclat vif et continu, un jour plein et entier qui sépare deux nuits ; il faut que ce soit non une simple rémission du mal, mais une guérison passasagère. C'est une entière suspension, une véritable trêve qui ne diffère de la paix que parce qu'elle n'a son effet que pendant un temps (1). » Mais un pareil retour à la raison est rare. Il ne se produit jamais dans l'imbécillité, l'idiotisme et surtout la démence qui est incurable et s'aggrave toujours. C'est spécialement dans la manie qu'on le rencontre (2) ; quelquefois aussi dans la mélancolie et peut-être même dans d'autres cas de monomanie, quoique d'Aguesseau ait déclaré le contraire.

La question des intervalles lucides doit donc se poser spécialement dans les cas de manie bien caractérisée. Eh bien, que penser de la responsabilité d'un maniaque qui se rend coupable d'un acte criminel pendant un de ces moments de raison ? « Même dans l'aliénation avec délire, dit M. Carrara, si le délit est commis durant l'intervalle lucide il sera

---

(1) Œuvres de d'Aguesseau, t. III.

(2) Vingt-cinq fois sur cent environ, d'après M. Legrand du Saulle. (*La folie devant les tribunaux*, p. 100). — Le Dr Billod croit que la manie est bien plus rarement intermittente qu'on ne le pense généralement. (*Des maladies mentales et nerveuses*, p. 280).

imputable à son auteur (1). » La loi romaine concluait aussi à la responsabilité (2). Dans l'ancien droit l'intervalle lucide ne se présumait pas. Farinacius décidait que s'il y avait quelque incertitude sur la criminalité de l'acte, l'acte était réputé commis sous l'empire de la maladie. Pour Denis Gaudefroy l'acte raisonnable fait par le fou devait être présumé un accident bien plutôt qu'un retour de raison. Enfin on lit dans Jousse : « La preuve que le crime a été commis dans un intervalle lucide doit être faite, soit par l'accusation, soit par la partie qui poursuit le procès (3). »

Le Code anglais regarde une action commise dans un intervalle lucide, comme une action imputable à un homme sain. Il en est de même du Code pénal autrichien (1re part., art. 2, §§ 1, 2). Le Code de Hanovre en fait une circonstance atténuante. D'après l'article 64 de notre Code pénal, tout dépend de l'état mental de l'auteur du fait au temps de ce fait ; si l'aliéné était en possession de sa raison à ce moment il ne peut échapper à la responsabilité. Rien de plus juste, mais toute la question consiste à savoir s'il est possible de reconnaître sûrement le retour de l'aliéné à la raison.

La guérison d'un fou est chose bien aléatoire.

---

(1) *Op. cit.*, p. 134.

(2) Loi 14. Digeste : *De officio præsidis*, l. 1, t. XVIII. Macer.

(3) Commentaires sur l'ordonn. crim. de 1670.

Combien de faits nous sont rapportés par les annales médicales de ces prétendues guérisons d'aliénés auxquels on a rendu la liberté et qui peu après, ont été réintégrés à l'hospice! Qu'on prenne garde, on peut voir une guérison réelle là où il n'y a en réalité qu'un repos passager du délire qui subsiste à l'état latent. En tous cas dans l'aliénation, comme dans les autres maladies, l'accès qui finit, laisse toujours après lui un trouble plus ou moins durable, et l'accès prochain est toujours précédé d'un même trouble qui date de plus ou moins loin. En sorte que si les accès sont rapprochés, on peut affirmer que le malade ne recouvre jamais la raison complète. Il faut donc supposer de longs délais entre les accès pour trouver un intervalle lucide; mais comment fixer les limites de cette période raisonnable? Et du reste, comme le fait remarquer Casper, « une longue durée de la lucidité apparente ne peut même pas être une probabilité de guérison, car on a vu la pseudo-lucidité durer même plusieurs années (1). » Aussi est-il au moins téméraire d'affirmer dans un cas donné que l'acte commis par un aliéné a eu lieu pendant un intervalle lucide, car personne ne possède le criterium diagnostique au moyen duquel on pourrait discerner la guérison réelle de la maladie latente.

C'est aujourd'hui l'opinion généralement admise,

---

(1) *Op. cit.*, p. 348.

même par les jurisconsultes. Nous sommes loin de l'époque où un grand justicier d'Angleterre, lord Hale, déclarait que tout individu « jouissant d'autant de connaissance et de jugement qu'un enfant de quatorze ans, est en état d'être déclaré coupable de trahison et de folie, absolument comme celui qui, ayant un accès de folie par jour, commettrait un crime dans les intervalles lucides de la journée (1). »

D'après MM. Chauveau et Hélie « le maniaque est responsable moralement de l'acte par lui commis dans un intervalle lucide, puisqu'on suppose qu'il y a lucidité; mais cette responsabilité ne peut avoir ses effets légaux. Il est à présumer que l'état habituel d'aliénation a pu exercer quelque influence sur la détermination de l'agent, alors même qu'aucun signe ne la décèle. Comment constater la lucidité d'un intarvalle dans une maladie mentale? Quel juge oserait affirmer que cette intelligence tout à l'heure éteinte a repris subitement toutes ses clartés? Enfin faudra-t-il attendre pour le jugement un autre intervalle lucide? Et la folie ne pourra-t-elle pas survenir au milieu de l'instruction et avant que la justice ait achevé son cours? Il faut donc décider que le maniaque qui dans une intermittence de sa maladie a commis un crime, ne doit pas en général être mis en jugement (2). »

(1) *Histoire des plaidoyers de la couronne*, t. Ier.

(2) *Théorie du Code pénal*, t. Ier, p. 527. — Au contraire, Car-

« Et qui oserait affirmer, dit pareillement Ortolan, que le mal latent n'a, durant cet intervalle, aucune influence secrète ; dans tous les cas l'obligation de la preuve est ici renversée : une fois la folie établie, c'est à l'accusation à prouver que pendant un intervalle lucide, l'aliéné était en pleine possession de ses facultés (1). »

M. Le Sellyer partage cette manière de voir : « En cas d'intervalles lucides, dit-il, il faut présumer dans le doute que le prévenu n'avait pas sa raison au moment de l'action. C'est à l'accusateur à prouver le contraire. C'est que l'état de démence ne cesse pas ordinairement d'une manière subite et ne recommence pas non plus subitement ; d'où la conséquence que l'intervalle lucide pourrait n'être qu'apparent, que pendant l'intervalle lucide même, le dément est dans un état extraordinaire puisqu'il conserve une disposition à la rechute dans l'état de démence, et qu'il peut à chaque instant se trouver, par suite de son infirmité même, porté à des actes qu'il ne commettrait point s'il était dans une jouissance habituelle de la raison. Rauter ajoute même que ces

---

not (t. Ier, p. 202), conclut à la responsabilité parce que l'art. 64 dit « aliénation *au temps de l'action* ». Mais, objectent Chauveau et Hélie, comment soutenir qu'il n'y a pas eu aliénation au temps de l'action; que l'influence de la démence n'a pu s'exercer même dans un moment prétendu lucide? est-ce qu'elle n'a pu réagir sur l'action même d'une manière inaperçue?

(1) *Op. cit.*, t. Ier, p. 137.

observations sont jusques à un certain point applicables à l'aliéné convalescent (1). »

Ainsi, d'après la doctrine, il faut considérer tout acte délictueux, commis dans un intervalle lucide, comme étant par lui-même un acte de folie, sauf preuve contraire.

Assurément, cette preuve sera peu aisée. Le ministère public aura beau démontrer que l'acte découle d'un mobile criminel ; il aura beau discuter le nombre, la gravité, la durée, la périodicité plus ou moins éloignée des accès, conclure de ce que la durée apparente de l'intervalle lucide aura été plus longue que celle de l'accès d'aliénation, que le fait doit être imputable à l'auteur ; il sera toujours permis à la défense de soutenir victorieusement la possibilité d'une folie latente, de lui opposer ces paroles de lord Brougham : « La tranquillité de l'esprit peut n'être qu'apparente, elle est l'image exacte d'un dépôt au fond d'un vase : agitez l'eau claire qu'il contient, elle se trouble à l'instant même et le dépôt remonte à la surface. »

En définitive, étant donné un arrêt plus ou moins long de la maladie, il est impossible d'affirmer la lucidité d'esprit du malade, il y a toujours incertitude : « Quel médecin, dit le docteur Blanche, peut prendre la responsabilité d'affirmer la guérison ? Esquirol a dit que tout aliéné homicide est incu-

(1) Le Sellyer : *Op. cit.*, t. Ier.

rable (1). » Si donc un crime est commis pendant cet intervalle, c'est l'irresponsabilité de son auteur.

Aussi est-ce, à mon sens, faire preuve d'un zèle mal éclairé pour la justice que de conclure en matière d'intervalle lucide, à une responsabilité même mitigée. Ecoutez comment s'exprime M. Carrara : « Si on maintient le principe de la responsabilité même dans le cas d'acte commis dans un intervalle lucide, il est juste du moins d'accorder une diminution d'imputation ; et cela, tant par un motif d'humanité, que par la raison que l'irrégularité des forces intellectuelles laisse toujours le soupçon que l'infirmité a exercé une certaine influence sur la détermination criminelle (2). » Ainsi le professeur de Pise condamne, quoique soupçonnant la folie d'avoir été la cause, au moins partielle, de l'acte criminel. C'est que sans doute il a la prétention de mesurer, « le chronomètre à la main » (pour me servir d'une de ses expressions) le degré de l'influence que la maladie a eu sur le crime. Eh bien, il me paraît se faire illusion ; pour ma part, j'estime qu'il est préférable de reconnaître l'impossibilité de cette mensuration, « et tant par un motif d'humanité, que par la raison que l'irrégularité des forces intellectuelles laisse toujours le soupçon que l'infirmité a exercé une *certaine* in-

(1) Société de législation comparée. Commission chargée d'étudier les modifications à introduire dans la législation relative aux aliénés ; procès-verbal de la séance du 26 décembre 1871.

(2) *Op. cit.*, p. 135.

fluence sur la déterminaison criminelle » conclure à l'irresponsabilité.

C'est dire que ne je saurais admettre non plus le système de compromission soutenu par M. Legrand du Saulle (1). Je veux bien que dans certains cas tout porte à croire que la détermination de l'agent a été volontaire et par suite que l'acte est coupable, mais il n'est pas moins vrai qu'on ne peut affirmer la guérison, conclure à la lucidité de l'agent, tant qu'une rechute est possible. Et M. Legrand du Saulle dit lui-même quelque part: « Même dans les moments où le malade paraît jouir de la plénitude de ses facultés, une analyse attentive peut encore découvrir quelques troubles intellectuels ou affectifs qui ne permettent pas de le considérer comme un individu sain d'esprit... S'agit-il d'une guérison, s'agit-il d'une simple rémittence? il est souvent très difficile de se prononcer; mais le plus souvent il ne s'agit que d'une rémittence (2). »

Vous parlez de garantie dûe à la société! Eh bien, mettez ces aliénés, peut-être convalescents, dans des établissements de *quarantaine*, avant de les rendre à la société, comme çela a lieu dans certains pays, au dire de Casper; organisez quelque chose d'analogue à ces *quartiers de transition* dont parlait le docteur Voisin, à propos de la réforme de la loi de 1838, dans la Commission de 1871.

---

(1) *La folie devant les tribunaux*, p. 118.

(2) *La folie héréditaire*, 1873, p. 71.

VI.

Simulation de la folie.

Pour bénéficier de l'immunité établie par l'art. 64 du Code pénal, certains criminels ont l'dée de simuler la folie (1). Je ne dirai qu'un mot de la folie simulée; d'autant qu'elle ne se présente qu'assez rarement, soit à cause des difficultés de la simulation, soit principalement parce qu'en présence de la sûreté de diagnostic qu'ont acquise nos médecins, il est presque impossible pour le criminel de jouer longtemps sa comédie. Néanmoins les juges doivent admettre la possibilité de la simulation et savoir se servir des experts pour la reconnaître.

Toutes les formes de l'aliénation mentale peuvent être simulées. Les uns imitent les gestes, les paroles, les idées incohérentes de la manie aiguë.

---

(1) V. *Etude médico-légale sur la simulation de la folie,* par le Dr A. Laurent. Paris, 1866. — V. aussi Tardieu, *op. cit.*, p. 242; — Casper, *op. cit.*, p. 280; — Morel, étude sur Pierre Dérozier (*Ann. méd. psych.*, 3e série, t. III, p. 57); — César Vigua (de Venise), expertise relative à un cas de manie simulée (*Union médicale*, 1880, no 57).

Cependant certains auteurs, entre autres Muyart de Vouglans, ont prétendu que l'on ne simule pas la folie. C'est au moins oublier les exemples célèbres de folie simulée que nous offre l'antiquité : Solon entraînant par ses chants guerriers les Athéniens à la conquête de Salamine; Junius Brutus qui dut son surnom de Brutus à l'insanité qu'il simula pendant plusieurs années pour échapper à la cruauté de Tarquin le Superbe.

Les autres, par le regard, par le maintien, jouent les rôles d'idiot ou d'imbécile. L'épilepsie est l'objet d'une étude consciencieuse, surtout de la part des mendiants de profession; l'histoire très intéressante d'un de ces individus, qui réussit pendant plusieurs années à tromper la police anglaise et les médecins des prisons, et que l'on finit par découvrir en Amérique, a été publiée par le docteur C. F. Macdonald dans *The american Journal of Insanity* du mois de juillet 1880. On a vu des criminels montrer une volonté persévérante et une présence d'esprit étonnante pour simuler la surdi-mutité (1). La folie mélancolique est la plus recherchée par les criminels, parce qu'elle consiste surtout dans le silence et l'immobilité.

Pour le diagnostic des simulations, voilà quelques points de repère, d'après Casper :

1° Si l'individu répète toujours qu'il est fou il simule certainement ; les malades ne se plaignent pas de conceptions délirantes, car du moment qu'ils les reconnaissent comme délirantes, elles ne le sont plus.

2° Si le criminel se plaignant de faiblesse de tête répond à toutes les questions, excepté à celles qui se rapportent à son crime, tandis que sa faiblesse ne l'a pas empêché de retenir des dates, des nombres, etc... il simule.

---

(1) L'abbé Plassan, ex-directeur de l'Institut des Sourds-muets de Lyon, a soumis des observations intéressantes sur la simulation de la surdi-mutité.

3° De même si l'accusé répond à toutes les questions : « Je ne le sais pas, je suis si faible de tête » ; car à moins d'être idiot le malade répond au moins à quelques questions, il n'est jamais aussi absurde que le faux aliéné.

4° Il faut soupçonner la simulation si l'accusé aujourd'hui montre la folie la plus extravagante et demain la mélancolie la plus profonde.

5° Ou bien si dans une longue conversation il n'affecte l'incohérence qu'au moment où il croit que la conversation prend une tournure importante pour lui.

6° Si le récit de la maladie est en contradiction avec les lois médicales.

7° Si les accès de délire ne surviennent qu'aux moments propices pour l'accusé, par exemple lorsqu'il se sait observé, lorsqu'on le met en prison (1).

Ajoutons, d'après le docteur A. Laurent, que le regard du simulateur est peut-être l'indice le plus révélateur.

---

(1) Casper, *op. cit.*, p. 276.

CHAPITRE VI.

INSTRUCTION ET JUGEMENT.

A Rome le fou dont la démence était bien établie n'était passible d'aucune peine ; l'imputabilité disparaissant, la culpabilité et la pénalité devaient disparaître. Cette règle ne fut adoptée par notre ancien droit qu'entourée de restrictions. Les premiers juges ne pouvaient acquitter un prévenu sous prétexte de démence ; ils devaient lui faire application du droit commun, juger *à la rigueur*, c'est-à-dire sans tenir compte des faits justificatifs. Ce n'était que sur appel que le Parlement pouvait ordonner l'examen de l'état mental du condamné et prononcer une remise ou une diminution de peine. L'instruction dans tous les cas était poursuivie et achevée dans les formes ordinaires. Telle était la jurisprudence constante, qui fut confirmée par des arrêts de la Tournelle du 11 février 1732, de septembre 1733 et juillet 1733, rapportés par Jousse. L'aliéné auteur d'un délit ou d'un crime était donc tout d'abord condamné, et même s'il s'agissait d'un crime pour lequel on devait faire le procès au cadavre, dans le cas de sacrilège ou de lèse-majesté, il était condamné sans rémission et sans pouvoir bénéficier du droit qui appartenait au Parlement, dans les cas ordinaires, de remettre ou d'alléger la peine ; puisque dans ces sortes de crimes on devait faire le procès au cadavre, à plus forte raison devait-on, pour l'exemple, le faire à l'accusé lorsqu'il n'avait, au lieu de la vie, perdu que la raison.

Cette jurisprudence, nous en trouvons l'explication dans Rousseaud de Lacombe (1) et Muyart de Vouglans (2). Mais des esprits généreux protestèrent; Jousse entre autres ne se laissa pas convaincre par les fameux arrêts : « Il semble, disait-il, qu'il est difficile de pouvoir regarder ces arrêts comme pouvant servir là-dessus de jurisprudence fixe : en effet comme tous les juges indistinctement peuvent et doivent même admettre la preuve des faits justificatifs et que de tous les faits justificatifs un des premiers est celui de la démence, c'est une conséquence nécessaire que les premiers juges puissent admettre la preuve de ce fait (3). » C'est aussi l'opinion de Serpillon, qui s'exprime ainsi : « Malgré les arrêts rendus à ce sujet, on peut voir qu'il n'y a point de juge qui pût se déterminer à condamner à mort un accusé qu'il connaîtrait réellement fou ; on a beau dire qu'en cause d'appel on y remédiera. Si c'est par contumace, la sentence s'exécute par effigie sans être confirmée par arrêt. Si c'est contradictoirement, le juge-

(1) *Traité des matières criminelles d'après l'ordonnance de 1670.* Paris, 1756.

(2) *Les lois criminelles de France.* Paris, 1780.

(3) *Nouv. comm. sur l'ordonn. crim. de 1670.* Paris, 1763.

ment ne laisse pas que de déshonorer la famille. Il peut s'évader après une condamnation à mort prononcée par le premier juge; dans ce cas la procédure n'est pas portée à la Cour; la sentence de contumace subsiste. On ne veut pas que le juge s'informe des faits de folie, c'est ce qui paraît impossible; les témoins ou déposants du crime ne manquent pas en même temps de parler des faits de folie : si le juge refusait de rédiger à charge et à décharge, ils se retireraient avec raison. Le juge lui-même aurait une répugnance invincible d'en user autrement, quand même les faits de folie se seraient passés avant le crime commis. Il n'y a ni juge, ni témoin qui crut pouvoir diviser la vérité et ne parler du crime sans faire mention de l'état de celui qui l'a commis. J'ai toute la soumission possible pour les décisions des Cours, mais je prendrais dans ce cas le parti de m'abstenir plutôt que de contrevenir à la règle de la charge et décharge et je pense que tout autre juge en ferait autant. »

Sauf cette modification blâmable dans la procédure, notre ancienne jurisprudence s'inspira des règles romaines et en particulier de la loi 14 : Digeste, *De offic. præsi.*, qui résume la matière. Ainsi Farinacius dit qu'en principe le fou ne peut commettre un crime ou un délit. « Le furieux, dit Lebrun, qui pendant les violents accès de sa fureur aura tué son sien propre, ne doit subir la peine du parricide (1). »

(1) Lebrun de La Rochette, jurisconsulte beaujolais. *Les procès civils et criminels*. Lyon, 1654.

D'Espeilles (1) et Rousseaud de Lacombe rapportent des arrêts de Parlement d'après lesquels « le furieux qui commet un crime dans sa fureur ne doit pas être puni, mais doit être baillé et gardé à vue de ses parents. » Le fou, en effet, conformément aux règles romaines n'était pas laissé en liberté, la justice le faisait interner dans un hospice ou le mettait sous la surveillance de ses parents. Elle pouvait, au dire de d'Aguesseau, ordonner qu'il fut enfermé « pour le reste de ses jours, dans tel hôpital que les juges l'estimeront à propos. »

Le droit intermédiaire n'innova sur aucun point. La loi sur la police municipale des 16-24 août 1790 (a. 3, tit. II), confia aux administrations communales « le soin d'obvier aux événements fâcheux qui pourraient être occasionnés par les aliénés ou les furieux laissés en liberté. » S'inspirant de cette loi, quelques administrations locales édictèrent des règlements. En outre la loi du 16-25 juillet 1791 (a. 15), prononce des peines contre ceux qui « laissent divaguer les insensés ou les furieux, ainsi que les animaux malfaisants ou féroces. » Touchante assimilation qui donne bien une idée de la manière dont on considérait alors l'aliénation mentale ! Et d'ailleurs plus de vingt ans après, les abus étaient révoltants, les progrès à faire; « les aliénés étaient placés dans des loges humides et souterraines, sans fenêtres et sans air;

(1) Œuvres d'Ant. d'Espeilles. Lyon, 1666.

on laissait les fous furieux coucher sur la terre ou sur le pavé ; la paille des autres n'était pas toujours renouvelée quand elle était salie ; leurs infirmiers ou plutôt leurs geôliers étaient armés de bâtons, de nerfs de bœuf, et se faisaient accompagner par des chiens : il fallut les prescriptions réitérées de l'autorité supérieure pour que les aliénés fussent régulièrement visités par des médecins (1). » Et pourtant Pinel et Esquirol avaient apporté la bonne parole !

Il faut reconnaître cependant que les travaux de ces grands aliénistes émurent l'opinion publique. Ils furent bientôt suivis d'une réforme administrative. Puis les rédacteurs du Code pénal s'en inspirèrent ; l'article 64 fut ainsi motivé par Faure, orateur du gouvernement : « Une autre règle commune à tous les prévenus, soit du fait principal, soit de complicité, est qu'on ne peut déclarer coupable celui qui était en état de démence au temps de l'action ou qui, malgré la plus vive résistance, n'a pu se dispenser de céder à la force ; tout crime ou délit se compose du fait et de l'intention ; or dans les deux cas dont nous venons de parler, aucune intention criminelle ne peut avoir existé de la part des prévenus, puisque l'un ne jouissait point de ses qualités morales et qu'à l'égard de l'autre la contrainte seule a dirigé l'emploi de ses forces physiques. En conséquence fut adoptée la rédaction suivante : « Il n'y a ni crime ni

---

(1) Circulaire ministérielle du 16 juillet 1819.

délit lorsque le prévenu était en état de démence au temps de l'action ou lorsqu'il a été contraint par une force à laquelle il n'a pu résister. »

Cet article 64 ne parle que de la démence, mais la loi a assurément entendu se servir d'une expression générale. Aussi ne faut-il pas attribuer à ce mot le sens restreint de l'article 489 du Code civil qui mentionne séparément, à propos de l'interdiction judiciaire : l'imbécillité, la démence ou la fureur ; ni le sens plus restreint encore que la médecine attache à l'expression de démence. Ce terme doit recevoir une très grande extension, il doit être pris dans son acception la plus large. La démence est, comme l'a dit Zacchias, « genericum nomen comprehendens sub « se omnes affectus in quibus mens vel errat vel debi- « liter operatur, » elle comprend toute espèce de lésions des facultés intellectuelles, tous les cas d'absence de raison (*de — mentia*). En sorte que tombent sous le coup de l'article 64 du Code pénal, toutes les altérations mentales connues en médecine légale sous les noms d'idiotie, imbécillité, démence, manie, monomanie, alcoolisme, etc. La loi craignant avec beaucoup de sagesse d'être limitative, s'est précisément servi d'un seul mot pour éviter les classifications plus ou moins heureuses des aliénistes. Elle a rompu avec les systèmes de l'ancien droit pour revenir au droit romain qui ne faisait aucune distinction. On lit en effet au Digeste (Ulpien, loi 3, § 1, tit. X, *De inj. et fam. lib.*) : « Cum injuria ex affectu facientis

« consistat, consequens erit dicere furiosum injuriam « fecisse non videri; » (Ulpien, loi 5, § 2, *Ad legem Aquiliam*, tit. 2) : « ... Quæ enim in eo (furioso) culpa sit, cum suæ mentis non sit; » (tit. VIII, *Ad leg. Corn. de sic. et ven.*, loi 12, Modestin, livre 8 *Regularum*) : « Furiosum fati infelicitas excusat. » Le droit canonique n'établissait pas non plus de catégories; la règle est dans la somme de St Thomas d'Aquin : « Stultitia, quæ naturalis quædam dementia est, mi« nime peccatum est. »

La règle formelle de notre article 64 est indépendante de toute présomption ; elle est applicable quel que soit le régime auquel sont soumis les aliénés, et alors même qu'ils ne sont soumis à aucun régime spécial. Si un aliéné a commis un crime ou un délit, l'article 64 du Code pénal ne recherche pas s'il a été interdit ou pourvu d'un conseil judiciaire, si son état de démence était ou n'était pas antérieur au fait, s'il était notoire ou inconnu, s'il était présumé en fait ou en droit ; une seule chose est à considérer : la démence au moment même où l'acte a été commis. Si au temps de l'action son auteur était privé de raison, il n'est passible d'aucune peine, il se trouve en dehors de la loi criminelle (1). Un ancien accès de folie pourra sans doute être pris en considération, il facilitera assurément le diagnostic du médecin-expert et, s'ajoutant à d'autres indices, lui permettra

(1) Lyon, 14 janvier 1870.

peut-être d'affirmer l'état morbide de l'accusé, mais il ne détruira pas sûrement la responsabilité. Si les accès ont été répétés, la présomption de folie deviendra assurément plus forte, mais il faudra néanmoins établir que l'accusé était au moment du fait en état d'aliénation mentale ; et s'il y a doute, le juge, au nom de l'humanité, se rappellera que le doute est l'acquittement. Par contre il se peut que l'acte, qui serait criminel s'il n'était pas le fait d'un insensé, soit la première explosion de la folie, mais il n'est pas nécessaire pour qu'il y ait irresponsabilité que la démence ait été un état habituel, comme l'exige l'article 489 du Code civil pour l'interdiction judiciaire, il suffit qu'elle existe au temps de l'action (1).

Si l'aliéné est en dehors de la loi criminelle, il est de même en dehors de la loi civile. En effet, d'après l'article 503 du Code civil : « Les actes antérieurs à l'interdiction pourront être annulés, si la cause de l'interdiction (2) existait notoirement à l'époque où ces actes ont été faits. » — Article 502 : « L'interdiction ou la nomination d'un conseil aura son effet du jour du jugement. Tous actes passés postérieurement par l'interdit, ou sans l'assistance du conseil, seront nuls de droit. » Toutefois il y a entre la loi civile et la loi pénale une différence importante à noter : l'interdiction est, en général, nécessaire pour

(1) Cass. 8 ventôse, an XIII.

(2) La cause de l'interdiction est « l'état habituel d'imbécillité, de démence ou de fureur ». (a. 489).

faire annuler tous les actes civils, tandis qu'en matière pénale la démence suffit pour effacer la criminalité du fait. Mais puisque, en vertu de l'article 502, l'interdiction établit au point de vue civil une présomption absolue d'incapacité ou, si l'on peut s'exprimer ainsi, d'irresponsabilité, on s'est demandé si l'interdit judiciaire ne doit pas de même bénéficier de la présomption de cet article 502, être affranchi de toute responsabilité, en matière criminelle; et on l'a soutenu. C'était l'avis de M. Le Sellyer qui, depuis, a abandonné sa première opinion. C'est encore la thèse adoptée par M. Legrand du Saulle qui s'exprime ainsi : « Un individu, en effet, interdit comme étant dans un état habituel de folie, ne peut pas être responsable de ses actes : toute poursuite doit s'arrêter en face d'une situation aussi exceptionnelle, et nous considérons l'interdit comme étant à l'abri d'une condamnation correctionnelle (1). » De l'avis général, cette thèse n'est pas soutenable et pour plusieurs raisons. La présomption légale de l'article 502 a été établie pour une hypothèse spéciale, en matière civile; de quel droit la transporter dans une matière étrangère? Le législateur a voulu éviter des difficultés pratiques, la détermination des intervalles lucides, et alors il a décidé que la question, dans les affaires civiles, serait tranchée une fois pour toutes par le jugement d'interdiction.

---

(1) *La folie devant les tribunaux*, p. 63.

Dire qu'en droit pénal le législateur aurait dû appliquer la même solution, c'est poser une question de législation qu'on pourrait discuter, mais il est bien certain que l'article 64 du Code pénal ne laisse subsister aucun doute sur la décision de ses rédacteurs, il est formel, il exige, pour qu'il n'y ait pas imputabilité, que l'agent soit en état de démence *au temps de l'action.* Et le même principe est inscrit dans l'article 66 du même Code qui n'autorise l'acquittement de l'accusé âgé de moins de seize ans que *s'il a agi sans discernement.* C'est donc au moment de l'acte qu'il faut se placer pour déterminer l'imputabilité de l'agent, et peu importe que celui-ci soit interdit, car il peut avoir agi dans un intervalle lucide, il peut avoir recouvré la raison quoique la main-levée de l'interdiction n'ait pas encore été prononcée (1). Du reste on comprend très bien que la loi ait cherché à protéger le malheureux fou en le déclarant *à priori* incapable du moment qu'il est interdit, d'autant que cette protection n'est pas un danger pour les tiers, puisque ceux-ci n'ont qu'à se renseigner sur son état avant de contracter avec lui, sous peine d'être en faute; mais il eut été contraire à l'ordre public de faire découler l'irresponsabilité de l'interdiction, de proclamer que l'interdit judiciaire de l'article 489 du Code civil, alors qu'il peut commettre un crime dans un moment de sanité d'esprit,

(1) Cass. 4 décembre 1856.

serait irresponsable par cela seul qu'il serait interdit; c'eût été l'encourager au crime en lui assurant l'impunité.

L'article 64 du Code pénal suppose un délit ou un crime. On s'est demandé s'il est applicable aux cas de contravention matérielle. D'après M. Labbé, l'éminent professeur de la Faculté de droit de Paris, l'acte d'un fou n'est qu'un cas fortuit, un événement de force majeure; en sorte que ce malheureux n'est pas passible de poursuite et de condamnation pour une infraction à la loi pénale constituant une contravention simple, une contravention punie indépendamment de l'intention de l'agent, une contravention quelquefois appelée matérielle (1). Et cet auteur ajoute : « Cette solution est en harmonie avec deux points constants de notre jurisprudence pénale : même au sujet des contraventions matérielles, le juge doit rechercher si le prévenu mineur de seize ans a agi avec discernement (Cass., 24 mai et 22 juin 1855. — Sir., 55.1.619). — Aucune condamnation ne doit être prononcée quand la contravention provient d'une force majeure » (Cass., 28 fév. 1861. — Sir. 61.1.671) (2). C'est la manière de penser d'Ortolan :

(1) M. Labbé : De la démence au point de vue de la responsabilité et de l'imputabilité en matière civile (*Revue critique*, 1870, t. XXXVII, p. 118).

(2) V. aussi : Cass. 17 mai 1811, 8 août 1840, 23 juillet 1864, 3 mars 1865, 21 janvier 1866. D'après ces arrêts la force majeure fait exception à la culpabilité en toute matière, même en matière de contravention de police.

« Les mêmes règles s'appliquent, dit-il, comme principe supérieur dominant tout le droit pénal, aux contraventions de simple police, bien que notre Code n'en parle pas (1). » Enfin M. Blanche partage cette opinion ; il ajoute que dans ce genre d'infraction il faut que le délinquant ait eu en tous cas « conscience de l'acte qu'il accomplissait (2) ».

Si un individu est acquitté au criminel pour cause de démence, est-il dispensé en même temps de réparer le dommage causé, de répondre sur ses biens du tort dont il est cause? « Autre chose est la folie qui empêche d'appliquer une peine, autre chose est la folie qui empêche de réparer un dommage », dit un arrêt de la Cour de Paris (6 juil. 1844). Voilà une distinction tout au moins subtile; peut-être la Cour de Paris a-t-elle entendu établir que l'acquittement au criminel pour cause de folie n'entraîne pas nécessairement l'acquittement par le tribunal civil, qu'il n'y a pas chose jugée, ce qui me paraît exact. Mais il est bien certain qu'au civil comme au criminel l'homme en démence est irresponsable; la folie est toujours la folie quel que soit le point de vue juridique. C'est le principe posé par M. Rivière : « Toutes les fois que l'homme aura été sous l'empire d'une cause, d'une puissance, qui lui auront enlevé toute

---

(1) *Résumé des éléments de droit pénal*, n° 137.

(2) Deuxième étude, n° 201.

volonté, qui auront anéanti sa liberté et sa raison, on ne pourrait sans injustice lui imputer son action même dans l'ordre civil (1). » Des jurisconsultes modernes (2) cependant ont prétendu que l'insensé, quoique se trouvant en dehors de la loi pénale, à raison d'un fait délictueux par lui commis, doit être condamné à réparer sur ses biens le dommage causé à un tiers. Notre ancienne jurisprudence, contrairement aux règles romaines, aux principes de la loi Aquilia, en s'attachant au fait matériel du dommage, appliquait quelquefois cette solution; mais Pothier ne partageait pas cette manière de voir : « Il résulte de la définition que nous avons donnée des délits et quasi-délits, dit-il, qu'il n'y a que les personnes qui ont l'usage de la raison qui en sont capables; car celles qui ne l'ont pas, tels que les insensés, ne sont capables ni de malignités ni d'imprudence. C'est pourquoi, si un fou fait quelque chose qui cause un tort à quelqu'un, il n'en résulte aucune obligation de la part de ce fou; car ce n'est ni un délit, ni un quasi-délit, puisqu'il ne renferme ni imprudence, ni malignité, dont ces sortes de personnes ne sont pas susceptibles (3). » Cette thèse est soutenue aujourd'hui par la majorité des auteurs. D'après M. Labbé,

---

(1) Du principe de l'imputabilité civile (*Revue de jurisprudence*, — 1846, 1, p. 304).

(2) Merlin. — Carnot (*Comm. Cod. pén.*, t. Ier, sur l'a. 64, n° 3). Legraverend (*Législ. crim.*, t. Ier, chap. XIII, § 4).

(3) *Traité des obligations*, n° 118.

le fou n'étant pas en faute n'a pas à réparer le dommage causé; d'ailleurs l'article 1382 du Code civil, qui suppose un dommage causé, n'impose-t-il pas l'obligation de le réparer qu'à celui « par la faute duquel il est arrivé (1). » La jurisprudence semble plutôt fixée en ce sens (2).

Le prévenu acquitté comme ayant été en état de démence au moment du fait incriminé, ne doit pas être condamné aux frais; il n'a, en effet, commis ni crime ni délit, ni même de quasi-délit, il n'encourt aucune responsabilité. Même solution pour les amendes que la loi pourrait prononcer, d'autant que l'amende est une peine, or il ne peut être question d'expiation pour un individu en démence. D'ailleurs, ces condamnations pécuniaires ne peuvent être que l'accessoire de la condamnation criminelle (3).

---

(1) M. Labbé : *op. cit.*, p. 110.

(2) Cass. 24 mai 1866 ; Sir. 1866. 1. 237. — Cour d'assises de la Seine du 27 mai 1872. *Gazette des tribunaux*, du 28 mai. — Rouen, 8 juin 1869, et cass. rej., 18 janvier 1870 : cette affaire est intéressante, il s'agissait d'un aliéné qui avait incendié ses bâtiments et la Compagnie d'assurances se refusait à payer le sinistre. — *Contrà* : Montpellier, *Gazette des tribunaux*, 12 fév. 1837. — Riom, 21 juin 1844. — Montpellier, 31 mai 1866.

D'après l'art. 41 du Code prussien (tit. VI, part 1re): si des furieux causent un dommage, on ne peut en poursuivre la réparation sur leur fortune qu'après avoir discuté celle de leurs parents ou de leurs curateurs ; — mais cette action ne peut être exercée sur les biens de ces incapables qu'à la charge de leur laisser la jouissance de ce qui est nécessaire pour leur entretien et leur éducation.

(3) Cass. 29 avr. 1837 ; — 10 mai 1843 ; — 1er avr. 1848.

Si le fou a commis le dommage dans un intervalle lucide, alors le principe de l'imputabilité reparaît avec la raison. Toutefois, je suis de l'avis de M. Rivière : « Si l'état habituel de folie est constaté, ce sera à la partie qui demandera la réparation du dommage à prouver que l'action a eu lieu dans un intervalle lucide (1). » Or nous savons ce qu'il faut penser de la possibilité d'un intervalle lucide.

Mais y a-t-il au moins quelqu'un qui réponde envers les tiers des actes de l'insensé ? « Remarquons, dit un juriste, que si le fou n'est pas civilement responsable du dommage qu'il a causé, le tiers lésé peut ne pas être dépourvu de tout recours. En effet celui, qui a la garde du fou et qui le laisse divaguer tombe sous l'application de l'article 1384 : on est responsable non seulement du dommage que l'on cause par son propre fait, mais encore de celui qui est causé par le fait des personnes dont on doit répondre... (2). » Assurément si l'insensé est mineur son père sera responsable en vertu de l'article 1384 du Code civil (§ 2). Mais je suppose qu'un père ait sous sa surveillance son enfant *majeur*. Dans ce cas son autorité légale a cessé et par suite l'article 1384 § 2 reste sans application. Pourra-t-on invoquer, en s'appuyant sur les articles 1382 et 1383, la violation

---

(1) *Op. cit.* C'était l'opinion de Jousse (*Comm. sur l'ordonn. de 1670*).

(2) M. H. Bauchart, avocat. *De la condition juridique des aliénés* (thèse de doctorat). Paris, 1881, p. 133.

d'un devoir prescrit par la loi? nullement, car la loi nulle part n'oblige un père à provoquer l'interdiction de son fils atteint d'aliénation mentale; l'article 490 du Code civil le rend bien recevable, comme tout autre parent, à recourir à cette mesure, mais c'est là une simple faculté dont il peut user ou ne pas user selon son bon plaisir. De même, si la garde de l'insensé est exercée par un autre de ses parents ou son conjoint, l'article 1384 ne pourra servir de base à une demande en dommages-intérêts contre ces personnes. C'est que les dispositions de cet article ont un caractère exceptionnel, qu'elles sont précises et limitées et qu'elles ne se rapportent nullement à ces personnes. Il n'en est plus sous l'empire du Code comme dans le droit romain qui rendait les proches responsables (rescrit de Marc-Aurèle), ni comme dans la coutume de Normandie qui déclarait responsables non seulement les proches mais encore les voisins; le législateur a redouté que ces personnes ne réclamassent la séquestration de l'insensé pour échapper aux chances de la responsabilité (1). Si l'interdiction a été prononcée, on peut se demander si le tuteur est responsable; j'adopte l'avis de M. Colmet de Santerre qui tient pour la négative à cause du silence de l'article 1384 (2).

---

(1) Agen, 9 nov. 1864. C'est l'opinion de M. Labbé, *op. cit.* — *Contrà* : Lyon, 27 mai 1840; Tardieu, *op. cit.*, p. 53.

(2) Code civil, IV, n° 365 *bis*, sur l'a. 1384. — *Contrà :* Aubry et Rau, t. III, p. 550, § 447, qui considèrent que la situation du tuteur est analogue à celle du père et de l'instituteur.

Mais il faut remarquer que « ceux qui auront laissé divaguer des fous ou des furieux étant sous leur garde » et « ceux qui auront occasionné la mort ou la blessure des animaux ou bestiaux appartenant à autrui, par l'effet de la divagation des fous ou furieux, » pourront être punis en vertu des articles 475 (§ 7) et 479 (§ 2) du Code pénal.

Mais si la démence n'est jamais par elle-même une faute, elle peut dériver d'une faute première, par exemple de l'abus des boissons. Que penser alors de la responsabilité civile de l'insensé ? Elle est engagée par cette faute première, car, « la responsabilité civile doit survivre à la perte de la raison, » dit M. Labbé (1). M. Le Sellyer distingue : si l'ivresse est involontaire pas de responsabilité civile, si elle est volontaire responsabilité civile, car d'après l'article 1383 du Code civil on répond du dommage qu'on a causé par imprudence. Je ne saurais admettre cette distinction ; dans les deux cas l'insensé me semble responsable civilement car, s'il s'est enivré volontairement c'est par son fait que cette passion a pu l'entraîner à des torts envers ses semblables, et s'il s'est enivré involontairement il a été en tous cas imprudent de ne pas prendre toutes les précautions nécessaires ; dans les deux cas il tombe sous le coup de l'article 1383 du Code civil.

---

(1) *Op. cit.*, p. 110. En ce sens, cass. 14 mai 1866. *Journal du Palais*, 1866, p. 615.

Je donnerais la même solution dans le cas d'un épileptique ou d'un somnambule qui se sachant sujet à certains accès n'aurait pas pris de précautions contre ce danger.

La démence n'est pas une excuse. L'excuse suppose l'imputabilité (1); la démence exclut toute culpabilité et par suite toute pénalité. Il y a des faits qui sans perdre leur qualification doivent à des circonstances particulières de rester impunis et constituent les cas d'excuse proprement dite; mais les faits qui manquent des éléments essentiels de la criminalité ne peuvent être des crimes. Si donc la démence est constatée, les poursuites doivent s'arrêter (2).

Lorsque la démence du prévenu est présumée ou alléguée, le juge d'instruction doit s'assurer de la réalité de la maladie. Pour cela il a recours aux médecins-experts, mais il n'y est pas obligé. Or, l'intervention d'un médecin est indispensable pour l'admission d'un aliéné dans un établissement (art. 8, loi de 1838), pourquoi n'en serait-il pas de même lorsqu'il s'agit de quelque chose de plus grave encore que la liberté corporelle, de l'honneur et de la vie de l'aliéné? L'article 43 du Code d'instruction criminelle dit bien que « le procureur de la République se fera accompagner, *au besoin*, d'une ou de deux personnes présumées par leur art ou profession

(1) Cass., 1er mars 1855. — Comme exemples d'excuses : art. 66, 321 et suiv., etc.

(2) Cass. 13 septembre 1823.

capables d'apprécier la nature et les circonstances du crime ou du délit; » les articles 268 et 269 investissent bien le Président des assises « d'un pouvoir discrétionnaire en vertu duquel il pourra prendre sur lui tout ce qu'il croira utile pour découvrir la vérité; » l'article 321 permet bien à l'accusé de citer des témoins, et au Procureur-général de citer à sa requête les témoins indiqués par l'accusé; en sorte que, à la faveur de ces dispositions assez vagues, les déclarations des médecins peuvent être entendues. Mais il n'y a là rien d'impératif, la loi ne réprouve pas le secours de la science médicale, mais elle ne l'impose pas; « ce qui a permis de dire non sans quelque apparence de raison, fait remarquer M. l'avocat-général Labroquère, que le recours aux médecins est une pure politesse de la magistrature envers la médecine (1), » et cependant lorsque des doutes s'élèvent sur l'état mental de l'accusé, le témoignage du médecin-expert peut seul assurer un jugement conforme à la vérité. Il y a certainement une modification à faire subir sur ce point à notre Code d'instruction criminelle, modification d'ailleurs que le législateur n'hésiterait pas, j'en suis sûr, à admettre si elle était proposée, car l'opinion publique a fait de grands progrès en ce qui concerne l'appréciation de l'aliénation mentale et de la triste condition de l'aliéné. Si la loi de 1838 impose le ministère de l'homme de l'art,

(1) *Op. cit.*

c'est justement par suite de ce progrès ; mais le Code d'instruction criminelle est d'une époque antérieure au réveil vraiment complet de la science médicale, il n'est pas en harmonie avec les connaissances et les sentiments actuels.

En outre, il est à remarquer que le juge d'instruction peut choisir un médecin quelconque, même un simple officier de santé. Or, dans l'intérêt de la société et des accusés, il serait bon de ne recourir qu'à des spécialistes. Pour cela, on devrait former des listes de médecins-experts. « Ces listes, dit M. l'avocat-général Labroquère, seraient arrêtées par les Cours d'appel, après avis des Facultés de médecine. Les magistrats instructeurs seraient tenus, dans les cas que la loi déterminerait, de recourir à l'expertise médico-légale et de choisir un ou deux experts, selon la nature de l'affaire, sur la liste officielle. Les hommes de l'art ainsi désignés procèderaient aux opérations nécessaires, en ayant soin de conserver autant que possible des éléments suffisants pour une seconde expertise ; ils dresseraient leur rapport dans le plus bref délai et le déposeraient au greffe. Là, l'inculpé, tout comme le ministère public et la partie civile, serait admis à en prendre connaissance. Si l'une de ces trois parties en contestait les constatations ou les conclusions, le magistrat instructeur serait obligé d'ordonner une nouvelle expertise. Il serait procédé à cette seconde opération par les premiers experts, auxquels serait adjoint un médecin de la liste officielle qui aurait été choisi par la partie contestante. Dans le cas où une deuxième expertise serait impossible, il y aurait toujours lieu à une consultation médico-légale. En cas de désaccord entre les premiers et le dernier expert, il serait nécessaire d'en référer à une commission spéciale établie dans chacune de nos Facultés. Il serait loisible à cette commission de consulter, dans certains cas exceptionnels, un comité encore plus élevé, qui serait composé de membres de l'Académie de médecine (1). » Cette organisation se rapprocherait beaucoup de celle qui existe en Allemagne.

Les rapports des médecins-experts sont transmis avec les pièces de l'affaire au Procureur de la République, qui doit adresser dans les trois jours ses réquisitions au juge d'instruction. Si le juge d'instruction est d'avis que la démence a existé au temps de l'acte, il doit rendre une ordonnance de non-lieu (a. 128, Inst. crim.) (2). Dans les vingt-quatre heures qui suivent cette ordonnance de non-lieu, le Procureur de la République peut y former opposition (a. 135, Inst. crim.).

---

(1) *Op. cit.*

(2) Peu importe qu'en même temps une procédure d'interdiction soit commencée contre le prévenu devant le tribunal civil, il n'y a pas lieu à surseoir, car la question d'interdiction est tout-a-fait indépendante de celle de savoir s'il y a lieu de poursuivre le prévenu pour les délits qui lui sont imputés (Cass. 9 déc. 1814).

Si le juge d'instruction est d'avis que la démence n'existait pas, il renvoie le prévenu devant le tribunal de police correctionnelle, ou bien il ordonne que les pièces de l'instruction soient transmises sans délai par le Procureur de la République au Procureur général pour être procédé à la mise en accusation (a. 133, Instr. crim.).

La chambre des mises en accusation peut, après examen, comme le juge d'instruction, ou rendre un arrêt de non-lieu, si les faits de démence lui paraissent suffisamment établis (a. 229, Instr. crim.), ou renvoyer le prévenu devant les assises, si elle estime que la démence n'existait pas (a. 231, Instr. crim.)

Ainsi, ce n'est qu'en cas de doute sur l'existence de l'aliénation mentale que le prévenu est traduit soit en police correctionnelle, soit devant la Cour d'assises. Là, la question est complètement reprise et élucidée et les magistrats ou les jurés jugent définitivement au moyen des déclarations des témoins et des rapports des hommes de l'art, si l'accusé était aliéné au temps de l'action.

C'est donc de l'instruction en réalité que dépend l'équité du jugement. Selon la manière dont l'action publique est conduite, se dégage plus ou moins nettement la responsabilité de l'accusé. On comprend dès lors combien il importe que les recherches soient habilement et consciencieusement conduites ; autrement la procédure qui s'ensuit ne peut inspirer qu'une confiance bien limitée dans la vérité de la décision prise. D'autant que de nombreuses erreurs judiciaires ont été signalées dans tous les pays. Je n'en veux pour preuve que les lignes suivantes que j'emprunte à Brierre de Boismont : Il est positif, d'après Mittermaïer, le célèbre jurisconsulte allemand, qu'on observe dans tous les pays des condamnés pour crimes graves qui sont pris, dès leur arrivée à la prison ou peu de jours après, d'accès de folie. Les caractères en sont parfois si tranchés, qu'il demeure démontré que ces individus étaient aliénés au moment de l'acte et très probablement plus ou moins longtemps avant. De pareils faits autorisent à supposer que leur état n'a pas été suffisamment apprécié par leurs juges. — Dans la *Revue des Deux-Mondes* du 1er juillet 1866, on lit qu'une surveillante en chef a déclaré qu'il y avait dans la prison à laquelle elle était attachée au moins douze détenus chez lesquels la folie était présumable. — En 1853, le docteur Vingtrinier, médecin en chef des maisons de détention de Rouen, publiait un mémoire intitulé : *Des aliénés dans les prisons et devant la justice* (1). Sa statistique embrasse 37 ans et comprend 43,000 inculpés, dont 8,500 accusés de crimes et 34,500 prévenus de délits. Sur ce chiffre, on a noté 262 aliénés. De ces 262 aliénés, 176 signalés par le médecin comme fous ont été acceptés par les juges; 82 con-

---

(1) *Annales d'hyg. et de méd. lég.*, t. XLVIII-XLIX, 1852 et 1853.

damnations ont été prononcées sans que les médecins aient été consultés ou même malgré leur opinion exprimée. Sur 6 condamnations pour affaires criminelles, 1 individu a été exécuté ; les 5 autres sont devenus fous. Quant aux 76 condamnés pour délits correctionnels, 1 est mort peu après l'arrêt ; 19 ont subi leur peine à Bicêtre, la plupart dans le quartier des aliénés ; les 56 autres ont dû, peu de jours après leur condamnation, être transférés à l'asile, où leur folie a été reconnue de nouveau. — Boileau de Castelnau, médecin des prisons à Nîmes, a également constaté que sur 1,200 détenus qu'il a observés pendant 27 ans, le libre arbitre du plus grand nombre avait subi une pression contre laquelle ils n'avaient pu lutter avec succès (1). — A ces faits, Brierre de Boismont en ajoute deux autres. Il rappelle, en outre, que, dans la séance du 16 mai 1867 de la Société anthropologique, il a fait part d'un travail du docteur Mundy, sur les législations étrangères relatives à la folie, travail contenant un passage d'un discours du jurisconsulte Fitzroy-Kelly qui, dans un meeting d'ouvriers tenu à Londres (1864), pour sauver un nommé Wright, condamné à mort, déclara que pendant les 64 dernières années on avait commis en Angleterre 60 meurtres légaux en exécutant autant d'aliénés. — Une brochure du docteur

(1) *De l'épilepsie dans ses rapports avec l'aliénation mentale.* Paris, 1852.

Maddon, sur l'aliénation mentale et la responsabilité criminelle des insensés, apprend qu'en quelques années 11 d'entre eux ont été condamnés à mort et 8 exécutés ; les autres ont été graciés mais renfermés (1).

Le Docteur Dymond a rapporté aussi des faits remarquables de personnes condamnées à mort quoique réellement aliénées (2).

En présence de pareils faits on ne peut qu'être profondément et douloureusement affecté, et l'on accuse avec quelque raison les magistrats de n'apporter aux questions d'aliénation mentale qu'un examen bien superficiel.

A ce sujet le savant professeur de l'Université de Heidelberg a émis, dans une série de mémoires, de longues et très justes considérations que tout légiste pourrait consulter avec fruit. Aussi je n'hésite pas à analyser ici brièvement ce qui a trait particulièrement à l'instruction, estimant que par leur vulgarisation je rendrai service et à la justice criminelle et aux malheureux privés de raison.

D'après Mittermaïer donc, si les poursuites dirigées dans les différents pays en matière criminelle lorsqu'il s'agit de la question de responsabilité et les procédures qui s'ensuivent, ne sont pas toujours

(1) Brierre de Boismont : Mittermaïer, la peine de mort, etc. (*Ann. méd. psych.*, 1868, 4e série, t. II, p. 337).

(2) *The law on ist trial or personal recollections*... etc., by A. H. Dymond. London, 1865.

propres à nous inspirer une grande confiance dans l'équité du jugement rendu, c'est que d'une part la chambre des mises en accusation est trop facilement poussée, par les rapports défectueux qui lui sont adressés et dans lesquels la responsabilité de l'accusé est établie d'une manière inconsidérée, à juger que celui-ci doit être mis en accusation. D'autre part les magistrats, le ministère public et les présidents impressionnés par de tels rapports dirigent les poursuites avec l'opinion préconçue que l'aliéné est responsable et de cette manière ils exercent une influence dangereuse sur les jurés. Enfin les déclarations elles-mêmes des médecins et des témoins sur les faits doivent être fréquemment insuffisantes lorsqu'on n'a pas procédé aux recherches en temps utile. La mémoire infidèle de ces témoins et leur jugement prévenu viennent alors suppléer par des déclarations arbitraires à ce qu'ils prétendent avoir observé.

Les médecins experts ne doivent pas être assimilés à des témoins (1). La preuve faite par l'homme de

---

(1) M. Bonnier démontre dans son *Traité des preuves*, le danger qu'il y a à considérer les médecins comme des témoins, ainsi que cela arrive habituellement. — Voyez aussi M. F. Hélie (*Instruction criminelle*, p. 656). — « Tandis qu'on s'adresse à la mémoire du témoin, on consulte ici la science du médecin », dit M. Legrand du Saulle (*Traité de méd. lég.*, p. 680). — Pour éviter le péril d'une contre-expertise complaisante faite dans l'intérêt de l'accusé par un expert sans conscience ou ennemi des experts de la première information, contre-expertise qui ne peut que jeter le trouble dans l'esprit

l'art doit être considérée comme un genre spécial de preuves dont le fait saillant est le rapport qui relate l'expression d'une opinion basée sur des recherches certaines, scientifiques, et sur des expériences dont il déduit les conséquences qui doivent servir pour la réponse à faire à la question posée par le juge. Sur les points purement scientifiques, comme les progrès de la science sont incessants, la divergence d'opinions est inévitable, dès lors le rapport n'aura d'autorité que si le médecin a fait de nombreuses observations sur la matière, un examen consciencieux, s'il a raisonné des faits souvent contradictoires.

Par conséquent le juge, qui fait dépendre son appréciation de l'avis émis par l'expert, a un droit d'examen sur cet avis. Mais c'est à tort qu'on voudrait en conclure que le juge a à contrôler l'exactitude scientifique du rapport, et qu'il doit décider dans les cas où les avis des médecins sont différents lequel d'entre eux a raison. Ce serait une prétention qu'il ne saurait raisonnablement s'arroger.

L'expert a pour tâche de faire partager par les jurés la conviction que lui-même s'est formée. Comme il y a un exposé verbal du rapport, il faut qu'il soit

---

des jurés, « il est nécessaire, dit M. l'avocat-général Labroquère (*op. cit.*), que la loi définisse nettement le caractère et le rôle du médecin-expert et que, par un texte formel, elle reconnaisse et consacre la différence existant déjà dans la réalité entre cet expert et un simple témoin ». — V. aussi dans la *Revue scientifique* du 29 décembre 1883, un article du Dr Lacassagne sur « *Le médecin devant les Cours d'assises* ».

en état de s'engager dans une discussion claire et à la portée même de ceux qui sont étrangers à la matière ; il faut qu'il soit en état de répondre avec autorité à la défense, au ministère public et au président (1). A ce propos on peut constater que de grands progrès ont été réalisés grâce à la publicité même des débats judiciaires.

Il n'est pas nécessaire que le juriste approfondisse dans son ensemble l'étude des sciences naturelles pour savoir décider par lui-même si l'homme de l'art a raison dans ses déclarations scientifiques, mais il doit être assez familiarisé avec les progrès de la science pour être à même, lorsqu'il prend part à des travaux de jurisprudence, de faire accorder ses sentences avec l'état actuel des sciences qui s'y rattachent. Le juriste, qu'il soit président, magistrat du ministère public ou défenseur, doit pouvoir reconnaître l'insuffisance du rapport de l'homme de l'art et examiner si l'on peut baser sur lui une conviction légitime et capable d'assurer le triomphe de la vérité.

Le tribunal n'est pas nécessairement lié par l'avis de l'homme de l'art (2). Sans doute le juge doit tenir

---

(1) Il n'en est malheureusement pas toujours ainsi; témoin ce médecin dont parle Tardieu, à qui un président d'assises demandait sur quel signe il fondait sa distinction de la raison et de la folie, et qui répondit que la folie consistait dans un « je ne sais quoi ».

(2) En Allemagne, dit M. l'avocat-général Labroquère (*op. cit.*), « les conclusions des médecins légistes lient le juge; mais il faut

compte de l'opinion scientifique du rapport, mais le tribunal ne pourrait admettre le rapport comme base de sa décision si la procédure établit que le rapporteur a dans ses observations, dans ses recherches négligé des mesures de prudence; s'il a employé pour son observation des moyens insuffisants, par exemple s'il n'a eu avec l'accusé qu'un seul entretien de courte durée ; s'il s'est appuyé sur des connaissances que les nouveaux progrès de la science peuvent démontrer comme n'étant plus exactes. Mittermaïer démontre justement ailleurs que dans un cas la condamnation de mélancoliques tint au rapport défectueux de l'expert qui s'appuya de préférence sur des arguments métaphysiques, tandis que dans un autre cas l'acquittement de mélancoliques fut due à l'expérience consommée des médecins-experts qui mirent hors de doute l'existence de l'aliénation.

Dans les procès criminels de France et d'Allemagne l'accusé est interrogé par le Président. Cet interrogatoire, lorsqu'il s'agit d'aliénés, peut devenir dangereux, car ceux-ci déploient souvent une grande habileté devant les tribunaux, et cher-

---

que les trois conditions suivantes se trouvent remplies : d'abord, que les lois scientifiques, auxquelles l'expert rapporte son opinion, ne soient pas contestées; en second lieu, que l'application de ces lois à l'espèce soit rationnelle; et enfin, que les déclarations de l'expert ne soient pas en contradiction avec les aveux de l'accusé ou les dires des témoins. Avec de telles réserves, la question médico-légale, bien que fermée en apparence avant les débats, reste, à dire vrai, toujours ouverte. »

chent même à cacher leur état en fournissant des réponses sensées. Le président fera bien alors de poser à l'accusé aussi peu que possible de questions spéciales et de le laisser entrer dans tous les développements qu'il jugera utiles (1).

Le président fait paraître quelquefois, en vertu de son pouvoir discrétionnaire, un médecin qui se trouve par hasard à l'audience et qui a dès lors à répondre au président, au ministère public et au défenseur. On a protesté à bon droit contre ce procédé. Les médecins ainsi appelés ne peuvent pas déposer sous la foi du serment ; ils doivent sans aucune préparation émettre un avis sur un point important et souvent ils n'osent pas décliner cette tâche par un sentiment de fausse honte ; il y a aussi ce danger que les jurés se laissent facilement entraîner par l'opinion que l'homme de l'art vient d'émettre d'une manière trop peu réfléchie.

Il importe souvent aussi d'ajourner les débats commencés, dans le but d'obtenir un rapport plus complet sur l'état mental d'un aliéné. Il serait à désirer que ces ajournements fussent ordonnés plus souvent que cela n'arrive, afin de prévenir tout ju-

(1) « Il faut », dit M. Legrand du Saulle, « interroger les malades avec soin sur les sujets qui les préoccupent et les amener avec précaution et adresse à parler de leurs convictions délirantes... L'interrogatoire par les magistrats doit porter sur les faits les plus ordinaires de la vie et il faut autant que possible en écarter les matières abstraites ou spéculatives, ou les choses relatives aux sciences, à la politique. » (*La folie devant les tribunaux*, p. 87).

gement précipité; l'affaire de l'acteur Dumont en est la preuve (1).

La juridiction française, quoique imparfaite (2), l'emporte cependant sur celles d'autres pays, au point de vue de l'instruction. Ainsi le juge d'instruction fait faire un examen médical lorsque quelques circonstances peuvent faire supposer un état d'aliénation. Le président des assises entend l'accusé dans l'intervalle qui sépare la mise en accusation de l'ouverture des assises; et dès lors il peut provoquer les mesures qui doivent assurer un jugement équitable. Lorsque pendant les débats le défenseur demande que l'accusé puisse être soumis à une plus ample observation, cette demande est en règle générale accordée par le tribunal.

Telles sont, au point de vue de l'instruction et des débats, les principales observations du savant auteur allemand; elles peuvent être acceptées comme un guide pratique par les légistes (3).

---

(1) Voir : *le Droit*, nos 271 et 297.

(2) Elle est assurément imparfaite en ce qui concerne les expertises médico-légales; elle ne contient sur ce sujet que trois articles : art. 27 de la loi du 19 ventôse, an XI; art. 81 du Code civil; et art. 44 du Code d'instruction criminelle. — Voyez sur ce point un article de M. Ch. Beudant, aujourd'hui doyen de la Faculté de droit de Paris, dans la *Revue pratique de droit français*, 1863, t. I, p. 163. — Voir aussi des articles de M. Guillot, juge d'instruction au tribunal de la Seine. *Gazette des tribunaux*, 20 et 22 mars 1884.

(3) Consultez : Des expertises médico-légales en matière d'aliénation mentale, par Mittermaïer. Analyse par le Dr Dagonet (*Ann.*

Il se peut que la question d'aliénation mentale ne soit soulevée qu'à l'audience. Si donc la défense allègue la démence, la question peut-elle être posée au jury? Sous la loi de brumaire elle devait l'être. Il n'en est plus ainsi aujourd'hui et la Cour de cassation s'est toujours prononcée négativement (1). Les juges et les jurés, dit-on, ne statuent pas seulement sur la matérialité du fait, mais aussi sur la criminalité, et la démence excluant la criminalité, il n'est pas nécessaire de soumettre au jury la question de savoir si l'accusé était alors sous l'empire de la démence. Cette question est comprise dans celle-ci : un tel est-il coupable ? (a. 337, Inst. crim.). Si donc les jurés ont des doutes sur la sanité d'esprit de l'accusé au temps de l'action, alors même qu'ils sont certains qu'il est l'auteur du fait, ils ne doivent pas hésiter à le déclarer non coupable. La Cour de cassation a décidé par suite, que l'accusé ne peut se plaindre de ce que la question de démence n'ait été posée qu'à l'égard d'un des chefs d'accusation sans être répétée sur chacun des autres chefs, puisqu'elle est surabondante et qu'elle n'aurait pas du être posée (2).

---

méd. psych., 1865, t. V; 1866, t. VII; 1867, t. IX; 1868, t. IX); — et : Mittermaïer, La peine de mort... etc, par Brierre de Boismont (*Ann. méd. psych.*, 1868, t. XI). — On trouvera l'énumération des œuvres de Mittermaïer dans les *Ann. méd. psych.*, 1868, 4e série, t. XI, p. 372.

(1) Cass. 23 sept. 1847 ; 1er mars 1855 ; 13 mars 1873.

(2) Cass. 30 mai 1849.

Mais le texte de la loi ne s'oppose pas à ce qu'on soumette cette question au jury; les articles 337, 338 et 339 du Code d'instruction criminelle sont muets sur ce point. Si donc cela a lieu, ce ne sera pas une cause de nullité. Pourquoi d'ailleurs ne pas appeler l'attention des jurés sur une telle circonstance si capable d'atténuer la responsabilité de l'accusé à leurs yeux? La position de la question sera même souvent fort utile, lorsque par exemple l'insanité ne sera invoquée que tardivement à l'audience. En outre les jurés, il faut bien le reconnaître, ne comprennent pas toujours les sous-entendus du mot coupable, leur esprit ne saisit pas facilement ces distinctions assez subtiles; pour beaucoup d'entre eux la matérialité du fait entraîne la culpabilité, et ne croyant avoir à statuer que sur la matérialité, ils ne se doutent nullement que la question de démence est comprise dans celle de culpabilité. C'est ainsi que ces deux questions ayant été posées à des jurés: 1° l'accusé est-il coupable d'avoir commis volontairement tel acte? 2° l'accusé était-il en démence lors de l'acte? leur déclaration fut également affirmative sur les deux questions (1). Et ce qui prouve que la position de la question de démence est utile, c'est que, si les jurés, ne comprenant pas toute la valeur de la question de fait, la seule posée, ne voient

---

(1) Cour d'assises d'Eure-et-Loir, 4 janv. 1817; Cour d'assises des Vosges, 1824.

pas au-delà de la matérialité de ce fait, ils peuvent répondre : oui, l'accusé est coupable ; et ce malheureux est condamné. En outre cette question offrirait cet avantage que l'état mental de l'accusé se trouvant constaté, l'autorité administrative, après l'acquittement, prendrait les mesures nécessaires pour la séquestration de l'aliéné ; et c'est ce qui eut lieu dans l'affaire de la Cour d'assises des Vosges en 1824 ; tandis que le plus souvent le préfet n'étant pas averti ne prend aucune mesure et l'aliéné dangereux reste libre au milieu de la société.

Il ne suffit pas de déclarer que ces deux questions sont illogiques , il faut voir les choses telles qu'elles sont en pratique ; or il est incontestable que la complexité de la question de culpabilité échappe à bien des jurés et que par suite elle est dangereuse pour l'aliéné criminel. Et qu'importe que ces deux questions semblent inconciliables si l'on est plus sûr par ce double moyen d'obtenir l'appréciation juste du jury et par suite un jugement conforme à l'équité. Au surplus pendant toute la durée du procès la folie et la culpabilité forment bien deux choses distinctes soumises à deux sortes de juges, l'une à des médecins, l'autre aux jurés, pourquoi ne pas les formuler en deux questions lors du verdict ? D'ailleurs, ainsi que l'a reconnu la Cour de cassation à propos de l'arrêt de la Cour d'assises d'Eure-et-Loir (4 janvier 1817), il n'y a pas contradiction réelle entre les deux réponses affimatives des jurés, car l'homme en démence peut avoir néanmoins une volonté, une volonté *quasi-animale* a dit la Cour ; les actes de beaucoup d'aliénés en effet sont volontaires (en prenant ce mot dans son sens exact) sans qu'ils entraînent la responsabilité. Qu'on revienne donc à la loi de brumaire.

Si la démence n'est que transitoire, l'instruction ne peut commencer qu'autant que la guérison est certaine ; une simple rémission ne peut justifier des poursuites, qui d'ailleurs seraient interrompues certainement par un nouvel accès.

Il se peut que la démence n'éclate que depuis l'acte incriminé. La loi romaine avait laissé au juge dans ce cas un pouvoir discrétionnaire également protecteur des nécessités de l'ordre social et des intérêts de l'aliéné. Il en était de même dans notre ancien droit. Aujourd'hui si la démence apparaît au début de l'instruction les poursuites sont immédiatement suspendues et ne peuvent être reprises que si le malade a recouvré complétement la raison ; une rémission, une lucidité apparente, ne suffit pas car il serait à craindre que le prévenu ne fût pas en état de se défendre librement.

Mais lorsque les poursuites sont ainsi suspendues pour cause de démence, est-ce que la prescription de l'action publique résultant d'un crime ou d'un délit, fixée par les articles 637 et 638 du Code d'instruction criminelle à dix ou trois années à compter du jour du crime ou du délit, ou du dernier acte de poursuite, court en faveur du prévenu? Assurément. La Cour de cassation, il est vrai, a adopté la négative dans un arrêt du 8 juillet 1858, en s'appuyant sur la maxime : *contra non valentem agere non currit præscriptio ;* mais elle avait été mieux inspirée dans un arrêt du 22 avril 1813, lorsqu'elle reconnaissait qu'il est de principe que la prescription court contre toutes personnes, à moins qu'elles ne soient dans quelque exception établie par une loi (art. 2251, Code civil). C'est, en effet, la doctrine soutenue par la majorité des auteurs. La maxime précitée, disent MM. Chauveau et Hélie « n'a jamais été appliquée en matière criminelle ; elle ne forme d'ailleurs qu'une exception à une règle plus générale encore : c'est que, comme le dit l'article 2251 du Code civil, la prescription court contre toutes personnes, à moins qu'elles ne soient dans quelque exception établie par une loi. Or, les articles 637 et 638 ne sont modifiés par aucune exception et l'on ne peut mettre à la généralité de leurs dispositions des limites que le texte repousse (1); » et nous maintenons cette solution, malgré l'opinion émise par la Cour de cassation dans son arrêt du 8 juillet 1858, même pour le cas où la détention de l'accusé dans une maison d'aliénés aurait été ordonnée par l'autorité administrative, sur l'avis du procureur de la République, car nous ne saurions

---

(1) *Théorie du Code pénal,* 5e édit., t. Ier, p. 554. — V. aussi Merlin, Lagraverend, Mangin, Rauter et M. le conseiller Bonneville de Marsangy dans la *Gazette des tribunaux* du 9 octobre 1862.

admettre que cette séquestration vaille poursuite et ne soit que l'exécution, sans cesse renouvelée, de l'arrêt de renvoi portant ordonnance de prise de corps qui suffirait à elle seule pour interrompre la prescription ; du reste, cette séquestration implique reconnaissance de la démence et abandon des poursuites. De même, et contrairement à l'opinion de MM. Briand et Chaudé, nous ne saurions accorder à un interrogatoire du prévenu, auquel le procureur de la République ferait procéder dans les trois ou dix ans, pour constater son état, la valeur d'un acte de poursuite, ce n'est qu'une expertise qui pourrait éclairer les poursuites, mais qui n'en a pas le caractère. Donc la prescription court pendant le temps où les poursuites se trouvent suspendues par la démence du prévenu; du reste, *furiosus satis furore ipso punitur*, selon l'aphorisme romain.

Si la démence n'éclate qu'à l'ouverture des débats, ceux-ci ne doivent pas avoir lieu, à moins que l'on établisse que l'accusé simule. Si non la Cour doit surseoir aux débats sans consulter le jury; si la démence semble ne devoir être que passagère, le président renverra l'affaire à la session suivante; si au contraire elle a tous les caractères d'une folie persistante et incurable, la Cour déclarera que le jugement est suspendu jusqu'à ce que la démence ait cessé.

Si la Cour a jugé conformément ou contrairement à l'avis des médecins, ou même sans leur avis, que l'accusé était sain d'esprit et a ouvert les débats, le jury a toujours le droit en rendant son verdict de répondre négativement sur la question de culpabilité, s'il pense que l'accusé n'avait pas la présence d'esprit nécessaire pour se défendre.

Si la démence se produit après la condamnation, il faut suspendre l'application de la peine; il n'y a plus un coupable, il y a un malade. Si les délais d'appel ou de pourvoi ne sont pas expirés, il faut décider dans le silence de la loi que ces délais ne courent pas contre le condamné: et cette solution n'est pas, quoi qu'il paraisse, en contradiction avec celle que nous avons donnée à propos de la prescription de l'action publique, car elles sont l'une et l'autre la conséquence de ce principe que la démence interrompt toute procédure tant de la part du procureur de la République que de la part du prévenu. Si l'appel ou le pourvoi ont déjà été formés, on doit surseoir à statuer jusqu'à ce que le rapport destiné à constater les changements qui ont pu survenir dans l'état mental du condamné, ait été déposé au greffe conformément à l'article 20 de la loi de 1838 (1).

L'exécution des peines corporelles est interrompue par la démence survenue après la condamnation, aux risques même de voir ces peines prescrites par cinq ou vingt ans, car le châtiment ne serait qu'une sévérité inutile. Et c'était déjà le sentiment de la

(1) Cass. 25 janvier 1839 ; 23 décembre 1859.

majorité des anciens auteurs; toutefois certains voulaient qu'on appliquât la peine, à cause de l'exemple, les uns aux condamnés pour crimes de lèse-majesté, les autres aux coupables de crimes atroces, d'autres enfin à tous les condamnés à mort (1).

Mais il n'en est pas de même de l'exécution des peines pécuniaires, car « du moment où la condamnation à l'amende est devenue définitive, il y a droit acquis pour l'Etat. C'est une dette qui frappe les biens du condamné; sa démence postérieure ne peut pas mettre à l'exécution plus d'obstacle que si cette dette avait sa source dans tout autre obligation pécuniaire (2).

Dans l'ancien droit les légistes, notamment Farinacius et Baldus, admettaient que la peine corporelle devait être appliquée lorsqu'un intervalle lucide survenait chez un individu frappé d'aliénation mentale postérieurement à sa condamnation; rien ne semblait plus s'opposer à l'exécution de la peine. C'est là une solution que personne aujourd hui n'oserait proposer, car si la lucidité momentanée n'est pas considérée comme suffisante pour permettre la reprise des poursuites, à plus forte raison ne peut-elle autoriser l'application de la peine; d'autant que le rétablissement de la raison pendant cette période que l'on appelle intervalle lucide est chose plus que

---

(1) Voir : Muyard de Vouglans, Jousse, Rousseaud de Lacombe (*op. cit.*).

(2) Chauveau et Hélie (*op. cit.*, 5e édit., t. Ier, p. 554).

douteuse. Et MM. Chauveau et Hélie s'écrient : « La justice doit-elle courir l'horrible chance d'exécuter un maniaque ? Est-il de sa dignité d'épier la lueur d'une raison vacillante pour préparer son glaive ? Il semble qu'une guérison complète peut seule restituer le condamné à la peine qu'il doit subir (1). »

---

(1) *Idem*. C'est aussi le sentiment de M. Le Sellyer (*op. cit.*, t. Ier, n° 38).

CHAPITRE VII.

LÉGISLATION ÉTRANGÈRE.

Législation anglaise. — La question de la responsabilité du fou en matière criminelle a subi des transformations successives en Angleterre.

Autrefois, rapporte M. Maudsley, la loi anglaise ne reconnaissait que deux espèces de fous, l'idiot et le lunatique. Plus tard elle distingua la folie partielle de la folie totale, mais n'admit pas, c'était l'opinion de lord Hale, que la folie partielle put servir d'excuse légitime en cas de crime. Pour innocenter un fou criminel il fallait qu'il fût totalement privé d'intelligence et de mémoire et ne sût pas plus ce qu'il faisait qu'un petit enfant, une brute ou une bête sauvage (1). C'était la théorie du fou bête-féroce c'était « l'*omni intellectu careat* » des Romains (2).

Telle fut la jurisprudence anglaise jusqu'en 1800. A cette époque elle se modifia. On invoqua tout particulièrement la faculté de distinguer le bien du mal d'une manière générale, comme pierre de touche de la responsabilité. Enfin en 1843, à propos d'un acquittement célèbre, les juges furent consultés et ré-

---

(1) *Le crime et la folie*, p. 85.

(2) D. loi 14, *De off. præs.*, tit. XVIII. Macer.

pondirent qu'il fallait poser la question de discernement relativement à l'acte particulier au moment où il aurait été commis. L'accusé connaissait-il en ce moment la nature et la qualification de l'acte qu'il commettait (1)?

Tel est le dernier état de la jurisprudence. Les juges anglais ne disent plus, comme lord Kantzler, que la folie n'est pas une maladie, ils n'examinent même plus si l'accusé était capable, au moment du crime, de discerner le bien du mal *en général;* la question est de savoir si, au moment de l'acte, l'accusé était capable de reconnaître *que cet acte était mal.* En réalité pour qu'il y ait acquittement, il ne s'agit pas de prouver que l'accusé était fou lors du fait, mais de prouver qu'il ne discernait pas le bien du mal eu égard à ce fait. Nous savons comment a été jugée cette doctrine en 1865 par les médecins aliénistes.

Pour ce qui est du délire partiel, la jurisprudence anglaise tient les faits imaginaires pour réels ; dès lors, si l'acte du monomane paraît licite, par exemple s'il s'est cru attaqué et a tué son agresseur imaginaire, il n'y a pas responsabilité. Mais si l'acte, en le supposant vrai, est condamnable, par exemple si le fou, se croyant insulté, a tué quelqu'un par vengeance, l'acte n'est pas excusable et la peine doit être appliquée. J'ai dit ce qu'il fallait penser de ce prin-

---

(1) Maudsley : *op. cit.*

cipe et je recommande à nos magistrats les paroles suivantes d'un juge américain, M. Ladd, rapportées par M. Maudsley : « Cette doctrine exige de l'homme qu'elle reconnaît fou, la même raison, le même jugement, le même empire sur les suggestions intérieures qu'on demanderait à l'individu en parfaite santé d'esprit... Or, prétendre qu'un acte inspiré par la persuasion insensée où est son auteur d'avoir subi un grave préjudice est en même temps produit par un sentiment de vengeance né dans une partie ou dans un coin de l'esprit laissé indemne par la maladie, c'est supposer un fait pathologique ou psychologique, dont la vérification est au-dessus de l'intelligence humaine, et qui, fut-il réel, ne serait pas la loi mais un fait pur et simple. Jamais la pratique ne pourra et ne voudra s'arranger d'une distinction de ce genre, et l'absurdité comme l'inhumanité de la jurisprudence anglaise me semble assez visible pour me dispenser d'un plus long commentaire. »

Du reste ce dogme n'est pas accepté d'une façon absolue en Angleterre; des jurés, des juges même le repoussent parfois, « et il est notoire, au dire de M. Maudsley, que l'acquittement ou la condamnation de l'accusé à la décharge duquel la folie est alléguée, est une pure affaire de hasard. La chose devrait, ajoute-t-il, se décider à pile ou face, au lieu de dépendre d'un débat solennel devant une Cour d'assises, qu'elle ne serait pas plus aléatoire. Souvent le moins fou s'en tire, tandis que le plus fou est pendu (1). »

La législation anglaise admet que si l'individu est atteint d'aliénation depuis le crime il en reste responsable, mais que la mise en accusation ou le jugement doivent être suspendus dès que l'aliénation est constatée. Cette constatation a lieu soit par le jury qui doit statuer sur l'accusation, soit par un jury réuni pour constater si cette personne est réellement aliénée. Si l'aliénation survient dans le délai qui s'écoule entre le jugement et son exécution, il doit être sursis à cette exécution et le condamné aliéné est envoyé dans un asile sur le certificat de deux médecins.

La séquestration n'a pas de durée minima. Sa sortie ne cesse que d'après le bon plaisir de la Reine qui a pour délégué le Secrétaire d'État à l'intérieur; celui-ci se prononce d'après le certificat des médecins. C'est l'acte sur les aliénés criminels, de 1867, qui règle cette question de la sortie.

Au point de vue des expertises médico-légales, la législation anglaise est insuffisante et on songe à améliorer les pratiques si défectueuses suivies devant la juridiction du *coroner*.

Le gouvernement anglais a jugé à propos d'affecter des établissements spéciaux à la détention des aliénés accusés ou condamnés. En 1816, il fut ajouté

(1) *Op. cit.*

un bâtiment pour 60 criminels aliénés à l'Hôpital royal de *Bethleem* (Bedlam); depuis cette époque, le nombre des aliénés criminels de Bethléem a été augmenté. En 1849, on organisa dans l'établissement privé de *Fisherton house* un quartier séparé pour les condamnés aliénés. En 1860 un acte du parlement fut passé afin d'améliorer les dispositions relatives au sort des aliénés criminels. Enfin en 1866, on éleva à *Broadmoor*, près Workingham, pour ces aliénés, un asile central qui peut recevoir 563 personnes (1).

En Écosse, où la question est réglée par des statuts spéciaux de 1857, 1862 et 1866, l'asile spécial est à *Perth.*

Les asiles sont surveillés en Grande-Bretagne par des *commissioners in lunacy*, et la loi les charge dans bien des cas de se prononcer sur la sortie.

Lorsque la durée de la peine d'un condamné aliéné est finie et que la folie persiste, il est transféré de l'asile spécial dans un asile ordinaire.

— Art. 20 du Code criminel (indictable offences). *Insanité* : « Aucun acte ne sera considéré comme un délit si l'auteur, au moment de sa perpétration, est empêché, par un état mental défectueux ou par une maladie affectant son esprit :

1° De comprendre la nature de cet acte; ou 2° de connaître si l'acte est défendu par la loi ou s'il est

(1) V. Broadmoor criminal lunatic asylum; par le Dr Motet (*Ann. méd. psych.*, 1881, t. VI, p. 411).

moralement coupable ; ou 3° si cet auteur, au moment où l'acte a été commis, était, à raison d'une des causes précitées, dans un état tel qu'il n'en aurait pas moins commis l'acte lors même qu'il aurait su que le châtiment le plus sévère autorisé par la loi pour ce délit lui serait immédiatement appliqué, pourvu que cet état d'esprit ne soit pas produit par la faute de cette personne.

Un acte peut être un délit quoique l'esprit de l'auteur soit affecté par une maladie ou que son pouvoir soit insuffisant, si cette maladie ou cette défaillance ne va pas jusqu'à produire l'un ou l'autre des effets mentionnés ci-dessus.

Art. 21. *Ivresse :* — L'ivresse volontaire n'est pas une maladie affectant l'esprit dans le sens des dispositions qui précèdent, mais ces prévisions s'appliquent à l'ivresse involontaire et à toute maladie causée par l'ivresse volontaire, si elles ont affecté l'esprit. Si l'existence d'une intention spéciale est essentielle pour constituer un délit, le fait que le délinquant était ivre quand il a commis l'acte qui, joint à cette intention, constituerait le délit, peut être pris en considération par le jury pour décider s'il avait bien cette intention.

LÉGISLATION DES ÉTATS-UNIS D'AMÉRIQUE. — Les tribunaux de ce pays ont suivi au début les règles anglaises. Aujourd'hui les statuts révisés de l'*État de New-York* déclarent, conformément à l'article 64 de notre Code pénal que « aucun acte accompli par un individu en état d'insanité ne peut être puni comme un crime ou un délit. »

Indiana. — Si l'accusé est déclaré irresponsable, il est mis en liberté. La question de folie n'est pas posée au jury. Il y a une loi relative à l'arrestation des aliénés qui sont dangereux pour la société. La sortie a lieu sur l'avis des commissaires et de leur surintendant nommés par la législature pour surveiller les hôpitaux d'aliénés. Le prisonnier qui devient aliéné reste en prison, à moins qu'on ne lui fasse grâce. Il n'y a pas d'asiles spéciaux pour les aliénés criminels.

Maine. — L'accusé reconnu irresponsable pour cause de folie est envoyé par la Cour dans un quartier spécial d'un asile d'aliénés. L'irresponsabilité de l'accusé ou du prévenu atteint d'aliénation mentale est déclarée par un jury de douze personnes, le *traverse jury*, lorsque l'accusation a lieu devant la Cour; cette déclaration fait partie du verdict. Lorsqu'une personne arrêtée suivant la procédure légale est présentée devant le grand jury d'accusation et que ce jury refuse de l'accuser à cause de son aliénation démontrée, le jury doit certifier le fait à la Cour qui par une décision spéciale confie cette personne à un asile d'aliénés.

Les médecins sont juges de l'opportunité de la sortie, mais ils sont aidés par ceux qui ont été témoins de la conduite de l'aliéné. Le pouvoir judiciaire ou l'autorité administrative ne peuvent jouer que le rôle de témoins.

Les détenus condamnés qui deviennent fous sont mis dans un asile; s'ils guérissent avant la fin de leur peine, on les ramène en prison.

Pensylvanie. — Si l'accusé est reconnu aliéné et par suite irresponsable, le jury doit déclarer que le criminel était aliéné à l'époque du crime et qu'il est acquitté de ce chef; et la Cour a le droit de le faire interner. Ceci peut se présenter soit devant le jury spécialement réuni pour se prononcer sur l'aliénation, soit devant le grand jury.

Si après un emprisonnement de trois mois, un juge spécial est persuadé que le prisonnier a recouvré sa raison et que le moment de folie durant lequel le crime a été commis est le seul que le criminel ait jamais eu, il pourra ordonner son élargissement. Si cependant il semble que cet acte de folie ait été précédé d'un autre au moins, alors la Cour pourra à son gré nommer un gardien auquel elle confiera la garde du criminel, lequel gardien sera responsable du mal qu'il pourra commettre; pourvu toutefois qu'en cas d'homicide ou de tentative d'homicide, le prisonnier ait été relaché de l'avis unanime du surintendant et des directeurs de l'hôpital, et que la Cour, juge du procès, ait déclaré que son élargissement était sans danger.

Virginia. — La question de folie est posée au jury avant toute défense sur le fond; et si le jury déclare l'accusé aliéné, la Cour le dirige sur un asile. La séquestration n'a pas une durée minima fixée par la

Cour. La sortie dépend du comité des directeurs qui n'agit pas sans demander l'avis des médecins. Il n'y a pas d'asile spécial pour les aliénés criminels.

Visconsin. — La question de folie est posée au jury; il doit y répondre en premier lieu. S'il déclare l'accusé fou et irresponsable, celui-ci est envoyé par l'autorité judiciaire dans un asile (articles 4697 et 4698 des statuts). Pas de durée minima fixée pour la séquestration. La sortie dépend du comité des *trustees*, nommés pour cinq ans par le gouverneur de l'État, ou de leur surintendant délégué, après avis des hommes de l'art. Le détenu condamné qui devient aliéné est transféré dans un asile sur l'ordre du gouverneur (art. 4944 des statuts). Pas d'asile spécial pour les aliénés criminels.

North-Carolina. — La déclaration d'insanité est faite par un jury d'information. On lui pose cette question : le prévenu était-il, au moment du fait incriminé, sain d'esprit ou aliéné ? En exécution du verdict de ce jury, un juge délivre un mandat de séquestration ; seule l'autorité judiciaire a qualité pour faire enfermer l'aliéné criminel. Elle ne fixe pas une durée minima.

La sortie dépend du conseil d'administration de l'asile sur la proposition du médecin surintendant. Mais l'autorité judiciaire peut à tout instant, sur la réquisition de tout citoyen, ordonner que le détenu soit amené afin que la cause de son incarcération soit vérifiée (Act of *habeas corpus.* — Statut de la

29e année du règne de Charles II). Il n'y a pas d'asile spécial pour les aliénés criminels.

Maryland. — Lorsque le jury décide que l'accusé était aliéné, le juge ordonne la séquestration dans une maison de santé, sans fixer de durée.

La sortie est décidée par les médecins seuls.

Il n'y a pas d'asiles spéciaux.

Tennessee. — Le fait d'aliénation est soumis au jury ; si le prévenu est déclaré avoir été aliéné lors du crime, il est envoyé à l'hôpital des aliénés et quand il est guéri il est acquitté.

Le surintendant de l'asile et les médecins qui l'assistent sont juges de la sortie.

Les Cours ont le droit de revoir la cause en appel et d'annuler la décision prise en premier ressort.

Illinois. — La législation de cet Etat présente une singularité que je crois intéressant de mentionner ici quoiqu'elle ne soit pas relative spécialement aux aliénés criminels. Le placement d'un fou dans un asile doit toujours être précédé d'un verdict de folie rendu par un jury, *en audience publique*. On conçoit qu'une telle pratique ait de nombreux inconvénients, et dernièrement une Revue médicale du pays a formulé à ce sujet de violentes critiques : « Les *jours des fous*, dit-elle, deviennent un passe-temps à la mode. C'est cruel pour les amis du fou. Dans d'autres Etats de l'Union les enquêtes médicales ne sont pas soumises à cette publicité, et pourtant la liberté individuelle est aussi bien protégée. Du reste, les jurés sont presque toujours incapables de juger une question aussi difficile que celle du diagnostic de l'aliénation mentale, et ils ne tiennent compte des témoignages médicaux que dans les limites où ceux-ci s'accordent avec leurs propres idées préconçues. Il y a peu de médecins dans l'Etat qui ne puissent citer des malades affectés de monomanie simple, de monomanie hystérique, de folie épileptique, qui ont été déclarés, à maintes reprises différentes, sains d'esprit par ces jurés pleins de lumières, alors qu'ils étaient extrêmement gênants ou réellement dangereux pour leurs familles, leurs amis et leur entourage. Aujourd'hui il est plus facile de faire enfermer un monomaniaque dangereux dans une prison que d'obtenir son admission dans un asile d'aliénés (1). »

Les jurys américains protestent continuellement contre le criterium légal de la responsabilité tiré du discernement ; et les juges eux-mêmes, en matière de folie, font preuve d'un esprit beaucoup plus libéral que les magistrats anglais.

Toutefois tout n'est pas parfait dans la pratique judiciaire du Nouveau-Monde, à en juger par les critiques de la *Revue médicale de Chicago*, et par les lignes suivantes du docteur G. Beard, de New-York : « L'aliénation mentale, dit-il, n'est pas plus mal partagée en cela que toutes les autres sciences, sauf peut-être en ce sens qu'elle provoque une émo-

(1) *Revue médicale de Chicago*, 5 nov. 1881.

tion plus vive, qu'elle est moins généralement connue et que les experts réellement propres à bien apprécier les questions sont plus rares..... Il n'y a probablement pas de maladie, quelque manifeste qu'elle soit, dont on ne puisse démontrer la non-existence devant un tribunal américain, pourvu que de graves ambitions soient en jeu, que de vives passions ou de grands intérêts personnels provoquent à faire nier l'évidence..... Le jury ne comprend pas mieux la question que ne la comprennent les chaises sur lesquelles il est assis ; les juges ne la comprennent pas mieux que le jury; les avocats de l'un et l'autre côté ne la comprennent pas mieux que les juges. N'y a-t-il pas là autant de raisons pour que le jugement rendu soit plutôt en opposition avec la science que conforme à ses données (1)? » On est tenté de ne voir dans ces lignes qu'une simple boutade; cependant M. l'avocat-général Labroquère disait déjà en 1879 : « Aux Etats-Unis, un avoué se met en quête d'un médecin pour sa cause ; il ne se laisse point rebuter par quelques refus et il finit toujours par trouver, moyennant, bien entendu, des honoraires autres que ceux de notre tarif suranné de 1811, des experts tout prêts à adopter et à soutenir n'importe quelle thèse. Où est donc alors l'égalité devant la justice? Un accusé favorisé par la fortune sera toujours sûr d'avoir à sa disposition un expert

---

(1) *Journal of nervous and mental disease*, janvier 1882.

qui naturellement fera défaut au malheureux dénué de ressources. Récemment, le savant docteur Ordronaux, professeur de médecine légale à l'Ecole de droit de New-York, a fait entendre des protestations indignées au sujet de l'intervention de certains contre-experts dans les débats criminels de son pays (1). » Toutefois, le travail du docteur Ch. Folsom (de Boston), relatif à Guiteau, l'assassin du Président Garfield (2), montre que les sujets de médecine légale peuvent être traités aux États-Unis avec impartialité et compétence.

Législation allemande. — Le Code pénal prussien (§ 40) disait : il n'y a ni crime ni délit lorsque le prévenu était en état de démence, imbécillité ou fureur au temps de l'action, ou quand il a été contraint par une force ou par des menaces auxquelles il n'a pu résister. » D'après l'art. 51 du Code pénal allemand du 15 mai 1871, « un acte n'est pas punissable quand, au temps de l'action, son auteur était dans un état d'inconscience ou de maladie de l'esprit excluant la libre détermination de la volonté. » Ainsi pas de désordre mental déterminé, il suffit qu'il n'y ait pas eu libre détermination de la volonté. Qu'il s'agisse de folie totale ou de folie partielle, la question est toujours de savoir si le libre arbitre a été exclu.

---

(1) *Op. cit.* — Les récents troubles de Cincinnati viennent à l'appui de ces critiques.

(2) V. *Ann. méd. psych.*, 1882, t. VII, p. 418.

D'après M. l'avocat-général Labroquère, le nouveau Code d'instruction criminelle de l'Empire d'Allemagne promulgué le 1er février 1877, entré en vigueur dans le cours de l'année 1879, autorise, dans certains cas, le tribunal à ordonner la séquestration du prévenu dans une maison d'aliénés, pour y être examiné ; la durée de cette mesure d'instruction ne peut pas dépasser six semaines.

Il existe en Allemagne des dispositions en vertu desquelles les rapports des experts sont soumis à l'examen d'un conseil médical supérieur. Ce conseil est évidemment à même de contrôler d'une manière plus exacte les faits avancés dans le rapport médical ; il peut même ordonner la comparution de l'accusé pour mieux s'édifier. Voici du reste l'organisation médicale remarquable qui a été établie en Allemagne et que nous pourrions utilement imiter. « Il existe, dit M. l'avocat-général Labroquère, une hiérarchie de médecins-experts. Ceux du premier degré, qui portent le titre de *médecins-physiciens*, sont attachés au tribunal de première instance; ils sont appelés à la constatation du corps du délit et chargés de tous les rapports judiciaires. Leur travail, si le ministère public ou l'inculpé refusent de l'accepter, est soumis à un *collège médical* institué dans chaque province. Enfin, si de nouvelles réclamations se produisent, une troisième juridiction, la *scientifique députation*, qui siège dans la capitale de l'Empire, est appelée à donner son avis. On voit par là que les garanties ne manquent pas aux inculpés allemands et qu'en matière d'expertises médico-légales tout au moins, il y a toujours des juges à Berlin (1). »

Lorsque le prévenu est acquitté pour cause de folie, il est mis de suite en liberté ; mais l'autorité administrative peut, dans les termes du droit commun, ordonner l'internement, dans un asile, des aliénés dangereux.

Le jury, en vertu de l'article 51 du Code de l'Empire, est saisi d'une question spéciale sur l'état mental de l'accusé.

Lorsque le trouble intellectuel ne se produit qu'après que l'action punissable a été commise, le détenu est transféré dans un établissement d'aliénés ; mais cette mesure est précédée, en Prusse, d'une décision judiciaire constatant l'état de folie ou d'imbécillité, rendue conformément aux dispositions du titre 38 de la première partie de la loi générale d'organisation judiciaire, et des articles 13 et suivants du titre 18 de la deuxième partie du Code civil (landrecht) général.

La *Société médico-psychologique* de Berlin a demandé la modification de l'art. 51 du Code pénal, voulant que le juge criminel ait le pouvoir d'envoyer les personnes acquittées pour cause de folie, direc-

---

(1) *Op. cit.* — Voir aussi : M. Ch. Beudant : Médecine légale et expertises (*Revue pratique de droit français*, 1863, t. Ier, p. 163) ; — et Casper, *Op. cit.*, t. Ier, p. 5, et t. II, p. 176.

tement dans un asile « pour un séjour fixé ou à la discrétion des médecins. »

Il n'y a pas de règle spéciale relativement à la sortie des aliénés criminels.

Législation autrichienne. — Les accusés acquittés pour cause de folie sont mis à la disposition de la police qui les envoie dans des asiles ou dans leur famille. Il n'y a pas pour eux de maisons spéciales ; mais des médecins en ont réclamé, et à ce sujet il y a eu un congrès d'aliénistes à Vienne en juillet 1878.

La question de folie est posée au jury (art. 319, Code d'instruction criminelle) ; le président lui demande : « si l'accusé au moment de l'action était privé entièrement de sa raison » ou « s'il a commis l'action dans un état d'aliénation mentale. »

Le détenu condamné qui devient fou est mis à l'infirmerie de la prison, puis dans un asile.

La sortie des aliénés criminels ne dépend pas de l'autorité judiciaire.

M. l'avocat-général Labroquère nous apprend que : « le nouveau Code d'instruction criminelle autrichien entré en vigueur le 1er janvier 1874, a organisé relativement au constat et aux experts une procédure spéciale à laquelle nous pourrions faire plus d'un utile emprunt. »

Législation belge. — Le condamné ou prévenu atteint de folie est mis dans un asile sur ordre du ministère public (loi du 18 juin 1850, art. 12. — Circulaire du 26 novembre 1851). On ne pose pas la question de folie au jury.

Il y a dans les asiles de l'Etat des quartiers spéciaux pour les aliénés criminels. Ajoutons qu'il existe un établissement d'un caractère particulier, la colonie de Gheel, sorte de colonie agricole où les aliénés sont dans un état de liberté relative.

Les médecins sont seuls juges de la sortie, mais le séquestré peut s'adresser au président du tribunal qui, après enquête, peut ordonner sa mise en liberté.

Législation italienne. — Il n'y a pas de loi générale sur la matière. L'art. 63 du Code pénal pose le principe de la responsabilité.

Les hospices d'aliénés n'ont pas un caractère gouvernemental ; ce sont des institutions de bienfaisance. En sorte que les questions relatives aux alienés criminels se résolvent par des rapports réciproques entre l'autorité judiciaire et la direction de l'hospice.

L'accusé ou prévenu reconnu irresponsable par la sentence judiciaire pour cause de folie est mis en liberté; c'est à l'administration de l'enfermer.

Devant le jury on formule d'abord une question sur les faits matériels, puis sur l'aliénation mentale: « dans le cas de réponse affirmative à la question qui précède, êtes-vous convaincus que l'accusé, au moment où il a commis le crime, n'avait pas la conscience de soi-même, ni la liberté d'élection ? » et enfin dans le cas d'affirmative à la première question et de négative à la seconde, une question sur la culpabilité est posée.

Si un détenu donne des signes de folie, le procureur du roi écrit au ministre de l'intérieur ou directement au chef local du service de la sûreté publique en mettant l'aliéné à sa disposition.

Si l'accusé est accusé à titre d'aliéné la sentence ordonne sa mise en liberté; mais sur la demande du ministère public, il passe dans un hospice par les soins de l'autorité administrative.

LÉGISLATION HELVÉTIQUE. — En Suisse il n'y a pas de législation sur les aliénés criminels. On ne les enferme pas dans des asiles spéciaux; c'est au gouvernement local de chaque canton à prendre des mesures dans l'intérêt de l'ordre public quand un cas de folie dangereuse se présente.

A Zurich la question de l'imputabilité est soumise au jury.

LÉGISLATION RUSSE. — En cas d'irresponsabilité reconnue pour cause de folie, la Cour doit toujours envoyer l'accusé pour *deux ans* dans un asile. Ce délai peut être abrégé, s'il y a lieu, par l'autorité judiciaire.

Les instructions sur l'état mental ont lieu à huis-clos; les magistrats s'adjoignent des médecins.

La question de folie doit être posée au jury à peine de nullité (a. 754 du Code d'instruction criminelle).

La séquestration ainsi que la sortie des aliénés criminels sont ordonnées par l'autorité judiciaire.

Il n'y a pas en Russie d'asiles spéciaux pour cette catégorie d'aliénés.

L'article 35 du projet de Code pénal de 1883 est ainsi conçu : « N'est pas imputable le fait commis par un individu qui, soit par insuffisance de ses facultés intellectuelles, soit par dérangement maladif de l'activité de son âme, soit dans un état d'inconscience, ne pouvait, au temps de l'action, comprendre la nature et le sens de ce qu'il faisait ou diriger ses actions. Dans ces cas, le tribunal pourra, s'il le juge nécessaire, mettre l'auteur du fait sous la surveillance responsable de ses parents ou d'autres personnes qui voudront en accepter les soins, ou le placer dans un établissement médical jusqu'à ce qu'il soit en état de convalescence, certifié dans les formes établies. »

LÉGISLATION DES PAYS-BAS. — Un aliéné ne peut être placé dans un asile sans l'intervention du tribunal qui peut autoriser la séquestration d'abord pour un an ; après l'année il y a un nouvel examen du tribunal, et au bout de trois ans l'aliéné est considéré en état de démence permanente.

La sortie dépend du directeur de l'asile qui agit d'après les conclusions du médecin. Cependant si le médecin déclare que la sortie est dangereuse pour l'ordre public, avis en est donné au ministère public et le tribunal peut défendre la sortie ; ainsi est couverte la responsabilité du médecin (art. 26, loi du 29 mai 1841).

« La peine d'emprisonnement, dès qu'elle a reçu un commencement d'exécution, n'est pas interrompue par la maladie mentale du détenu; la durée en court même pendant le temps de l'aliénation mentale. » (Circulaire du 24 juillet 1865).

L'asile de Bosmalen (Brabant) reçoit les détenus atteints d'aliénation mentale.

L'article 37 du Code pénal du 3 mars 1881 est ainsi conçu : « Quiconque commet un fait qui ne peut lui être imputé, à cause du développement incomplet ou du trouble maladif de son intelligence, n'est pas punissable. — S'il est évident que le fait commis ne peut lui être imputé, à cause du développement incomplet ou du trouble maladif de son intelligence, le juge peut ordonner qu'il soit placé dans un hospice d'aliénés pendant un temps d'épreuve ne dépassant pas la durée d'un an. »

Législation portugaise. — L'aliéné ne peut être séquestré que sur l'ordre de l'autorité judiciaire. La sortie dépend de l'administration qui se prononce d'après les conclusions des médecins.

Législation suédoise. — L'administration a tous pouvoirs pour la détention et la sortie des aliénés. La question de folie ne se pose pas au jury.

Les médecins demandent des asiles spéciaux pour les aliénés criminels.

Législation norwégienne. — Dans le Code de Christian V (15 avril 1687) livre 1, chapitre 17, § 7, il est dit que les fous dangereux doivent être surveillés par leurs parents; si ceux-ci ne le peuvent pas l'administration doit les mettre en sûreté.

Le Code pénal du 20 août 1842, ch. VII, § 2, s'exprime ainsi : « Ne seront pas punissables les actions commises par des fous, aliénés, ou des personnes qui, par maladie ou vieillesse, sont privées de leur intelligence. »

En Norwège il n'existe pas de jury. Si le tribunal acquitte le fou et le considère comme dangereux, il ordonne souvent dans le dispositif, en vertu du Code de Christian V, que l'accusé doit être mis en sûreté par l'administration. Il n'est pas fixé de durée minima de séquestration.

Les aliénés criminels ne sont pas réunis dans des asiles spéciaux.

Législation danoise. — Si l'accusé est acquitté pour cause de folie, le tribunal peut le mettre sous la garde de l'autorité administrative qui dès lors est seule compétente pour l'enfermer (art. 38 du Code pénal).

Un projet de loi (art. 338 nouveau) demandait que la question de folie fût posée au jury.

Il n'y a pas d'asile spécial pour les aliénés criminels.

Législation espagnole. — Le tribunal, suivant les cas, ordonne que le prévenu sera détenu dans un asile d'aliénés ou rendu à sa famille. La durée de la détention n'a d'autre limite que la guérison.

Les médecins ne sont pas seuls juges de la sortie, la partie civile et le ministère public peuvent s'y opposer; dans ce cas le tribunal nomme des médecins, et sur leur rapport prend une décision sans que l'administration puisse intervenir.

Les aliénés criminels sont placés dans les asiles ordinaires (1).

(1) Sur la législation étrangère, relativement aux aliénés criminels, consultez : M. E. Bertrand, conseiller à Paris (*Etude sur les diverses législations relatives aux aliénés;* Paris, 1872). — et le *Bulletin de la Société générale des Prisons* : (Enquête sur la législation relative aux aliénés dits criminels, 1878).

CHAPITRE VIII.

DESIDERATA.

Il est à souhaiter avant tout que les magistrats se mettent d'accord avec les médecins pour repousser, comme criterium de la responsabilité, le discernement du bien et du mal, et pour admettre la non-responsabilité dans tous les cas de maladie mentale constatée, quelle que soit son étendue ou son intensité.

On s'est demandé d'où venait cette opposition entre médecins et magistrats, et on a répondu très justement qu'elle tenait à la différence des professions.

Le magistrat croit à la science de l'âme, il raisonne malgré lui d'après la doctrine métaphysique; il reconnaît à la raison le pouvoir de juger la folie, comme à la vertu le pouvoir de juger le vice. Il analyse l'esprit du fou de la même manière qu'il analyse les facultés de l'homme sensé. Il crée un type idéal d'insensé, la brute ; aussi tant que la notion du juste éclaire quelque peu la conscience d'un individu, il prononce le mot de responsabilité. Il pose comme axiome que tout homme a le pouvoir de contrôler ses actes, et si le médecin parle d'impulsion irrésistible, de force morbide détruisant le libre arbitre, il l'accuse de voir partout des fous, d'obéir à une prévention scientifique, à une idée préconçue. D'autant plus que son rôle de défenseur de la société lui inspire de la méfiance contre une doctrine qui soustrait au châtiment l'auteur d'un acte attentatoire à l'ordre social.

Le médecin puise sa conviction à une autre source. Il s'adresse à l'observation et n'admet que les conclusions de la science expérimentale. Il ne croit pas à la psychologie pure, il croit à la science du corps, et éclairé par elle sur la valeur des suggestions morbides, sur le retentissement du délire à travers les diverses facultés de l'esprit, il reproche à son tour au magistrat de s'attacher aux apparences pour nier la maladie, et par suite de condamner des êtres irresponsables.

De quel côté est la vérité ? Je n'hésite pas à soutenir la compétence du médecin, parce que la preuve de la folie est toujours une pure question de fait, de diagnostic médical. « Si la détermination de la folie est une question de droit, a dit fort judicieusement un magistrat anglais, il faut renoncer à la pratique d'en appeler aux témoignages d'experts ; si c'est une simple question de fait, le juge ne doit pas être plus longtemps admis à en dire son avis, à moins de prêter serment comme témoin et de prouver qu'il a qualité pour en parler comme expert (1). » Aux assises le jury, qui est appelé à trancher non une

(1) V. Maudsley, *op. cit.*, p. 102.

question de morale mais de médecine, ne doit décider que d'après les déclarations de l'expert. En police correctionnelle, il est à souhaiter que le juge adopte les conclusions de l'homme de l'art. Que les magistrats veuillent bien reconnaître qu'un juriste, si éclairé soit-il, n'est pas à même de diagnostiquer l'aliénation mentale; en tous cas qu'ils étudient les travaux des physiologistes, qu'ils s'inspirent des données de la science expérimentale et l'accord sera bientôt fait entre le juge et le médecin.

Mittermaïer l'a dit en peu de mots : l'antagonisme entre magistrats et médecins vient d'un défaut de connaissance des jurisconsultes de la pratique des maladies mentales, de leur attachement aux anciennes idées, de leur croyance à l'opinion que les criminels sont toujours des fous pour les médecins, enfin, de leur confiance dans la méthode d'intimidation. Et l'éminent professeur recommande aux gouvernements de vulgariser parmi les légistes l'enseignement psychiatrique dans ses rapports avec la loi (1). Le gouvernement français devrait bien suivre ce conseil et créer dans nos Facultés de Droit, à l'instar des Etats-Unis d'Amérique, des chaires de médecine légale.

On cherche en vain dans la loi de 1838 une disposition relative aux aliénés criminels. A l'heure pré-

---

(1) V. Brierre de Boismont : Mittermaïer... (*Ann. méd. psych.*, 1868, 4e série, t. XI, p. 337).

sente une commission du Sénat prépare la réforme de cette loi. Plusieurs innovations s'imposent, à mon sens.

Tout d'abord la loi nouvelle devrait modifier les articles 43, 268 et 269 du Code d'instruction criminelle, en rendant obligatoire l'expertise médico-légale ; dans tous les cas où il est question d'affection mentale l'intervention du médecin devrait être inscrite comme la plus indispensable des formalités de la procédure. En outre, pour l'instruction et la contre-expertise, le médecin-légiste devrait être choisi sur une liste officielle; on pourrait même créer une organisation médicale analogue à celle qui existe en Allemagne (1).

Pour éviter les contre-expertises complaisantes qui peuvent avoir pour but de tromper les juges, la loi devrait définir très nettement le caractère et le rôle du médecin-expert, et lui rappeler, ainsi que l'avait déclaré le Digeste, que sa déposition est un jugement plutôt qu'un témoignage (2).

La loi devrait aussi armer le médecin-expert du droit d'interroger tous les témoins qu'il voudrait; une telle mesure, difficile à mettre en pratique, je le reconnais, donnerait d'excellents résultats, pour la découverte de la vérité.

Partant de ce principe que la constatation de la

---

(1) Voir p. 267 et p. 301.

(2) Voir p. 273.

maladie doit entraîner l'irresponsabilité d'un accusé, je voudrais que tout procès, compliqué d'une question d'atiénation mentale, fut confié à un jury spécial composé exclusivemet de médecins (1). Dira-t-on que cette institution serait un danger pour la société? Je ne sache pas qu'on ait aucune raison de suspecter l'impartialité des médecins, de se méfier de leur conscience et de leur érudition. Je sais bien que certains légistes font encore parfois, comme M. le conseiller E. Bertrand, des allusions ironiques « au tempérament différent et aux systèmes des médecins »; mais on ne conteste plus l'utilité de leur concours et leur aptitude spéciale. Pas un magistrat aujourd'hui n'aurait assez de fatuité pour déclarer, après Dupin, « qu'il n'y a pas d'affaires dans lesquelles surgissent des questions de science où l'on ne puisse se passer de savants et se contenter de juges », ou assez de mauvaise foi pour soutenir, après Troplong, « que la médecine légale n'a ajouté aucun progrès sérieux aux doctrines reçues dans la jurisprudence et qu'elle ne doit en rien les modifier »; leur compétence est reconnue et l'on fait appel à leurs lumières. Qu'on aille plus loin, qu'on leur concède le diagnostic et le verdict.

A l'exemple du Code d'instruction criminelle allemand de 1877, notre Code devrait édicter que pen-

(1) Ou tout au moins que la question de démence fut préalablement soumise à un jury de médecins, comme cela a lieu dans certains Etats de l'Amérique.

dant l'instruction, en cas de folie supposée, l'accusé serait séquestré dans un asile, dans une sorte de quartier d'*attente*, pour y être examiné avec toute facilité.

Les articles 337, 338 et 339 du Code d'instruction criminelle sont muets sur le point de savoir si la question de démence peut être posée au jury. La nouvelle loi devrait trancher la difficulté, non seulement en autorisant, mais même en imposant la position de la question. Il est utile de rappeler la maladie de l'accusé, au moment du verdict, à l'esprit souvent peu subtil des jurés; qu'importe que cette question semble inconciliable avec celle de culpabilité, il faut avant tout obtenir un jugement équitable (1).

La Cour peut déclarer, sans même prendre l'avis des médecins, que l'accusé était sain d'esprit au temps de l'action, et ouvrir les débats. A mon sens, l'avis de l'homme de l'art devrait être obligatoire, car ses lumières ne sont jamais inutiles; d'autant plus qu'une telle décision prise ainsi par la Cour doit forcément influencer le jury.

Lorsqu'un accusé est acquitté pour cause de dé-

(1) La section de législation de la *Société générale des prisons*, a, dans un projet de loi du 12 avril 1881, ayant pour but de modifier la loi de 1838 et l'art. 339 du Code d'inst. crim., émis le vœu que cet article 339 fût modifié en ce que, lorsque l'accusé soulèverait la question de démence au temps de l'action, le Président dût poser au jury, après la question du fait matériel, la question de démence. (Voir le *Bulletin de la Société générale des prisons.*)

mence, il est nécessairement remis en liberté, c'est la conséquence de l'article 64 du Code pénal. On conçoit tout le danger qu'il y a à rendre à la société ce fou qui pourrait céder de nouveau à quelque impulsion criminelle. Pour obvier au silence du Code, on a eu recours à la loi de 1838. Cette loi ne s'occupe pas des aliénés criminels, mais l'article 18 est relatif aux personnes « dont l'état d'aliénation compromettrait l'ordre public ou la sûreté des personnes » ; alors, dans la pratique, on assimile à ces personnes les fous qui ont commis un acte criminel et ont été acquittés. C'est donc le Préfet qui peut ordonner d'office le placement de ces malheureux dans un hospice. Mais la mesure n'offre pas des garanties suffisantes. D'abord la décision judiciaire ne lie pas le Préfet ; au lieu de s'en rapporter aux conclusions de l'expert choisi par la justice, celui-ci nomme à son tour un nouvel expert et si le nouveau rapport conclut à la sanité d'esprit, on comprend tout ce qu'il y a de regrettable dans cette contradiction. En outre, comme le verdict du jury n'est pas motivé (1), l'autorité administrative, si elle n'est pas saisie par le ministère public, ignore que tel accusé, traduit devant les assises, a été acquitté pour cause de démence ; dès lors le fou dangereux rentre dans la société. De même si l'aliéné est un détenu ou un

(1) La *Société de médecine légale* a demandé que le jury ait à faire savoir s'il prononce l'acquittement pour cause d'aliénation mentale.

condamné, c'est le Préfet qui est chargé de sa séquestration ; il est vrai que si l'individu est détenu préventivement, l'autorité judiciaire doit consentir à la translation, mais ce n'est pas elle qui statue sur cette translation.

Or il est désirable que l'autorité judiciaire puisse seule ordonner le placement des individus de ces diverses catégories, ainsi que leur sortie. C'est un principe qui devrait être proclamé par la loi nouvelle.

Je dis que la sortie devrait dépendre aussi de l'autorité judiciaire. D'après la législation actuelle, elle dépend du Préfet ou plutôt des médecins des dépôts, car lorsque ceux-ci ont déclaré *que la guérison est obtenue*, le Préfet doit *statuer sans délai* (loi de 1838, articles 13, 20 et 23); bien entendu, le Préfet n'est pas lié par la déclaration du médecin, mais comme il ne peut juger par lui-même, il s'en remet forcément à l'avis de homme de l'art.

Assurément le médecin est bien la personne la plus capable de décider si la guérison est complète et son appréciation ne peut être négligée ; mais est-il bon qu'il remplisse réellement en l'espèce le rôle de juge, qu'il statue sur la liberté individuelle? Je ne le pense pas. Une telle charge pleine de responsabilité ne peut qu'avoir une mauvaise influence sur son appréciation de l'état du malade; il peut redouter de prolonger une détention arbitraire et pour peu que le détenu ait les apparences de la guérison il préfère proposer sa sortie. En outre il est en butte aux continuelles sollicitations des Conseils généraux et des Préfets qui ont souci du budget départemental (1), sans parler des réclamations des familles ou des hommes politiques. Et puis c'est l'intérêt de la société qui est surtout en jeu, eh bien n'est-ce pas l'autorité judiciaire qui est chargée d'assurer sa sécurité? Du reste le principe est énoncé dans la loi de 1838; l'article 29 dit bien que : toute personne placée ou retenue dans un établissement d'aliénés pourra, à quelque époque que ce soit, se pourvoir devant le tribunal du lieu de la situation de l'établissement, qui, après les vérifications nécessaires, ordonnera s'il y a lieu, la sortie immédiate.

Cet article 29 désigne la Chambre du Conseil pour statuer. Cette juridiction me semble offrir toute garantie; elle peut entendre le malade, recevoir la déposition du médecin de l'asile, nommer même un expert spécial, examiner les pièces du procès criminel, statuer en un mot en parfaite connaissance de cause.

Le même article 29 permet à tout le monde d'a-

---

(1) « On a amoindri l'action de l'administration supérieure, dit le Dr Lunier, découragé le personnel médical et compromis les intérêts des malades, en donnant aux Conseils généraux le droit de régler sans appel les dépenses des asiles; il faudrait donc avant toutes choses, que les lois de 1866 et 1871 relatives aux aliénés fussent rapportées, ou mieux encore, que l'Etat prît à sa charge l'entretien des aliénés criminels. » (Voir le *Bulletin de la Société générale des prisons*, séance du 21 décembre 1878).

dresser une requête à la Chambre du Conseil pour obtenir la mise en liberté du détenu. Ceci me paraît raisonnable.

Mais cette requête pourra-t-elle être présentée à quelque moment que ce soit? Pourquoi pas? La guérison d'un aliéné, quoique rare, peut se produire rapidement, et comme par respect pour la liberté individuelle, on doit éviter les détentions arbitraires, il faut bien que la demande d'élargissement puisse avoir lieu à tout moment. Seulement pour éviter que la justice soit obsédée de requêtes sans fondement, je voudrais qu'elles fussent toutes signées par le médecin de l'asile. Peut-être pourrait-on en outre donner le pouvoir à la Chambre du Conseil, dans certains cas de folie incurable tels que l'idiotie, l'imbécillité et la démence caractérisées, de prononcer, sur la première requête, une séquestration perpétuelle.

Cette nécessité de l'intervention de l'autorité judiciaire dans le placement et la sortie de l'aliéné criminel a été reconnue par tout le monde ; les médecins particulièrement demandent à être déchargés de la lourde responsabilité qui pèse sur eux.

En 1871 la *Société de législation comparée* confia à une commission le soin d'étudier les modifications à introduire dans la législation relative aux aliénés. Voici, sur le point qui nous occupe, l'opinion de quelques-uns des déposants.

M. A. Ribot (substitut au tribunal de la Seine) : « L'autorité judiciaire devrait seule être chargée en pareil cas, d'ordonner le placement et la sortie. Il arrive tous les jours que des personnes, arrêtées pour un crime ou un délit, sont reconnues atteintes de manie et conduites dans un asile. Mais au bout de quelques jours de traitement, le malade est déclaré guéri et remis en liberté sans que l'autorité judiciaire soit avertie (1). Les magistrats sont désarmés ; on pourrait citer tel individu qui, sous l'influence de l'alcoolisme, commettait des escroqueries ; toujours arrêté, cet individu était toujours relaché après quelques jours de traitement puis arrêté de nouveau. »

M. Vaney (substitut du procureur général à Paris) : « J'ai vu souvent et avec regret des individus qui avaient commis, dans un accès de manie, des faits ressortissants de la loi pénale, remis en liberté après un séjour de quelques jours dans l'établissement d'aliénés où ils avaient été conduits. Je voudrais qu'ils ne puissent être remis en liberté sans intervention de la justice. »

M. le docteur Motet : « Il m'est arrivé, étant délégué avec le docteur Blanche par la justice pour examiner l'état d'aliénés qui avaient commis des crimes, il m'est arrivé, dis-je, de me rendre à l'asile Sainte-Anne et de ne plus trouver l'aliéné qui avait déjà été remis en liberté. Ces faits s'expliquent par cette

---

(1) En vue de la réforme du régime des aliénés, on vient de dresser la statistique de la folie pour l'année dernière ; elle signale que, parmi les réintégrations, 598 avaient eu lieu pour évasion ou *sortie avant guérison*.

circonstance que l'aliéné passe par un trop grand nombre de mains et que les pièces qui le concernent ne le suivent pas. Les asiles où il est conduit ignorent les faits judiciaires qui le concernent. L'accès pendant que le crime a été commis se passe et la sortie est ordonnée. Tout dernièrement encore une femme qui avait tué son enfant dans un accès de mélancolie est envoyée à Sainte-Anne, j'étais désigné pour l'expertise avec M. le docteur Blanche. Peu après l'arrivée à l'asile l'accès cesse et le bulletin de sortie est envoyé à la préfecture de police. Avant de le signer le chef de service trouve par hasard une indication de l'expertise ordonnée et suspend la sortie. Lorsque nous arrivâmes près de la malade un nouvel accès était survenu et si elle eut été mise en liberté, un nouveau crime eut été peut-être commis. Les aliénés qui ont commis des crimes devraient être spécialement séquestrés, et leur sortie ne devrait pas pouvoir être ordonnée sans que le parquet fut avisé. »

M. le docteur Blanche : « Cette classe d'aliénés ne devrait être libérée que par décision de justice. Les exemples sont nombreux de meurtres commis à la suite d'un élargissement imprudent. Esquirol a dit que tout aliéné homicide est incurable. En outre, quand la justice se dessaisit, parce qu'elle a reconnu que l'inculpé est aliéné, l'administration le fait examiner à nouveau et il arrive parfois qu'il est remis en liberté; c'est une grave anomalie. »

M. Pagès (substitut au tribunal de la Seine) : « Il

faut qu'une juridiction statue, après le non-lieu ou l'acquittement, sur le placement et les conditions dans lesquelles il doit avoir lieu. Cette juridiction sera la Chambre du Conseil ou celle des mises en accusation... Elle statuerait même sur la sortie des aliénés qui auraient été l'objet d'un placement volontaire. Ce ne serait, si l'on veut, alors dans la plupart des cas, qu'une formalité; mais il faudrait qu'elle fut remplie. Elle ne serait pas d'ailleurs toujours inutile. Des aliénés qui ont commis des crimes sont parfois l'objet de simples placements volontaires. D'après la loi actuelle ces aliénés peuvent être mis en liberté sur un simple avis du médecin. On peut citer des exemples de mises en liberté semblables qui ont été funestes. »

M. le docteur Dagonet : « Je suis partisan de l'intervention des tribunaux; ils mettraient fin à cette confusion d'autorités qui prennent des décisions à l'insu l'une de l'autre (1). »

Dans la séance générale du 25 septembre 1876 le *Congrès des sciences médicales de Bruxelles* approuvait la décision suivante : « Toutes les fois qu'un acte criminel ou délictueux aura été commis par un individu reconnu irresponsable pour cause d'aliénation mentale, le juge, après avoir constaté et déclaré sa non-culpabilité, devra ordonner son internement

(1) Voir les procès-verbaux des séances du 22 septembre 1871 au 24 janvier 1872.

dans un asile déterminé, d'où il ne pourra sortir qu'en vertu d'un autre jugement, contradictoire comme le premier. »

Dans sa séance du 11 juin 1877, la *Société de médecine légale de France*, adoptait un ordre du jour dont nous extrayons ce passage : « Considérant en principe que la société n'est pas suffisamment garantie contre les actes criminels ou délictueux commis par les aliénés qui sont l'objet d'une ordonnance de non-lieu ou d'un acquittement, émet le vœu que les pouvoirs aujourd'hui confiés par la loi à l'administration, en cette matière, soient transférés aux corps judiciaires. »

Le *Congrès international de médecine mentale de Paris en* 1878 a été d'avis de maintenir les droits de l'administration, tout en proposant de rendre obligatoire la séquestration des inculpés déchargés des poursuites à raison de leur état mental.

La section de législation de la *Société générale des prisons* a voté, le 12 avril 1881, un projet de loi ayant pour but de modifier la loi de 1838. Ce projet décide : qu'en cas d'acquittement pour cause d'aliénation mentale, le ministère public aura le droit de requérir la translation dans un asile, lorsque cet état de démence sera dangereux ; que les réquisitions du ministère public seront adressées aux préfets qui seront tenus provisoirement d'y faire droit ; que la sortie ne pourra avoir lieu que sur l'avis conforme du procureur de la République du lieu de la séquestration.

MM. Chauveau et Hélie ont formulé depuis longtemps le même vœu : « Il nous semble, disent-ils, que dans ce cas il appartient naturellement aux juges, qui ont pu apprécier dans les débats l'état moral de l'accusé, de le soumettre, tout en l'acquittant, à une détention plus ou moins sévère. L'article 66 permet la même mesure de précaution à l'égard des mineurs de 16 ans ; il faut bien reconnaître qu'il existe entre les mineurs et les insensés une grande analogie (1). »

On a opposé à cette idée la règle de la séparation des pouvoirs ; on a dit que l'autorité judiciaire ne pouvait prononcer que sur le sort d'un coupable et non d'un malade. Mais l'article 29 de la loi du 30 juin 1838 nous a prouvé le contraire.

La Commission du Sénat qui prépare le nouveau projet de loi relative aux alienés, a décidé, sur la proposition de M. Delsol, que lorsqu'un accusé aurait été renvoyé de l'accusation comme irresponsable, la juridiction, *qui l'aurait acquitté*, aurait qualité pour statuer immédiatement sur son envoi dans une maison d'aliénés. — La mesure est excellente et il faut espérer que les Chambres l'approuveront ; car il est certain que personne ne pourrait se prononcer en plus complète connaissance de cause que cette juridictiction qui vient de se livrer à un examen minutieux de l'accusé. A ce propos je répéterai qu'aux assises,

---

(1) *Théorie du Code pénal*, t. Ier, p. 560, 5e édit.

le jury doit avoir à répondre à une question de démence distincte de celle de culpabilité, afin que la Cour puisse se prononcer sur la séquestration dans un asile d'aliénés.

Lorsqu'un aliéné criminel, détenu dans un hospice, est mis en liberté, je voudrais, afin de garantir le plus possible la société contre la récidive fréquente des aliénés meurtriers, qu'on remît le sujet à des parents ou amis en leur faisant prendre l'engagement sous caution de veiller à ce que sa conduite soit paisible ou de le tenir en lieu de sûreté ; il en est ainsi en Angleterre en cas de mise en liberté d'un *criminal lunatic*.

Pour plus de sûreté, pour que la guérison soit parfaitement constatée, le docteur Arthaud (de Lyon) avait eu l'idée d'établir un état intermédiaire entre la séquestration et la liberté, des *quartiers de transition*. Mais le congrès médical de Lyon déclara son système impraticable.

Pendant la durée de sa peine, un détenu devenu aliéné, ne peut être transféré dans un asile qu'après un examen ordonné par l'administration. L'opinion publique a mis en doute quelquefois les causes de cette translation des condamnés (1). Pour éviter toute supposition calomnieuse, il serait bon de charger l'autorité judiciaire de ce soin.

On a demandé qu'on réservât, comme en Angle-

(1) Voyez le cas du condamné Townley, rapporté par M. E. Bertrand, *op. cit.*, p. 42.

terre et en Ecosse, pour les aliénés dits criminels, des établissements spéciaux. Déjà en 1846, dans les *Annales d'hygiène et de médecine légale* (t. XXXV) et plus tard dans la *Bibliothèque du médecin praticien* (t. IX), Brierre de Boismont avait proposé la fondation d'un asile, comme ceux de *Broadmoor* près Londres, de *Dendrum* en Irlande, de *Perth* en Ecosse, de *Bruges* (asile Saint Dominique) en Belgique. En 1863 à la *Société médico-psychologique*, M. Legrand du Saulle a renouvelé cette proposition en demandant la création en France d'un asile central pour les aliénés criminels, ou de plusieurs sections du même genre dans quatre des principaux asiles du pays. Cette idée a fait son chemin, à en juger par cette note du *Journal des Débats* (6 décembre 1867) : « Il a été décidé qu'un asile spécial serait annexé aux maisons centrales dans lesquelles on placerait, après jugement, les personnes qui donneraient des signes manifestes d'aliénation mentale. Ce projet a dû être ajourné jusqu'à ce qu'on disposât des crédits nécessaires à la création de ces asiles. » Mais le gouvernement avait déjà mis en partie à exécution l'idée, en créant un quartier dit de sûreté à l'hospice de Bicêtre. On a créé aussi à Gaillon des quartiers spéciaux pour les condamnés devenus aliénés.

Dans la commission de 1871 de la *Société de législation comparée*, cette idée a été de nouveau soutenue par les docteurs Motet, Dagonet et Lunier, et par M. Ribot, sous le prétexte que la présence des aliénés criminels au milieu des aliénés ordinaires, est gênante et peu convenable. Par contre, les docteurs Falret, Blanche et Voisin ont combattu cette proposition de séquestration spéciale d'une catégorie d'aliénés ; et je me range absolument à leur avis. Je ne conçois pas l'avantage d'une semblable organisation ; si ces aliénés sont indisciplinés, agités, dangereux, on les met dans une section spéciale où les mesures de précaution sont non moins spéciales ; tout établissement est divisé en sections qui correspondent aux divers degrés d'agitation des malades ou aux caractères particuliers de la maladie. Mais il ne s'agit pas de les parquer spécialement parce que sous l'empire de la folie ils ont commis une action violente ; c'est inhumain. Pourquoi ajouter au malheur de ce pauvre fou la honte et le stigmate du crime? Il a été renvoyé des poursuites ou bien acquitté; dès lors c'est un aliéné ordinaire ; ou il a été condamné, mais même dans ce cas on ne doit voir en lui qu'un malade et non un criminel, car la criminalité disparaît devant la folie. Ce mélange, dit-on, des aliénés ordinaires avec les aliénés criminels est pénible pour leur famille et même pour eux. C'est que le public est victime d'un préjugé ; l'aliéné dit criminel mérite autant de respect et de compassion que les autres, la maladie les fait tous égaux. Et, du reste, comment parler d'aliénés criminels, ces mots sont incompatibles. « Je n'aime point, dit le docteur

Blanche, cette réunion de tous les détenus dans un même asile; elle favorise des préjugés inhumains; il faut qu'on sache qu'un aliéné ne peut être criminel. » Le docteur Falret s'exprime non moins nettement : « Je ne partage pas, dit-il, une opinion souvent émise d'après laquelle on devrait créer des asiles spéciaux pour cette classe d'aliénés. Il n'est pas bon que l'aliéné soit noté comme criminel et séparé de tous les autres, ainsi que cela existe à la sûreté de Bicêtre (1), » et il ajoute ailleurs : « Du reste, l'application partielle qui a été déjà faite de cette idée, soit en Angleterre, soit en France, a prouvé surabondamment qu'elle n'était pas pratique.... Pour ne parler que de la France et même de Paris, le quartier dit de sûreté fondé à l'hospice de Bicêtre, dans le but de réaliser en partie la proposition dont nous nous occupons, permet de juger pratiquement les inconvénients de cette mesure anti-administrative et anti-médicale (2). »

---

(1) Société de législation comparée. Séances du 26 décembre 1871, et du 20 janvier 1872.

(2) *De la responsabilité morale et légale des aliénés*, par le Dr Falret, 1863, p. 21.

TABLE DES MATIÈRES.

Pages.

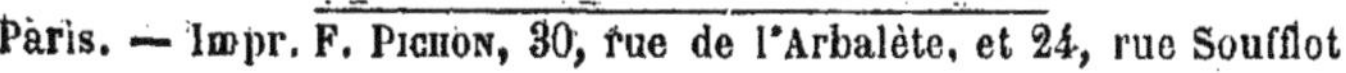

Paris. — Impr. F. Pichon, 30, rue de l'Arbalète, et 24, rue Soufflot

www.ingramcontent.com/pod-product-compliance
Ingram Content Group UK Ltd.
Pitfield, Milton Keynes, MK11 3LW, UK
UKHW012155240726
13966UKWH00002B/344

9 782012 884748